Deutsch als Zweit- und Fremdsprache

Akademie Studienbücher

Sprachwissenschaft

Heidi Rösch

Deutsch als Zweit- und Fremdsprache

Akademie Verlag

Die Autorin:
Prof. Dr. Heidi Rösch, Jg. 1953, Professorin für Germanistische Literaturwissenschaft und Literaturdidaktik an der Pädagogischen Hochschule Karlsruhe

Bibliografische Information der Deutschen Nationalbibliothek
Die Deutsche Nationalbibliothek verzeichnet diese Publikation in der Deutschen Nationalbibliografie; detaillierte bibliografische Daten sind im Internet über http://dnb.d-nb.de abrufbar.

ISBN 978-3-05-004544-3
© Akademie Verlag GmbH, Berlin 2011

www.akademie-studienbuch.de
www.akademie-verlag.de

Das eingesetzte Papier ist alterungsbeständig nach DIN/ISO 9706.
Alle Rechte, insbesondere die der Übersetzung in andere Sprachen, vorbehalten. Kein Teil dieses Buches darf ohne schriftliche Genehmigung des Verlages in irgendeiner Form – durch Fotokopie, Mikroverfilmung oder irgendein anderes Verfahren – reproduziert oder in eine von Maschinen, insbesondere von Datenverarbeitungsmaschinen, verwendbare Sprache übertragen oder übersetzt werden.

Einband- und Innenlayout: milchhof : atelier, Hans Baltzer Berlin
Einbandgestaltung: Kerstin Protz, Berlin
Gesamtherstellung: Druckhaus »Thomas Müntzer« GmbH, Bad Langensalza

Printed in Germany

Deutsch als Zweit- und Fremdsprache

1	**Deutsch als Erst-, Zweit- und Fremdsprache**	9
1.1	Erst- und Zweitspracherwerb	11
1.2	Zweitspracherwerb und Fremdsprachenlernen	13
1.3	DaF – DaZ – DaM	15
1.4	Organisationsformen für DaZ-Unterricht	17
2	**Zweitspracherwerb und Sprachunterricht**	21
2.1	Die ‚großen' Hypothesen	23
2.2	Die Interdependenzhypothese	25
2.3	Input- oder Outputorientierung	27
2.4	Explizite versus implizite Sprachförderung	30
3	**Sprachdiagnose**	35
3.1	Sprachdiagnose als Prozess	37
3.2	Verfahrenstypen	38
3.3	Der Gemeinsame Europäische Referenzrahmen (GER)	41
3.4	Referenzrahmen zur altersspezifischen Sprachaneignung	43
4	**Diagnoseverfahren**	49
4.1	Profilanalyse zur Lernersprache	51
4.2	Beurteilungsraster	56
4.3	Der C-Test für DaZ-Lernende	57
5	**Methoden und Didaktik**	63
5.1	Methode oder Didaktik	65
5.2	Kommunikative Didaktik	69
5.3	Kognitive Ansätze	71
5.4	Form- und Bedeutungsorientierung	73
6	**Lernbereich Sprache**	77
6.1	Sprache als Lerngegenstand	79
6.2	Besonderheiten der deutschen Sprache	80
6.3	Deutsch als Fach- und Bildungssprache	83
6.4	Sprachkompetenz als Prinzip	85
6.5	Verbindung von Wortschatz und Grammatik	89
7	**Lernbereich Literatur**	95
7.1	Literatur als Lerngegenstand	97
7.2	Literarische Bildung als Prinzip	102
7.3	Produktive Verfahren und textnahes Lesen	105
7.4	Kriterien für die Literaturauswahl	107

8	**Sprachliches und literarisches Lernen verbinden**	113
8.1	Literatur zum sprachlichen Lernen	115
8.2	Aufgabenformate	117
8.3	Lesen fördern mit DaZ-Schülern	121
8.4	Literatur im Fremdsprachenunterricht	124
9	**Lernbereich Landeskunde**	129
9.1	D-A-CH-L als Lerngegenstand	131
9.2	Integrative Landeskunde	133
9.3	Kultur/en studieren?	135
9.4	Landeskunde und DaZ	139
10	**Interkulturelle Kompetenz**	143
10.1	Phasenmodelle interkultureller Kompetenz	145
10.2	Dimensionen interkultureller Kompetenz	148
10.3	Interkulturelle Kommunikation	151
10.4	Inter- und Transkulturalität	153
11	**Mehrsprachigkeit**	157
11.1	Formen von Mehrsprachigkeit	159
11.2	Prinzipien zweisprachiger Erziehung	161
11.3	Mehrsprachigkeit in Bildungseinrichtungen	162
11.4	Mehrsprachigkeitsdidaktik	166
12	**Sprechen und Zuhören**	171
12.1	Sprachliche Grundfertigkeiten	173
12.2	Mündlichkeit	175
12.3	Kommunikationsmodelle	179
12.4	Hören, Zuhören, Hörverstehen	181
13	**Lesen und Schreiben**	187
13.1	Lesen als Bottom-up- und Top-down-Prozess	189
13.2	Lesen in der Zweitsprache	191
13.3	Schreiben	197
13.4	Schreiben und Lesen verbinden	200
14	**Fachunterricht in DaZ und DaF**	205
14.1	Sprach- und Fachlernen verbinden	207
14.2	Bilingualer Sachfachunterricht	209
14.3	Sprachsensibler Fachunterricht	211
14.4	Integrative Lehrmaterialien	216

15	**Serviceteil**	221
15.1	Allgemeine bibliografische Hilfsmittel	221
15.2	Forschungsinstitutionen und Web-Adressen	223
15.3	Rahmenpläne für DaZ	225
16	**Anhang**	231
16.1	Zitierte Literatur	231
16.2	Abbildungsverzeichnis	244
16.3	Sachregister	246
16.4	Glossar	249

1 Deutsch als Erst-, Zweit- und Fremdsprache

Abbildung 1: DaZ-Reise im Jacobs-Sommercamp-Projekt (2004)

Das Foto zeigt Kinder mit ihrer Sprachlehrerin und ihrer Theaterpädagogin, die 2004 am Jacobs-Sommercamp, dem ersten Feriencamp in Deutschland für Kinder mit Migrationshintergrund, teilgenommen und in den Ferien Deutsch gelernt haben. An diesem Camp nahmen Kinder mit und ohne Migrationshintergrund teil. Sie erhielten – wie in vielen nachfolgenden Camps, die sich an diesem Vorbild orientiert haben – am Vormittag Sprachförderung und spielten am Nachmittag Theater, was in eine erfolgreiche Theateraufführung mündete. In den Theatergruppen arbeiteten die Kinder mit und ohne Migrationshintergrund zusammen, in den Sprachlerngruppen wurden sie getrennt nach Kindern mit Deutsch als Erst- beziehungsweise Muttersprache (DaM) und Kindern mit Deutsch als Zweitsprache (DaZ). Dabei konnte es durchaus vorkommen, dass Kinder mit Migrationshintergrund einer DaM-Gruppe zugeordnet und Kinder ohne Migrationshintergrund in eine DaZ-Gruppe aufgenommen wurden. Die erste Variante war gewollt, denn selbstverständlich sind nicht alle Kinder mit Migrationshintergrund DaZ-Kinder, sondern nur diejenigen, die Sprachprobleme im Deutschen zeigen. Der umgekehrte Fall war dagegen nicht geplant, hat sich in Ausnahmefällen aber ergeben, weil kein besonderes Angebot für DaM-Kinder mit erheblichen Sprachproblemen eingeplant war.

Wie unterscheiden sich Deutsch als Erst- und Zweitsprache und wie verhalten sich Deutsch als Zweit- und Fremdsprache zueinander? Um dies zu klären, werden die Erwerbs- und Lernprozesse betrachtet, wenn Deutsch Erst-, Zweit- oder Fremdsprache ist, und es wird überlegt, ob man sie unterschiedlich gestalten kann oder sogar muss. Das wirft auch die Frage nach den Funktionen von Deutsch im jeweiligen Lernkontext für die Lernenden und ihre Lehrkräfte auf. Bezogen auf den Unterricht werden die Bedingungen, Ziele und Erfolgschancen für Deutsch als Erst-, Zweit- oder Fremdsprachunterricht gegenübergestellt und Grundprinzipien für den gemeinsamen Unterricht von DaM- und DaZ-Kindern genannt.

1.1 **Erst- und Zweitspracherwerb**
1.2 **Zweitspracherwerb und Fremdsprachenlernen**
1.3 **DaF – DaZ – DaM**
1.4 **Organisationsformen für DaZ-Unterricht**

1.1 Erst- und Zweitspracherwerb

In der Psycholinguistik meint Erst- und Zweitspracherwerb nicht den Erwerb der ersten beziehungsweise zweiten Sprache. Erstspracherwerb beginnt mit der Geburt, verläuft also parallel zur allgemeinen Entwicklung des Kindes und kann sich durchaus auf mehrere Sprachen beziehen, wenn Kinder etwa in bilingualen Familien aufwachsen. Von Zweitspracherwerb spricht man, wenn Kinder ab dem dritten Lebensjahr mit einer oder mehreren weiteren Sprachen konfrontiert werden (→ ASB HÖHLE).

Spracherwerb – Differenzierungen

Alter etwa	Erwerb Sprache A	Erwerb Sprache B	Name
0–3 Jahre	+	–	monolingualer Erstspracherwerb
	+	+	bilingualer Erstspracherwerb (Doppelspracherwerb)
3–6 Jahre	+	+	Früher Zweitspracherwerb von Kindern
6–12 Jahre	(+)	+	Zweitspracherwerb von Kindern
nach der Pubertät	–	+	Zweitspracherwerb von Jugendlichen und Erwachsenen

Abbildung 2: Spracherwerb – Übersicht

Die tabellarische Übersicht (→ ABBILDUNG 2) lehnt sich an die Überlegungen des Spracherwerbsforschers Wolfgang Klein an (vgl. Klein 1999, S. 43) und übernimmt Kleins Unterscheidung zwischen mono- und bilingualem Erstspracherwerb, den man auch Doppelspracherwerb nennen könnte. Zudem wird der Begriff Zweitspracherwerb unabhängig vom Alter der Lernenden verwendet, um deutlich zu machen, dass es vielfältige Parallelen zwischen dem Zweitspracherwerb von Kindern, Jugendlichen und Erwachsenen gibt und dass dieser sich vom Erstspracherwerb unterscheidet. Anders als bei Wolfgang Klein, der von einer Altersgruppe von 0–7-Jährigen spricht, wurde hier die Einteilung der Vorschulkinder verfeinert und in Anlehnung an Konrad Ehlich (vgl. Ehlich 2005) den Bildungsbereichen der 0–3-, 3–6- und 6–12-Jährigen angepasst. Durch die Beschäftigung mit Sprachförderung von Vorschulkindern mit Migrationshintergrund ist die Altersgruppe der 3–6-Jährigen und damit der frühe Zweitspracherwerb von Kindern in den Blick genommen worden. Weitere Differenzierungen sind denkbar, um etwa die Phase der Alphabetisierung (6–8 Jahre) besonders zu betrachten.

Doppelspracherwerb

Der Erwerb der Sprache A ab dem Schulalter ist in der Tabelle in Klammern gesetzt, um zu problematisieren, dass Kinder mit Migrationshintergrund, die die deutsche Schule besuchen und dort ausschließlich in deutscher Sprache unterrichtet werden, zwar Sprache B erwerben (sollen), aber unter Umständen im Erwerb ihrer Sprache A eingeschränkt sind: Denn sie hören und sprechen diese Sprache seit ihrer Geburt, können sie aber nicht in gleicher Weise weiterentwickeln wie Kinder, die das Lesen und Schreiben in ihrer Sprache A lernen, sie als Bildungs- und Instruktionssprache in verschiedenen Fächern erfahren und außerdem die Fachsprachen der Mathematik, Sozialwissenschaften und anderer Disziplinen im Unterricht in ihrer Sprache A erwerben.

<small>Eingeschränkter Erstspracherwerb</small>

Mitte des 20. Jahrhunderts diskutierte man zwei zentrale Zweitspracherwerbshypothesen:

- <small>Identitätshypothese</small> Die Identitätshypothese nach Pit Corder (vgl. Corder 1967) besagt, dass Erst- und Zweitspracherwerb gleich ablaufen und Zweitsprachlernende egal welchen Alters einen zweiten Erstspracherwerb durchlaufen. Belegt wurde diese Hypothese durch Beobachtungen des natürlichen Zweitspracherwerbs.

- <small>Kontrastivhypothese</small> Die ältere Kontrastivhypothese von Robert Lado (vgl. Lado 1957) bezieht dagegen schulische Lernprozesse ein und besagt, dass der Zweitspracherwerb auf Grundlage der bereits erworbenen Sprache erfolgt. Lernende greifen etwa bei der Konstruktion von Sätzen auf die Erstsprache zurück und produzieren dabei Interferenzen, die meist nur dann auffallen, wenn sie aufgrund von Sprachkontrasten zu Fehlern führen.

<small>Interlanguagehypothese</small> Mittlerweile hat sich die Interlanguagehypothese (vgl. Selinker 1972) etabliert, die besagt, dass Zweitsprachlernende sogenannte Interlanguages ausbilden, die nicht einfach eine Teilmenge der Zielsprache sind, sondern auch Sprachformen enthalten, die weder in der Zielsprache noch in der Erstsprache vorkommen. Interlanguage wird im Französischen mit Interlangue übersetzt, im Deutschen spricht man von Lernersprache, Lernervarietät, Interimssprache oder Zwischengrammatik. Durchgesetzt hat sich der Begriff Lernersprache (vgl. Kasper 1989), der deutlich macht, dass es sich um eine Sprache beziehungsweise Sprachvarietät handelt, die die Lernenden ausbilden. Als Interims- oder Zwischensprache wird sie auf dem Weg zur Zielsprache verändert und nähert sich dieser immer weiter an. Allerdings kann es dabei auch zu Fossilisierungen, das heißt zur ‚Versteinerung' einer solchen Lernersprache kommen.

Der frühe Zweitspracherwerb scheint eine Mischform zwischen Erst- und Zweitspracherwerb zu sein: Kindergartenkinder mit frühem Zweitspracherwerb in Deutsch zeigen etwa beim Aufbau des Genus- und Kasussystems Parallelen zu Kindern mit deutschem Erstspracherwerb, während sie sich beim Erwerb der Satzstruktur und der Präpositionen wie ältere Kinder, Jugendliche und Erwachsene mit Zweitspracherwerb verhalten (vgl. Kaltenbacher/Klages 2006, S. 82).

Früher Zweitspracherwerb

Je älter die Kinder beim Erwerb des Deutschen als Zweitsprache sind, desto deutlicher treten die Unterschiede zwischen Erst- und Zweitspracherwerb hervor. Diese Erkenntnis widerspricht einer naiven Gleichbehandlung beider Spracherwerbsgruppen. Sie sollte vielmehr dazu führen, je spezifische Angebote zu entwickeln und so in ein gemeinsames Unterrichtskonzept zu integrieren, dass beide Gruppen gleichermaßen am Unterricht partizipieren können.

Differenzierte Unterrichtsangebote

1.2 Zweitspracherwerb und Fremdsprachlernen

Alltagssprachlich spricht man von Zweitspracherwerb und Fremdsprachenlernen. Dabei verweist der Begriff „Erwerb" auf ungesteuerte, natürliche, der Begriff „Lernen" auf gesteuerte Lernprozesse.

Lernen versus Erwerb

Lernen („learning")	Erwerb („acquisition")
gesteuertes Lernen	natürliches Lernen
explizites Lernen	implizites Lernen
bewusstes Lernen	unbewusstes Lernen

Abbildung 3: Sprachentwicklung (Edmondson/House 2006, S. 12)

Fremdsprachdidaktikerinnen wie Willis Edmondson und Juliane House lösen diese Gegensätzlichkeit auf und interpretieren beide Prozesse als Facetten der Sprachentwicklung (→ ABBILDUNG 3), die man einem Lernkontext nicht eindeutig zuordnen kann. Denn auch im Sprachunterricht laufen Erwerbsprozesse ab, die sich der unterrichtlichen Steuerung entziehen oder gar konträr dazu verlaufen. Andererseits werden Formen des bewussten Lernens (zum Beispiel Mnemotechniken, die Wissen im Gedächtnis verankern, oder auch einfaches Vokabellernen, das Einprägen von Stammformen oder syntaktischen Strukturen) auch außerhalb des Unterrichts relevant.

Sprachlernen ist wie jedes andere Lernen ein kreativer, individueller und selbstgesteuerter Prozess, der auf der Bildung von Hypothesen und ihrer Erprobung in Interaktionen mit anderen basiert. Diese

DEUTSCH ALS ERST-, ZWEIT- UND FREMDSPRACHE

Natürliches Lernen

Form des natürlichen Lernens findet selbstverständlich auch im Unterricht statt und sollte idealerweise konstruktiv in den unterrichtlichen Lernprozess integriert werden – etwa indem natürliche Erwerbssituationen geschaffen werden und die Lernenden in authentischen Situationen (herbeigeführt beispielsweise durch Rollenspiele) sprachlich handeln.

Erwerbsstufen

Eine zweite wichtige Erkenntnis ist, dass jede Form des Spracherwerbs in festen Erwerbsstufen (→ KAPITEL 2.1, ABBILDUNG 6) verläuft, die durch unterrichtliche Maßnahmen nicht grundlegend verändert, sicher aber gestützt und vermutlich auch beschleunigt werden können. Auch hier wird empfohlen, die Progression des Fremdsprachenunterrichts an den Erkenntnissen über die natürlichen Zweitspracherwerbsstufen zu orientieren.

Erwerb und Lernen synchronisieren?

Die Fremdsprachdidaktik bemüht sich zunehmend um eine Synchronisierung des gesteuerten mit dem natürlichen Zweitspracherwerb. Untersuchungen zur Sprachentwicklung von Kindern und Jugendlichen mit Migrationshintergrund, die Deutsch im Sprachbad – also ohne jede unterrichtliche Steuerung – erwerben, zeigen allerdings, dass dies in vielen Fällen nicht den erwarteten Erfolg bringt. Entsprechend entwickelt sich in der Zweitsprachdidaktik eine gegenläufige Tendenz, die eine Synchronisierung des natürlichen mit dem gesteuerten Zweitsprachlernen gerade zu vermeiden sucht.

Gemeinsam ist beiden, dass sie sich an den Erkenntnissen der Zweitspracherwerbsforschung orientieren und sich sowohl um die Optimierung der externen Faktoren als auch um die Nutzung der internen Faktoren bemühen.

Externe Faktoren

- Zu den externen Faktoren gehören die Art und Menge des Zugangs zur Zielsprache sowie der Umfang und die Qualität des Umgangs mit der Zielsprache und die Motivation, sie zu lernen.

Interne Faktoren

- Zu den internen Faktoren gehören die biologischen Determinanten, nach denen jeder Mensch zu jedem Zeitpunkt seines Lebens unter günstigen externen Bedingungen in der Lage ist, sich eine weitere Sprache auf natürlichem Weg anzueignen, sowie das verfügbare Wissen aus der Erstsprache, dem Fremdsprachenunterricht etc. (vgl. Klein 1999).

Fremdsprachlernen

Bezogen auf Fremdsprachlernen wird in der Synchronisation von Erwerb und Lernen die Schaffung oder Simulation natürlicher Erwerbssituationen angestrebt, die einen lernergesteuerten Umgang mit der Zielsprache ermöglichen. Die Lernenden werden motiviert, sich ihrer natürlichen Spracherwerbsstrategien zu bedienen und sich so die Fremdsprache aktiv anzueignen.

Bezogen auf den Zweitspracherwerb von Minderheiten findet stattdessen eine Steuerung statt, die sich „dem außerunterrichtlichen Spracherwerb schwer zugänglichen sprachlichen Erscheinungen" (Barkowski 2003, S. 160) zuwendet und auf diese Art versucht, einer vorzeitigen Versteinerung des Zweitspracherwerbs entgegenzuwirken.

Zweitspracherwerb von Minderheiten

1.3 DaF – DaZ – DaM

Die Begriffe Deutsch als Erstsprache, Deutsch als Zweitsprache (DaZ) und Deutsch als Fremdsprache (DaF) können sinnvoll ergänzt werden um den Begriff Deutsch als Muttersprache (DaM), der nötig ist, um der Situation von DaZ-Lernenden im deutschen Schulsystem, die gemeinsam mit Kindern und Jugendlichen deutscher Erstsprache unterrichtet werden, gerecht zu werden.

Folgende Texte stammen von ca. 9-jährigen Grundschulkindern aus unterschiedlichen Lern- beziehungsweise Erwerbskontexten. Da die Kinder erwerbsspezifische Fehler machen, lässt sich an den Texten ablesen, wo die Kinder in ihrer Sprachentwicklung stehen und welche Kinder Deutsch als Muttersprache erwerben und welche nicht.

Erwerbsspezifische Fehler

„… *Dar kamm seine Mutter […]. Und sagte, ‚wie ist den das passiert'. ‚Ich wolte doch nur mal in den Topf schauen und da bin ich hineingefallen eigendlich ist doch auch was schönes wenn ich als bunter Osterhase gehe'. Die Mutter lachte und sagte ‚oh keh du darfst an Ohstern als bunter Osterhase gehen.'"* (Rupp 1988, S. 26)

‚DaM-Fehler'

Die Schreiberin zeigt die für Muttersprachler typischen orthografisch bedingten Normabweichungen (im Bereich der Großschreibung, der Doppelkonsonanten etc.). Doch ihre Sätze sind vollständig und den deutschen Wortstellungsregeln entsprechend gebildet. Die Schreiberin beherrscht die Zeitformen und das deutsche Genus- und Kasussystem bis in die Adjektivdeklination hinein (*bunter Osterhase*).

Die folgenden Schülertexte weisen ihre Schreiber dagegen als Nicht-Deutsch-Muttersprachler aus, denn ihre Fehlerschwerpunkte liegen eindeutig im morpho-syntaktischen Bereich.

„*Mein Fater er macht spageti*
Quand du bist née?
Manie chfesteur aice Lucille.
Ich tanze geren onte ich spielle geren pumpé."
(Diehl u. a. 2000, S. 67)

‚DaF-Fehler'

DEUTSCH ALS ERST-, ZWEIT- UND FREMDSPRACHE

	DaZ – Deutsch als Zweitsprache	DaF – Deutsch als Fremdsprache	DaM – Deutsch als Muttersprache
Funktion	Kommunikations- und Instruktionssprache in allen Fächern, Voraussetzung für Schulerfolg und gesellschaftliche Integration	i. d. R. ein gewähltes Fach, Lernerfolg verbessert die Berufschancen	Erstsprache, Kommunikations- und Instruktionssprache sind identisch
Spracherwerbssituation	Erstsprache ist sozialisationsbedingt oft nicht altersgemäß ausgebildet	Erstsprache ist altersgemäß (und sozialisationsbedingt) ausgebildet	Erstsprache ist altersgemäß (und sozialisationsbedingt) ausgebildet
	Spracherwerb erfolgt weitgehend ungesteuert	Spracherwerb erfolgt weitgehend gesteuert	Unterricht unterstützt die Synchronisation von gesteuertem und ungesteuertem Erwerb
	Schüler haben z. T. ein schwieriges Verhältnis zur Zielsprache	Schüler zeigen i. d. R. Interesse an der Zielsprache	
Lernsituation	Lernerschwernisse aufgrund psychosozialer Bedingungen	Weitgehende Übereinstimmung zwischen häuslichem und schulischem Umfeld	Weitgehende Übereinstimmung zwischen häuslichem und schulischem Umfeld
	Erstsprache wird i. d. R. nicht als Unterrichtssprache genutzt	Erstsprache steht auch im Unterricht zur Verfügung	Erstsprache ist Unterrichtssprache
	Zielsprache ist von Anfang an Instruktionssprache	Zielsprache ist Lerngegenstand	Zielsprache ist Instruktionssprache und Lerngegenstand
Rahmenbedingungen	Keine verbindliche Lehrerausbildung	Fundierte Lehrerausbildung	Fundierte Lehrerausbildung
	Kaum Berücksichtigung der Spracherwerbssituation in Rahmenplänen und Lehrwerken	Rahmenpläne und Lehrwerke sind angepasst an das Alter und den Erwerbsprozess	Spracherwerb ist die Grundlage für Rahmenpläne und Lehrwerke in allen Fächern
Didaktik	Zweitsprachen- versus zweisprachige Förderung	kommunikative / konstruktivistische Wende (→ KAPITEL 5)	kommunikative / kognitive Wende
	Verzahnung versus Entkoppelung von Sprach- und Sachlernen	Orientierung am ‚natürlichen' Zweitspracherwerb, Öffnung gegenüber Mehrsprachigkeit	Sprachreflexion steht im Vordergrund.
	Zielsprachenförderung als Unterrichtsprinzip in allen Fächern	Verstärkung des (bilingualen) Sach-/Fachlernens	Methodenlernen im Umgang mit Texten in allen Fächern

Abbildung 4: DaZ – DaF – DaM

Diese Schülersätze beziehen ganz offensichtlich Französisch als weitere Sprache ein, die als Muster für den Satzbau fungiert (*Mein Fater er macht spageti*) und zentrale Redemittel liefert, die offenbar im Deutschen nicht zur Verfügung stehen. Die Sätze stammen von Kindern, die in Frankreich in der Grundschule Deutsch lernen, also als Fremdsprache im schulischen Kontext.

„*Susi und Peter sie kauen sich ein Eis. und gingen in den Park. und essen ihr eis. auf ein mall stolperte Susi und ihr fiehl hin. Und der strasenhund legt das Eis Boden. Peter hate eine ide und er gab Susi eine kugel form eis ab. und beid de laufen nach hause und assen ihr eis.*" ,DaZ-Fehler'

Der Schreiber zeigt deutliche Unsicherheiten im Umgang mit Präpositionen (*legt das Eis Boden, gab Susi eine Kugel form eis ab*). Der Text – sein Originaltitel lautet *Das Umgsick* – stammt von einem Bremer DaZ-Kind mit russischer Erstsprache, das seine gesamte Schulzeit in Deutschland verbracht hat und im Jacobs-Sommercamp zwei Wochen lang an einem Intensivkurs Deutsch teilgenommen hat. Der russisch-deutsche Junge erwirbt Deutsch also als Zweitsprache. Obwohl auch dieser Erwerb im schulischen Kontext stattfindet (denn zu Hause spricht der Junge überwiegend russisch), erhielt er bis zum Eintritt in das Feriencamp keine systematische Unterweisung in der deutschen Sprache, sondern erlebte sie als Unterrichts- und Kommunikationssprache und hatte die Chance, sie auf diese Weise ungesteuert zu erwerben.

Die Übersicht (→ ABBILDUNG 4) fasst die Unterschiede zwischen DaZ, DaF und DaM zusammen (vgl. Rösch 2003, S. 10; Ahrenholz 2008a, S. 12). Unterschiede

Der entscheidende Unterschied zwischen DaF und DaZ ist die hohe Erwartung an den Erfolg des Zweitspracherwerbs, obwohl im Unterschied zum Fremdsprachenunterricht nur wenig Zeit zur Verfügung steht und nur wenig Unterstützung angeboten wird, um die Grundlagen zu legen, die Menschen brauchen, um eine Sprache als Unterrichtssprache verstehen und verwenden zu können.

1.4 Organisationsformen für DaZ-Unterricht

Im Zuge der Studienreform ist DaZ in den letzten Jahren an einigen, wenigen Universitäten zu einem eigenen Studiengang geworden. In einzelnen Bundesländern ist ein DaZ-Schwerpunkt mittlerweile im Rahmen der Lehrerbildung fest verankert. Diese Entwicklung lässt erwarten, dass dieser Lernbereich in allen Bildungsphasen vom Elementar- über den Primarbereich bis zu den Sekundarstufen inklusive der Beruflichen Bildung auch weiterhin an Bedeutung gewinnt.

Derzeit sind folgende Organisationsformen zu unterscheiden:

DaZ-Klassen sind die Weiterentwicklung der Vorbereitungsklassen für eingewanderte Kinder oder Jugendliche und werden in Bayern als Sprachlernklassen, in Hessen als Intensivklassen und in Berlin als Kleinklassen geführt. Im Zentrum steht die Vermittlung der deutschen Sprache, ergänzend findet auch Fachunterricht in deutscher Sprache statt. In der Regel werden solche Klassen zeitlich befristet angeboten und sollen auf den gemeinsamen Unterricht vorbereiten. Doch entgegen dieser administeriellen Vorgabe gibt es in Ballungszentren, vor allem an Hauptschulen, reine DaZ-Lerngruppen, die über die gesamte Schulzeit bestehen bleiben, ohne dass es ausgewiesene Konzepte für den Unterricht in dieser besonderen Lernsituation gäbe.

Auch **DaZ-Kurse** richten sich ausschließlich an DaZ-Lernende. Sie werden als Intensivkurse oder Eingliederungslehrgänge, als Förderkurse im Elementar-, Primar oder Sekundabereich ergänzend oder aber als Ergänzung zum gemeinsamen Regelunterricht angeboten. Vor allem im letzten Fall haben sie einen begleitenden Charakter. Sie werden mittlerweile auch im Nachmittagsbereich oder als Ferienkurse und damit außerhalb der Schule angeboten.

Das erklärte Ziel der Bildungspolitik ist die **Integration von DaZ als Prinzip im Fachunterricht** an einsprachigen Regelschulen. Realisiert wird dies vor allem an Schulen mit einem hohen Anteil an DaZ-Lernenden, in denen der Anteil an Deutschunterricht deutlich erhöht wird, um Zeit für die Zweitsprachförderung zu gewinnen. Was allerdings genau in diesen zusätzlichen Deutschstunden passiert, ist bislang nicht untersucht worden.

In **gemischten DaZ-DaM-Lerngruppen** wird punktuell versucht, DaZ-didaktische Schleifen zum Fachunterricht anzubieten, in denen Texte vor- oder nachbereitet werden, oder auch spezielle grammatische Übungen mit thematisch auf den Fachunterricht abgestimmten Sprachmitteln anzubieten. Zum Teil werden diese DaZ-didaktischen Schleifen auch als Binnendifferenzierung in den Unterricht integriert, was allerdings dazu führen kann, dass das Prinzip der zielgleichen Orientierung für DaZ- und DaM-Kinder aufgegeben wird. Stattdessen erfolgt eine zieldifferente Orientierung, die sich ergibt, wenn DaZ-Schüler im Unterricht sprachliche Übungen machen, während DaM-Schüler fachlich arbeiten.

Was in der einsprachigen Regelschule so schwer zu realisieren ist, weil nur wenig Zeit und Raum für den Erwerb und die Festigung der deutschen Sprache gegeben ist, ist in zweisprachigen Bildungskonzepten eine Selbstverständlichkeit. Denn dort ist DaZ als Fachunterricht etabliert. An den meisten Auslands- oder zweisprachigen Schulen wird ein eigenständiger Fachunterricht zu den Unterrichtssprachen angeboten: Konkret gibt es etwa am Berliner Französischen Gymnasium Deutschunterricht getrennt nach Zielgruppen, das heißt für DaM-Schüler und Französisch-Muttersprachler nach Niveaustufen getrennt. Gleiches gilt für den Französischunterricht zumindest in den ersten Schuljahren, obwohl Französisch die einzige Unterrichtssprache in allen Fächern ist.

DaZ als Fachunterricht

An der Staatlichen Europaschule in Berlin erhalten alle Kinder innerhalb sprachhomogener Gruppen Unterricht in ihrer Erstsprache ebenso wie in ihrer Zweitsprache. Damit wird dem Erwerb der Zweitsprache bildungspolitisch dieselbe Bedeutung beigemessen wie dem Erwerb und der Entfaltung der Erstsprache und den schulisch vermittelten Fremdsprachen.

Fragen und Anregungen

- Unterscheiden Sie die Begriffe Erwerb und Lernen. Warum können in → ABBILDUNG 3 beide Oberbegriffe gleichermaßen mit bestimmten Formen des Lernens konkretisiert werden?
- Welche Rolle spielt das Alter der Lernenden, um zu entscheiden, ob sie Deutsch als Fremd- oder Zweitsprache lernen? Kann es sein, dass ein Lerner Deutsch sowohl als Fremd- als auch als Zweitsprache erwirbt oder sowohl als Erst- und Zweit- oder Fremdsprache?
- Klassifizieren Sie den Spracherwerb folgender Kinder:
  - Erhan spricht mit den Eltern Türkisch und Kroatisch, seit er in die Schule geht, spricht er dort ausschließlich Deutsch.
  - Elena spricht mit ihren Eltern Deutsch, sie versteht Griechisch und besucht eine Schule, in der manche Fächer auf Englisch unterrichtet werden.
  - Egon ist aus der Ukraine, hat dort Deutsch in der Schule gelernt und besucht nun die Schule in Deutschland.
  - Kolja hat deutschsprachige Eltern, sein spanisches Kindermädchen spricht Spanisch mit ihm, und er besucht einen französischen Kindergarten.
- Erinnern Sie sich an Ihren schulischen Fremdsprachenunterricht und beschreiben Sie Ansätze für natürliches Lernen.

- Antizipieren Sie Zweitspracherwerbssituationen und beschreiben Sie Ansätze gesteuerten Lernens.
- Der Junge aus dem Jacobs-Sommercamp (→ KAPITEL 1.3) verfasste am Ende des Kurses folgenden Text:
  „Das gebochene bein
  der Junge fert Farrad er will bremsen aber es gett nicht und Deniz felhlt hin und die Hose reist und er komtins krankenhaus die arten undersucht sein bein. und der becomt ein gibs und alle seine fronde sreiben ihren namen auf Deniz gibs und Deniz freut sich. und muss auf Krücke gehen."
  Beschreiben Sie, was das Kind kann und was es nicht kann. Hat es sich im Vergleich zum ersten Text verbessert?

Lektüreempfehlungen

- **Rupprecht Baur: Deutsch als Fremdsprache – Deutsch als Zweitsprache**, in: Gerhard Helbig u. a. (Hg.), Deutsch als Fremdsprache. Ein internationales Handbuch, Berlin/New York 2001, S. 617–628. *In diesem Aufsatz werden zentrale Aspekte zur Unterscheidung von Deutsch als Fremd- und Zweitsprache formuliert, die einen deutlichen Bezug zur Sprachsozialisation von Kindern und Jugendlichen mit Migrationshintergrund legen. Das Handbuch, in dem dieser Aufsatz erschienen ist, ist das zentrale Standardwerk für Deutsch als Fremdsprache, sodass es auch als Nachschlagewerk für viele andere Aspekte herangezogen werden kann.*
- **Richard Bausch: Zwei- und Mehrsprachigkeit: Überblick**, in: ders. u. a. (Hg.), Handbuch Fremdsprachenunterricht, Tübingen 2003, S. 439–445. *Der Autor liefert einen Überblick über Zwei- und Mehrsprachigkeit, indem er Begriffe klärt und Relevanzen für den Unterricht aufzeigt.*
- **Dietmar Rösler: Deutsch als Fremdsprache**, Stuttgart/Weimar 1994. *Diese schon etwas ältere Einführung in Deutsch als Fremdsprache zeigt die Entwicklung dieser Disziplin auf.*
- **Dieter Thoma/Rosemarie Tracy: Deutsch als frühe Zweitsprache: zweite Erstsprache?**, in: Bernt Ahrenholz (Hg.), Kinder mit Migrationshintergrund – Spracherwerb und Fördermöglichkeiten, Freiburg 2006, S. 58–97. *In diesem Aufsatz wird die immer wieder auftauchende Frage diskutiert, ab wann man von einem frühen Zweitspracherwerb sprechen kann und bis wann Deutsch als zweite Erstsprache zu betrachten ist.*

2 Zweitspracherwerb und Sprachunterricht

I die anfänge

maine nix gut doitsch.
isch waiss –
isch sprech ja
nur gastarbaiterdoitsch
und immer problema
iberall
doitsch loite nix verstee
was isch sagen
was isch wollen

aber
langsam langsam
geets:
isch jetzz meer verstee

doitsch loite
aber
maine sprache
nix viil verstee
gastarbaiterdoitsche sprache
schwere sprache

II es geht den gastarbeiterdeutschen gang

doitsche kollega
warum du immer weggucken
warum du mir nix akzeptieren
isch nix schaiss
isch mensch
zusammen
isch arbait du arbait fabrik
isch leben du leben hiir

gut, du doitsch
isch auslender

du immer sagen
isch gastarbaiter
aber isch nix gast
[...]
isch schon viil doitsch denken
in fabrik und zuhaus
allein meine sprache
noch gastarbaiterdoitsch

III wir warten nicht auf besseres deutsch

Ich gehe nun in deutsche schule
in volkshochschule
deutsche sprache lernen.
Das buch ist jedoch sehr schlecht
und die schule ist auch sehr schlecht.
[...]
wir haben viele rechte nicht –
aber alle pflichten.
Und angst vor rausschmiss aus deutschland
machen uns ausländeramt und unternehmer
damit wir immer still bleiben

und ganz wenige deutsche kollegen
helfen uns oder hören an unsere problemen.

doch: unsere sprache in deutsche gesellschaft
ist eine sprache die sprechen will
aber nicht nur –
wir warten nicht auf besseres deutsch

IV was mir bleibet

mein gastarbeiterdeutsch ist eng
    wie das ausländergesetz
und tief
    wie die ausbeutung
mein gastarbeiterdeutsch ist ein tiefdruck
    von Kiel bis Mazzara del Vallo
und wiegt
    wie notierungen der DM
mein gastarbeiterdeutsch ist
    ein stempel geworden
darauf steht:
    Made in Westgermany
mein gastarbeiterdeutsch hat sein nest
    in den furchen meines gehirns aufgebaut
    hat als wiege meine träume gewogen
    hat wie eine schmiede hoffnungen geformt
mein gastarbeiterdeutsch ist eine hülse
    innendrin
nicht nur gastarbeiterdeutsch

Abbildung 5: Franco Biondi: *nicht nur gastarbeiterdeutsch* (1979) (Auszug)

> *In diesem Gedicht thematisiert Franco Biondi das Leben von Arbeitsmigranten in Deutschland. Dabei geht es zum einen um den Deutscherwerb, zum anderen um die soziale Integration, die auch schon 1979 an die Deutschkompetenz geknüpft wurde. Das lyrische Ich zeigt eine deutliche sprachliche Entwicklung und damit eine gelungene sprachliche Integration, mit der allerdings die soziale Integration nicht Schritt hält, weil die Einheimischen nicht bereit sind, sich auf den Eingewanderten einzulassen. Eine höhere Deutschkompetenz führt im Gedicht einerseits dazu, die Diskriminierung differenzierter zu erkennen. Andererseits gibt sie dem lyrischen Ich die Möglichkeit, die Leistungen und Gedanken von Arbeitsmigranten einem deutschen Publikum als Person, die sich nicht auf ihr „gastarbeiterdeutsch" reduzieren lässt, näher zu bringen.*
>
> *Franco Biondi zeichnet den Zweitspracherwerb eines Arbeitsmigranten nach. Dass ein italienischer „Gastarbeiter" spricht, zeigt sich vor allem am Akzent und weniger an spezifischen Formen, denn Fehler mit der Flexion („isch leben") oder trennbaren Verben („wenige deutsche kollegen [...] hören an unsere problemen") sind unabhängig von der Erstsprache typisch für bestimmte Phasen des Zweitspracherwerbs. Das Gedicht inszeniert eine weitere wichtige Erkenntnis der Zweitspracherwerbsforschung: Die zunehmende Sprachkompetenz beschränkt sich nicht auf den Wortschatz und die Orthografie, sondern zeigt sich vor allem am Satzbau und im Falle des Gedichts auch an der zunehmenden Literarizität, die von einem Bericht über das Leben als Arbeitsmigrant zu einer Reflexion desselben führt.*

Diese und weitere Ergebnisse der Zweitspracherwerbsforschung werden im Folgenden dargestellt. Dabei wird geklärt, welche Zweitspracherwerbstheorien es gibt. Neben den drei ‚großen' Hypothesen wird auch die Interdependenzhypothese einbezogen, die auf die Erstsprache verweist und im Kontext der Diskussion um die sprachliche Bildung von Kindern und Jugendlichen mit Deutsch als Zweitsprache eine zentrale Rolle spielt. Zusätzlich zu den Zweitspracherwerbshypothesen werden auch Hypothesen zum Fremdsprachlernen herangezogen, um zu klären, was daraus für den Sprachunterricht folgt.

2.1 **Die ‚großen' Hypothesen**
2.2 **Die Interdependenzhypothese**
2.3 **Input- oder Outputorientierung**
2.4 **Explizite versus implizite Sprachförderung**

2.1 Die ‚großen' Hypothesen

Zweitspracherwerb lässt sich auf unterschiedlichen Ebenen betrachten. Auf einer allgemeinen Ebene stellt sich zunächst die Frage des Verhältnisses zwischen Erst- und Zweitspracherwerb beziehungsweise zwischen den verschiedenen Sprachen. Als Richard Bausch und Gabriele Kasper 1979 die drei „großen Hypothesen" des Zweitspracherwerbs formuliert haben, unterschieden sie zwischen der Kontrastiv-, der Identitäts- und der Interlanguagehypothese. Die Kontrastivhypothese definieren sie Folgendermaßen:

Kontrastivhypothese

„Die Grundsprache des Lerners beeinflusst seinen Erwerb einer Zweitsprache in der Weise, dass in Grund- und Zweitsprache identische Elemente und Regeln leicht und fehlerfrei zu erlernen sind, unterschiedliche Elemente und Regeln dagegen Lernschwierigkeiten bereiten und zu Fehlern führen." (Bausch / Kasper 1979, S. 5)

Für den Unterricht folgen daraus Vergleiche zwischen Ausgangs- und Zielsprache, Übungen für die Bereiche, in denen Unterschiede bestehen, und andere Verfahren, die die Grammatik-Übersetzungsmethode bereithält. Diese Methode orientiert sich an grammatischen Strukturen der Zielsprache, die durch Übersetzungsübungen bewusst gemacht werden.

Grammatik-Übersetzungsmethode

Während nach der Kontrastivhypothese die Zweitsprache im Rückgriff auf die Erstsprache erworben wird und der Kontrast zwischen Erst- und Zweitsprache eine große Rolle für deren Erwerb spielt, besagt die Identitätshypothese ziemlich genau das Gegenteil, denn nach ihr ist der Zweitspracherwerb quasi als zweiter Erstspracherwerb anzusehen, der deutliche Parallelen zum Erstspracherwerb aufweist.

Identitätshypothese

„Der Erwerb einer Sprache L als Zweitsprache verläuft prinzipiell isomorph zum Erwerb von L als Grundsprache: in beiden Fällen aktiviert der Lerner angeborene mentale Prozesse, die bewirken, dass die zweitsprachlichen Regeln und Elemente in der gleichen Abfolge erworben werden wie die grundsprachlichen. Hieraus wurde abgeleitet, dass Entwicklungssequenzen in der zweitsprachlichen Erwerbschronologie durch die Struktur der Zweitsprache (und nicht durch die der Grundsprache) gesteuert werden: Ebenso wie Fehler beim Grundsprachenerwerb von der Struktur der Grundsprache determiniert werden, sind Fehler beim Zweitsprachenerwerb durch die Struktur der Zweitsprache (und nicht durch die der Grundsprache) bedingt (developmental errors)." (Bausch / Kasper 1979, S. 9)

Der Fremdsprachunterricht, der von der Identitätshypothese ausgeht, orientiert sich konsequenterweise an den natürlichen Erwerbsequenzen, versucht den natürlichen Spracherwerb nachzustellen, möglichst ohne in ihn einzugreifen, und führt Lernende vom rezeptiven zum produktiven Sprachgebrauch. Im Immersionsunterricht erleben Lernende die Zielsprache in thematischen Kontexten, erschließen Bedeutung aus dem Zusammenhang und beginnen im Laufe der Zeit, die Sprache selbst zu gebrauchen.

Unterricht als simulierter Spracherwerb

Beide Hypothesen gelten mittlerweile als überholt. Stattdessen hat sich die Interlanguagehypothese durchgesetzt, die besagt, dass der Zweitspracherwerb wie jeder andere Spracherwerb auch ein kreativer, vom Lernenden gestalteter Aneignungsprozess ist. Beim Zweitspracherwerb bilden Lernende Interlanguages beziehungsweise Lernersprachen aus. Dabei handelt es sich um grammatische Systeme, die Elemente der Zielsprache und der Erstsprache enthalten und außerdem Elemente, die weder in der Ziel- noch in der Erstsprache zu finden sind. Zentrale Annahme ist, dass Lernende Hypothesen über die Struktur der Sprache bilden, mit denen sie dann experimentieren. Je nach kommunikativem Erfolg entwickeln sie diese Hypothesen weiter oder belassen es dabei. Für den Sprachunterricht folgt aus dieser Hypothese ein differenziertes lernendenorientiertes Vorgehen, das Lernersprachen als Zwischenstadien nicht nur zulässt, sondern daraus resultierende Normabweichungen als Lernleistung betrachtet und den kreativen Prozess der Hypothesenbildung und -überprüfung zu nutzen versucht. Des Weiteren lassen sich Erkenntnisse über den Verlauf des Zweitspracherwerbs nutzen, um die Progression des Unterrichts am natürlichen Erwerbsprozess zu orientieren. Seit den 1980er-Jahren lieferten Studien wie die ZISA-Studie (vgl. ZISA-Studie 1983) Erkenntnisse über Erwerbsstufen im Bereich der Syntax. Wilhelm Grießhaber hat die dort bereits grob skizzierten Erwerbsstufen in sechs Profilstufen überführt (→ ABBILDUNG 6). Dabei entsprechen die Stufen 0–4 denen der ‚alten' Studien; sie wurden von Wilhelm Grießhaber anhand von Daten mit Grund- und Sekundarschülern empirisch validiert und 2009 um die Stufen 5 und 6 ergänzt (vgl. Grießhaber 2006).

Interlanguage-hypothese

Differenziertes lernendenorientiertes Vorgehen

Profilstufen nach Grießhaber

Als Karl-Richard Bausch und Gabriele Kaspar 1979 im Zusammenhang mit diesen Annahmen von den drei ‚großen' Hypothesen sprachen, entstand der Eindruck, dass die Interlanguagehypothese eine Art Verbindung zwischen der Kontrastiv- und der Identitätshypothese darstellt, obwohl diese sich in ihrer theoretischen Fundierung deutlich unterscheiden. Ein Argument für das Verständnis, die Inter-

Stufen mit den entscheidenden Merkmalen	Beispiel
6. Insertion eines [Erweiterten Partizipialattributs]:	*Sie hat das [EPA] Buch gelesen*
5. Insertion eines [Nebensatzes]:	*Sie hat das [NS] Buch gelesen*
4. Nebensätze mit finitem Verb^F in Endstellung:	*..., dass er so schwarz ist^F.*
3. Subjekt* nach finitem Verb^F nach vorangestellten Adverbialen:	*Dann brennt^F die*.*
2. Separierung finiter^F und infiniter^{IF} Verbteile:	*Und ich habe^F dann geweint^{IF}*
1. Finites Verb^F in einfachen Äußerungen:	*Ich versteh^F*
0. Bruchstückhafte Äußerungen, ohne finites Verb:	*anziehn Ge/*

Abbildung 6: Erwerbsstufen des Deutschen als Fremd- und Zweitsprache (Grießhaber 2009, S. 129ff.)

languagehypothese sei eine Verbindung zwischen Identitäts- und Kontrastivhypothese, ist, dass Interferenzen aus Erst- und Zweitsprache in der Interlanguagehypothese nicht ausgeschlossen werden und klar erkannt wird, dass aus der Erstsprache und im Erstspracherwerb erworbenes sprachliches Vorwissen für den Zweitspracherwerb genutzt wird. Gleichzeitig werden aber auch Parallelen zwischen Erst- und Zweitspracherwerb deutlich, die unabhängig von den beteiligten Sprachen auf eine Grundstruktur des Spracherwerbs verweisen. Diese Grundstruktur stellt den kreativen Akt des Erwerbs durch die Lernenden in den Vordergrund, deutet auf feste Erwerbsstufen und benennt allgemeingültige externe Faktoren für den Erwerbsverlauf. Deshalb kann die Interlanguagehypothese auch als Weiterentwicklung beziehungsweise Revision der Identitätshypothese betrachtet werden.

> Interlanguagehypothese als Weiterentwicklung der Identitätshypothese

Bezieht man die Interdependenzhypothese von James Cummins ein (s. u.), verschiebt sich das Bild von der einen Zweitspracherwerbshypothese wieder zu zwei sich gegenüber stehenden Theorien: Die Interlanguagehypothese (als Weiterentwicklung der Identitätshypothese) und die Interdependenzhypothese, die dann entsprechend als Weiterentwicklung beziehungsweise Revision der Kontrastivhypothese gedeutet werden kann.

> Interdependenzhypothese als Weiterentwicklung der Kontrastivhypothese

2.2 Die Interdependenzhypothese

James Cummins Schwellen- oder Interdependenzhypothese (vgl. Cummins 1982) beschreibt drei „Schwellen" derbilingualen Entwicklung:
1. Schwelle: „Semilingualismus" (niedrige Kompetenz in beiden Sprachen),
2. Schwelle: dominante Zweisprachigkeit (hohe Kompetenz in einer Sprache) und
3. Schwelle (hohe Kompetenz in beiden Sprachen).

> Drei Schwellen der bilingualen Entwicklung

Eine solche Einteilung, vor allem die Konstruktion der zweiten Schwelle suggeriert, die Ausbildung einer Sprache sei die Voraussetzung für den Erwerb einer zweiten Sprache, denn wenn keine hohe Kompetenz in einer Sprache ausgebildet ist, kann – so die Annahme – auch keine hohe Kompetenz in der zweiten Sprache erreicht werden. Unterstützt wird diese Annahme durch die Unterscheidung zwischen einer situationsgebundenen und einer kognitiv-akademischen Sprachfähigkeit:

Basis- und Bildungssprache

- BICS (Basic Interpersonal Communicative Skills) beziehen sich auf die Basissprache und damit auf situationsgebundene Sprachfertigkeiten; Bedeutung wird über den Kontext, eigene soziale und kulturelle Erfahrungen, Intonation oder nonverbales Verhalten erschlossen.
- CALP (Cognitive Academic Language Proficiency) verlangt eine Bedeutungserschließung aus rein sprachlichen Informationen und setzt deshalb eine höhere Sprachkompetenz (vor allem Grammatikkenntnis) voraus, beschreibt also eine kognitiv-akademische Sprachfähigkeit, die auch als Bildungssprache bezeichnet wird.

In den 1980er-Jahren wurde die Schwellen- bzw. Interdependenzhypothese so eng ausgelegt, dass immer wieder behauptet wurde, das CALP-Niveau müsse in der Erstsprache ausgebildet werden, damit es als Grundlage für den Erwerb der Zweitsprache genutzt werden kann (vgl. Steinmüller 1981). Mittlerweile geht auch James Cummins (vgl. Cummins 1999) davon aus, dass der Transfer von CALP-Fähigkeiten in beide Richtungen möglich ist. Entscheidend ist, dass diese Sprachkompetenz überhaupt ausgebildet wird. Dadurch wird es möglich, die Interdependenzhypothese nicht mehr nur konsekutiv, al-

Parallele Förderung beider Sprachen

so zeitlich nacheinander, sondern auch koordiniert auszulegen (vgl. Stölting-Richert 2001) und beide Sprachen parallel auszubilden.

Obgleich sich die Interdependenzhypothese nicht im engeren Sinne mit dem Zweitspracherwerb befasst, sondern vielmehr mit zweisprachiger Sozialisation, kann sie als Weiterentwicklung der Kontrastivhypothese betrachtet werden: Sie versteht die Entwicklung in beiden Sprachen als Einheit und stellt Bezüge zwischen Kompetenzen und Problemen her, auch wenn diese nur in einer der beiden Sprachen, meist in der Zweitsprache, auftreten. Deshalb wird die Interdependenzhypothese im Kontext der sprachlichen Bildung von Kindern und Jugendlichen mit Migrationshintergrund meist von Erziehungswissenschaftlern herangezogen, um ihre Forderungen nach zweisprachiger Erziehung zu begründen.

Im Rahmen des von 2004 bis 2009 bundesweit durchgeführten Projekts zur Förderung von Kindern und Jugendlichen mit Migrationshintergrund (FörMig) wurde die Interdependenzhypothese zusätzlich unter dem Aspekt des Deutschen als Bildungssprache (vgl. Gogolin 2008) genutzt, um die CALP-Fähigkeiten in der Zweitsprache auszubilden und dabei die Erstsprache der Kinder und Jugendlichen mindestens zu berücksichtigen, am besten aber auch weiterzuentwickeln.

Deutsch als Bildungssprache

2.3 Input- oder Outputorientierung

Auf einer konkreteren, auf die Konzeption von Unterricht bezogenen Ebene lassen sich wiederum verschiedene Hypothesen unterscheiden, die der Frage nach der Interaktion zwischen Sprachlernenden und Sprachlehrenden nachgehen. Einen wichtigen Beitrag liefert die Monitor- beziehungsweise Inputhypothese von Stephan Krashen (vgl. Krashen 1985), die auf folgenden Prämissen beruht:

Inputhypothese: Prämissen

- Zwischen Lernen und Erwerben (→ KAPITEL 1.2) ist strikt zu unterscheiden; die Fähigkeit zur Sprachproduktion entwickelt sich automatisch; sie wird nicht gelehrt.
- Der Input muss verständlich, angemessen sowie über Kontext und Situation verstehbar sein und sollte Formen enthalten, die etwas über dem gegenwärtigen Kompetenzniveau liegen.
- Der eigentlichen Sprachverarbeitung ist ein affektiver Filter vorgeschaltet: positive Einstellung zur Sprache, Selbstvertrauen, wenig Angst, Selbstbewusstsein fördern den Erwerb, negative Affekte hemmen ihn.
- Im sogenannten Organizer arbeitet ein angeborenes Sprachmodul, das der Universalgrammatik entspricht. Der Erwerb führt – zumal bei jüngeren Kindern – direkt zur Realisierung von Äußerungen. Die Abfolge entspricht einer natürlichen Ordnung.
- Lernen bedient sich eines Monitors, der die Planung für die Äußerung bewusst macht und sie auf Richtigkeit und Angemessenheit hin überprüft. Lernende nutzen den Monitor unterschiedlich.
- Für Erwachsene sind Lernprozesse und Äußerungen, die durch den Monitor bestimmt sind, typisch. Erwachsene nutzen Grammatiken, Kinder brauchen keine. Sie erwerben eine Sprache über den Organizer und zeigen positive Affekte, denn sie wollen kommunizieren.
- Unterricht muss nur einen günstigen Input bereit stellen.

Die Inputhypothese wurde vor allem für den fremdsprachlichen Unterricht aufgegriffen und führte dort zur Konzentration auf einen am natürlichen Zweitspracherwerb orientierten Sprachunterricht, der auf einem authentischen, mehr oder weniger nah auf das erreichte Sprachniveau abgestimmten Input beruht und auf die Vermittlung von Regeln sowie die Korrektur von Fehlern verzichtet. Mittlerweile zeigen Studien allerdings, dass ein modifizierter, am Lernniveau orientierter Input den Lernerfolg positiv beeinflusst (vgl. Gass/Mackey 2005).

Verzicht auf Regelvermittlung und Fehlerkorrektur

Die Interaktionshypothese (vgl. Long 1985; Gass 1997) betont die Bedeutung der Interaktion zwischen Lernenden und Lehrenden für den Lernprozess. Sie geht davon aus, dass der Input für Verständigung, Verstehen und damit den Spracherwerb zwar förderlich ist, dass aber Input allein, auch wenn er noch so verständlich ist, in der Regel nicht ausreicht. Vielmehr müssen die Lernenden etwas mit dem Input tun, damit er zum Intake und somit zu ihrem Besitzstand wird. So fördern Verhandlungen über den Input zwischen Lernenden untereinander seine intensive Verarbeitung (negotiations of meaning). Bedeutungsaushandlungen über den Input führen zu klärenden Nachfragen, Wiederholungen, Bestätigungen, Verständnisüberprüfungen, Präzisierungen, Paraphrasen etc. und stellen auch die Grundlage für das Üben dar. Die Lehrperson wird dann (im Unterschied zur Inputhypothese) zur Moderatorin des Lernprozesses, die kooperative Aufgaben formuliert und zu Fragen anregt, und insofern zur zentralen Instanz. In der erweiterten Interaktionshypothese wird der Fokus zusätzlich auf die Bedeutung des Lehrerfeedback gelegt; Fehler werden aufgegriffen und im Interaktionsprozess bearbeitet.

Interaktionshypothese

Input und Intake

Noch einen Schritt weiter geht die Outputhypothese (vgl. Swain 1997, 2005). Ausgehend von Untersuchungen zum Immersionsunterricht, bei dem die Schüler Fachunterricht in einer Fremdsprache erhalten, zeigten Merill Swain und Sharon Lapkin (vgl. Swain/Lapkin 2005), dass ein am Input orientierter Unterricht zwar eine hohe rezeptive, aber nur eine geringe produktive Kompetenz ausbildet. Berücksichtigt man zusätzlich, dass sich die Rezeption von Sprache vor allem auf den Bereich der Semantik konzentriert, während die Sprachproduktion auf Grammatik angewiesen ist, folgt daraus, dass eine Inputorientierung durch eine Outputorientierung mindestens zu ergänzen, wenn nicht sogar zu ersetzen ist, um eine breite Sprachkompetenz auszubilden. Dabei zielt die Funktion des Outputs darauf, dass Lernende zielsprachlich produzieren, Hypothesen testen, Feedback einholen; außerdem sollte der Unterricht die Automatisierung fördern.

Outputhypothese

Nach der Outputhypothese führen Interaktionen zwischen Lernenden dazu, dass sie beim gemeinsamen mündlichen oder auch schriftlichen Output ihre Lücken feststellen, indem sie Hypothesen über die Fremdsprache erstellen, mit den Lernpartnern über diese Hypothesen diskutieren und gemeinsam reflektieren, ob sie ihre Äußerungsabsicht erreicht haben. Über den Output werden vorhandene Hypothesen über Sprache überprüft und müssen gegebenenfalls neu formuliert werden. Während der Übermittlung der Sprechabsichten müssen sich Lernende bemühen, sprachlich verständlich zu sein und ihre verbalen und nonverbalen Ressourcen zu aktivieren. Sprachgebrauch zwingt Lernende dazu, nicht nur – wie beim Verstehen – auf den Inhalt zu achten, sondern Sprache auch formal zu verarbeiten. Dies wird im Unterricht über unterschiedliche Aufgabenstellungen angeregt und soll vor allem in Interaktionen zwischen Lernenden stattfinden. *Inhalt und Form der Sprache*

Nach der Noticing-Hypothese (vgl. Schmidt 1990, 2001) hat nicht jeder Input den gleichen Stellenwert. Vielmehr kann nur der Input, auf den Lernende ihre Aufmerksamkeit richten, auch zum Intake werden und damit Aufnahme in das Lernerwissen finden. Dafür ist ein bestimmter Grad an Bewusstheit unumgänglich. Die Häufigkeit und das Hervorgehobensein einer Form erregt die Aufmerksamkeit des Lernenden. Um dies zu erreichen, spielt Lehren eine bedeutende Rolle, auch wenn es natürlich möglich ist, dass Lernende von sich aus auf eine Form fokussieren. In der Konsequenz müssen Aufgaben im Sprachunterricht so beschaffen sein, dass sie die Aufmerksamkeit des Lernenden erregen. Gleichzeitig sind Lernende darin zu schulen, ihre Aufmerksamkeit von der Bedeutung auch auf Formen richten zu können. *Noticing-Hypothese*

Die genannten Hypothesen zeigen eine Entwicklung von der Input- zur Outputorientierung beziehungsweise von der Rezeption zur Produktion und damit auch vom Inhalt zur Form der Sprache, ohne dass dabei das jeweils erstgenannte Phänomen aufgegeben würde. Vielmehr handelt es sich um eine Akzentverschiebung, die massive Auswirkungen auf die Unterrichtsinhalte, die Rolle der Lehrperson und die Übungsformen hat. Als durchgängiges Prinzip gilt allerdings die Orientierung an kognitiv-aktiven Lernenden sowie einer Lehrperson, die den Lernprozess gestaltet und moderiert, statt ‚nur' Wissen zu vermitteln. Hans Barkowski leitet aus den vorliegenden Zweitspracherwerbsstudien mit didaktischen Implikationen Folgendes für die Planung von Zweitsprachenunterricht ab: *Kognitiv-aktive Lernende*

Planung von Zweitsprachunterricht

- Lernersprachen als Stadien des Spracherwerbs verstehen,
- individuelle Vorkenntnisse berücksichtigen,
- „sensible und konstruktive Korrekturstrategien" unter Einbeziehung der Erstsprache und erweiterter Sprachkenntnisse anwenden.

Das Augenmerk ist auf sprachliche Erscheinungen zu lenken, die den Lernenden schwer fallen und die sie ohne unterrichtliche Unterstützung nicht erwerben: dazu gehören Genusmarkierung, Stellung mehrteiliger Verbparadigmen in Hypotaxe und Parataxe (zusammengesetzte Zeitformen, Kompositaverben, Passiv), *sein* als Kopulaverb, präpositionale Verbindungen und Zusammensetzungen (v. a. Verb + Präposition, Präposition + Nomen, Nomen + Präposition) und Pronominalisierungen (vgl. Barkowski 2003, S. 159).

2.4 Explizite versus implizite Sprachförderung

Implizite Vermittlung

Implizite Ansätze der Sprachförderung lenken die Aufmerksamkeit der Lernenden nicht auf die Regelhaftigkeit der Sprache, sondern schaffen sprachintensive Situationen wie einen gemeinsamen Ausflug oder eine Gesprächsrunde, in denen die Lernenden angeregt werden, die Sprache zu gebrauchen. Der Lernprozess erfolgt hier größtenteils ungesteuert.

Explizite Vermittlung

Explizite Vermittlungsstrategien fokussieren dagegen auf Sprachstrukturen, was die induktive Erschließung von Regeln aus dem systematischen Sprachlernkontext heraus meint und nicht mit dem traditionellen deduktiven Grammatikunterricht zu verwechseln ist.

Dabei sollen nur Regeln vermittelt werden, die lernbar sind und häufig vorkommen, zuverlässig sind und eine große Reichweite aufweisen (vgl. Schlak 2003). Es ist zwischen rezeptiver und produktiver Regelbeherrschung zu unterscheiden, das heißt, dass es oft genügt, sich auf solche Aspekte einer Regel zu beschränken, die eine Identifizierung des jeweiligen Phänomens ermöglichen (vgl. Hulstijn 1995 in: Schlak 2003, S. 2). Studien über das Verhältnis von metalinguistischem Bewusstsein und grammatischer Kompetenz (bezogen auf erwachsene Lerner) belegen, dass metalinguistisches Bewusstsein vielen Lernenden hilft, grammatische Kompetenz auszubilden, und dass dies in einem expliziten Grammatikunterricht entwickelt werden kann.

Metalinguistisches Bewusstsein ...

Strittig ist, in welchem Zeitraum des Erwerbsprozesses ein expliziter Sprachunterricht am effektivsten anzusiedeln ist und welche Rolle dabei das Alter der Lernenden spielt: Erika Kaltenbacher kommt im Heidelberger Projekt „Deutsch für den Schulstart" Anfang des 21. Jahrhunderts zu dem Schluss, dass metasprachliche Erklärungen für Vorschulkinder nicht sinnvoll sind (vgl. Kaltenbacher / Klages 2006). Entsprechend setzt das Heidelberger Förderprogramm auf in-

... bei Vorschulkindern

tuitives, implizites Sprachlernen von Vorschulkindern, ermöglicht aber auch systematisches und strukturiertes Lernen, das sich am (durch einen Sprachtest ermittelten) Sprachstand orientiert und Spiele vorsieht, die den Kindern Sprachmodelle in prägnanter Form vorgeben.

Im Jacobs-Sommercamp (→ KAPITEL 1; vgl. Rösch 2006) wurde bereits Grundschulkindern explizites Sprachwissen inklusive der metasprachlichen Terminologie vermittelt – allerdings war die DaZ-Förderung nicht als lehrerzentriertes Trainingsprogramm gestaltet, sondern als Unterricht, der das Erfahren, Erkennen und Systematisieren von sprachlichen Strukturen durch eine kognitive Aktivierung der Lernenden anleitet und den Erwerb von Sprachlernstrategien unterstützt. Die Lernsituationen waren so gestaltet, dass die Lernenden die Chance hatten, die Regelhaftigkeit (etwa die Kasusformen in Abhängigkeit vom Verb) zu erkennen und selbstständig zu formulieren.

... im Grundschulalter

Unbestritten ist, dass Lernende jenseits des Grundschulalters explizit lernen können und es sinnvoll ist, Lernumgebungen mit impliziten und expliziten Angeboten zu gestalten. Auch explizites Lernen ist in einen inhaltlichen Kontext einzubinden und implizites Lernen sollte kognitive Aktivitäten und Sprachreflexion integrieren. Abzulehnen ist sowohl eine durchgehend explizite Förderung, die Sprachstrukturen losgelöst von inhaltlichen Aspekten vermittelt, als auch eine rein implizite Förderung, die darauf setzt, dass Sprache ausschließlich ‚nebenbei' gelernt wird.

Fragen und Anregungen

- Klären Sie die Gemeinsamkeiten und Unterschiede zwischen Identitäts- und Interlanguagehypothese.
- Klären Sie die Begriffe BICS und CALP. Nehmen Sie Stellung zu den drei Schwellen der Interdependenzhypothese. Ist sie eine Zweitspracherwerbshypothese?
- Definieren Sie Input, Output und Intake. Skizzieren Sie die Entwicklung des Zweitsprachunterrichts mithilfe der verschiedenen Hypothesen.
- Zweitsprachlernende haben häufig Probleme mit dem Kasus in Präpositionalphrasen und formulieren Sätze wie: *Ich gehe heute nicht in der Seminar*. Nennen Sie die zugrunde liegende Regel und überlegen Sie, wie Sie die Aufmerksamkeit der Lernenden darauf lenken könnten.

- Das folgende Gedicht von Ivan Tapio Bravo spielt mit einem Stolperstein für Deutschlernende. Mit welchem? Klären Sie außerdem, wer erlesen beziehungsweise unkundig ist (beziehungsweise sich dafür hält) und was das lyrische Ich sich schuldig ist. Für welche Zweitsprachunterrichtshypothese eignet sich das Gedicht besonders? Entwerfen Sie dazu Unterricht.

    Ivan Tapia Bravo
    Das bin ich mir schuldig (1983)

    Bevor ich ein Wort spreche aus
    nachdenke ich gründlich darüber
    Mir soll laufen unter kein Fehler
    damit ich nicht falle auf
    vor einem so erlesenen Publikum
    als unkundiger Trottel
    der sich benimmt immer daneben

Lektüreempfehlungen

- **Wilhelm Grießhaber: Spracherwerbsprozesse in Erst- und Zweitsprache,** Duisburg 2010. *Diese Einführung behandelt Erwerbsschritte und klassische Hypothesen zur Erklärung des Erst- und Zweitspracherwerbs, die Rolle des Wortschatzes im Spracherwerb, den Grammatikerwerb, das Vorlesen und anderes. Das Buch richtet sich auch an Studierende ohne sprachwissenschaftliche Kenntnisse. Grießhabers Internetportal bietet darüber hinaus eine Fülle von Informationen, Definitionen, Beispielen und Literaturangaben zum Zweitspracherwerb sowie einzelne seiner Publikationen zum Downloaden; Web-Adresse:* http://spzwww.uni-muenster.de/~griesha/sla/tst/prf-basis.html.

- **Gabriele Kniffka/Gesa Siebert-Ott: Deutsch als Zweitsprache. Lehren und Lernen,** Paderborn u. a. 2007. *Das Buch geht von Deutschland als einem mehrsprachigen Land aus und gibt einen fundierten Überblick über die Zweitspracherwerbsforschung sowie den Unterricht in Deutsch als Zweitsprache. Es thematisiert Diagnose und Förderung und abschließend auch interkulturelle Kommunikation.*

- Claudia Riemer (Hg.): Kognitive Aspekte des Lehrens und Lernens von Fremdsprachen: Festschrift für Willis J. Edmondson zum 60. Geburtstag, Tübingen 2000. *Die Festschrift für den Spracherwerbsforscher Willis J. Edmondson zum 60. Geburtstag gibt den aktuellen Stand der Forschung wieder und zeigt kognitionspsychologische Ansätze des Fremdsprachenunterrichts.*

- Rosemarie Tracy: Wie Kinder Sprachen lernen: und wie wir sie dabei unterstützen können, Tübingen 2008. *Dieses Buch informiert leicht verständlich über den Erst- und Zweitspracherwerb. Es zeigt anhand vieler Beispiele aus Tracys eigenen Forschungsarbeiten, wie der Spracherwerb in natürlichen Erwerbssituationen gelingen kann.*

3 Sprachdiagnose

Abbildung 7: Wimmelbild aus *Deutsch plus*. Berliner Sprachstandserhebungsverfahren (2004).

Das Wimmelbild ist eine Vorlage zur Berliner Sprachstandsdiagnose „Deutsch plus" für Kinder mit und ohne Migrationshintergrund im Vorschulalter. Es liefert eine Vorlage für das Prüfen von Verstehensleistungen, indem die Kinder auf Fragen antworten (Wo ist der Kellner? Wie viele Tiere siehst du?) oder Benanntes zeigen – etwa den Sonnenschirm, das Fahrrad, das Kind im Rollstuhl, den Mann mit der Mülltonne, Kinder, die Schulaufgaben machen oder mit einem Würfel spielen etc. Dabei lässt sich Wortschatz abfragen und überprüfen, ob bestimmte Satzmuster oder Phrasen (Satzteile) verstanden werden, wenn die Kinder zum Beispiel den Mann auf beziehungsweise vor dem Fahrrad oder das Kind im oder hinter dem Buggy zeigen sollen.

Benennen die Kinder, was sie sehen, oder erzählen sie, was passiert, zeigen sie produktive Sprachleistungen im Bereich der Lexik und der Grammatik. Denn es gibt unzählige Möglichkeiten z. B. die Situation in der Arztpraxis zu beschreiben: Kind (beim) Arzt, (ein) Kind ist (beim) Arzt, (der) Arzt untersucht (das) Kind, (das) Kind (ist) krank und muss (vom) Arzt (abgehört werden) etc. Damit das Kind seine Sprachmittel auch wirklich nutzt, muss die Testsituation so gestaltet sein, dass es kommunikativ nötig ist, die erwünschten Sprachmittel zu produzieren. Fragen nach Tätigkeiten (Was macht die Kellnerin?) lassen sich kommunikativ angemessen mit dem Infinitiv beantworten (Eis bringen); soll aber die Verbkonjugation geprüft werden, ist es sinnvoller zu fragen: Was machen die Leute mit den roten Oberteilen? Denn die eine schreibt, der andere schiebt den Buggy etc.

Was bedeutet Diagnose im Zusammenhang mit dem Erlernen von Sprachen? Wie hängen Diagnose und Förderung zusammen? Wie lässt sich beides verzahnen? Welche Funktion haben Referenzrahmen? Gibt es bezüglich der Diagnose Unterschiede zwischen DaF und DaZ? Wie beurteilt man den erreichten Sprachstand?

3.1 **Sprachdiagnose als Prozess**
3.2 **Verfahrenstypen**
3.3 **Der Gemeinsame Europäische Referenzrahmen (GER)**
3.4 **Referenzrahmen zur alterspezifischen Sprachaneignung**

3.1 Sprachdiagnose als Prozess

Sprachdiagnoseinstrumente haben die Aufgabe, den erreichten Stand eines Lernenden in der Fremd- oder Zweitsprache zu ermitteln. Sie werden im Fremdsprachenbereich häufig eingesetzt, um Lernende am Beginn einer Maßnahme ihrem Lernstand entsprechend einzustufen, oder aber – ohne Bezug zu unterrichtlichen Maßnahmen –, um ihre erreichte Kompetenz zu messen. Letzteres erfolgt häufig im Blick auf die Aufnahme einer Ausbildung, eines Studiums oder die Einwanderung in ein Land, das einen Sprachtest verlangt. In Deutschland müssen ausländische Studienbewerber und Einwanderer Sprachtests absolvieren.

Seit dem PISA-Schock Anfang des Jahrtausends werden Kinder mit und ohne Migrationshintergrund fast in allen Bundesländern vor dem Schuleintritt hinsichtlich ihrer Sprachfähigkeit getestet. Anders als in den 1980er-Jahren, als es nur um die Erfassung des Sprachstands ging, wird heute versucht, die Sprachentwicklung zu erfassen und die Spracherwerbsdiagnose mit Förderung zu verbinden. Eine Diagnose hat drei Funktionen: eine deskriptive, eine explikative und eine prognostische (vgl. Kany / Schöler 2007). Meist wird untersucht, wie sich eine Person von der Norm unterscheidet. Um zu vergleichen benötigt man Bezugsmaßstäbe. Für diese Arbeit relevant sind die soziale, die individuelle sowie die kriteriale Bezugsnorm:

Bezugsnormen

- Bei der sozialen Bezugsnorm wird die Lernleistung des einzelnen Schülers mit einer Referenzgruppe verglichen.
- Die individuelle Bezugsnorm misst die aktuellen Leistungen des Schülers mit seinen früheren Leistungen; hier soll der individuelle Lernfortschritt im Vordergrund stehen.
- Wird die Lernleistung mit dem vorgegebenen Lernziel verglichen, so spricht man von der kriterialen oder der kriteriumsorientierten Bezugsnorm.

Diagnose heißt zum einen, die Probanden mit anderen oder sich selbst zu verschiedenen Zeitpunkten zu vergleichen, zum anderen, Ursachen vor allem für ermittelte Probleme zu erklären und eine Weiterentwicklung vorherzusagen beziehungsweise durch Förderung positiv zu beeinflussen. Deshalb ist Diagnose als Prozess zu gestalten und sollte kontinuierliche Untersuchungen vorsehen, was mit ausgearbeiteten Testverfahren oft nur bedingt möglich ist. Um die erreichten Kompetenzen zu diagnostizieren bedarf es Maßstäbe, die sich im Falle von Sprachdiagnoseverfahren sowohl an den Kenntnissen der Spracherwerbsforschung orientieren als auch den Kontext

Diagnose heißt vergleichen, erklären und vorhersagen

Maßstäbe sprachlicher und kontextueller Art

der Diagnose in den Blick nehmen: Im Falle von Kindern mit und ohne Migrationshintergrund müssen bei Sprachdiagnosen im Zuge der Einschulung auch Maßstäbe für die Schulfähigkeit von DaZ-Kindern, die in deutscher Sprache unterrichtet werden, benannt werden. Im Falle von Ausländern, die in Deutschland studieren wollen, muss die Universität Kriterien für die Studierfähigkeit an deutschen Hochschulen festlegen.

Diagnose und Förderung

Mittlerweile gibt es zu vielen Spracherhebungsverfahren Förderprogramme, die auf den Test vorbereiten. Auch wenn Förderprogramme, die sich sehr eng am Test orientieren, als ‚teaching to the test' kritisiert werden, befriedigen sie das Bedürfnis und Recht der Lernenden auf ein ‚learning to the test'. Entscheidend ist, dass die Sprachlerninhalte und zu erwerbenden Sprachkompetenzen, die Aufgabenformate, ggf. auch die zu behandelnden Themen der Diagnose und Förderung aufeinander abzustimmen sind. Dabei kann ein Austausch in beide Richtungen erfolgen, vor allem wenn die Fördereffekte diagnostiziert werden sollen. Denn Sprachdiagnosen messen den Sprachstand der Probanden, geben aber auch Auskunft über die Leistungsfähigkeit bildungspolitischer Maßnahmen – etwa über Sprachkurse, die studierwillige Ausländer vor ihrer Sprachprüfung besucht haben, oder über Sprachfördermaßnahmen, die die Kinder im Kindergarten besucht haben.

Diagnose misst auch den Erfolg der Maßnahme

3.2 Verfahrenstypen

Sprachdiagnoseinstrumente zielen nicht nur auf Defizite beziehungsweise Fehlentwicklungen, sondern ermitteln auch, welche Sprachkompetenz bereits erworben ist. Sie werden zur Einstufung in bestimmte Sprachkurse, zur Dokumentation des erreichten Lernerfolgs oder zur Überprüfung der Zugangsvoraussetzung für die Aufnahme einer Ausbildung, eines Studiums etc. eingesetzt. Zu unterscheiden sind folgende Verfahren (vgl. Ehlich 2007, S. 43 ff.):

Schätzverfahren

Schätzverfahren ermitteln ihre Daten mittels standardisierter Befragungen. Dieses Verfahren wird vor allem bei sehr kleinen Kindern angewendet wie in dem Elternfragebogen ELFRA, mit dessen Hilfe der Sprachstand von 1–2-Jährigen erfasst wird. Es kommt aber auch bei Einschulungsverfahren zum Einsatz, oder wenn Lehrkräfte den Sprachstand beziehungsweise die Sprachprobleme ihrer Schüler einschätzen sollen. In gewisser Weise spiegeln auch Zeugnisse die Einschätzung der Lehrkräfte wider. Werden ältere Kinder zu ihrem

Sprachstand befragt, so kann ihr metasprachliches Wissen ermittelt werden. Diesem Zweck dienen etwa Portfolios, mit denen Lernende ihren Lernprozess einschätzen und planen. Portfolios erfreuen sich im Fremdsprachenunterricht immer größerer Beliebtheit und werden auch bereits im Kindergarten eingesetzt.

Beobachtungsverfahren erheben Sprachkompetenz über einen längeren Zeitraum und zielen auf die Ermittlung einer Entwicklung oder auch einer Stagnation. In Screenings werden meist Sprachbereiche wie kommunikative Fähigkeiten, Sprachverstehen, Wortschatz, Lautbildung und grammatikalische Fertigkeiten zunächst grob erfasst. Bei Auffälligkeiten erfolgt dann eine weitere Analyse, wie im Bayrischen Screening-Modell für Schulanfänger (vgl. Hölscher 2002). Der Beobachtungsbogen SISMIK (Sprachverhalten und Interesse an Sprache bei Migrantenkindern im Kindergarten, Ulich/Mayr 2003) wurde in einer Studie mit ca. 2 000 Kindern erprobt und enthält sechs Skalen zum Sprachverhalten in Gesprächsrunden, bei Rollenspielen, bei der Bilderbuchbetrachtung und in anderen Situationen. Allerdings ist die Skalierung etwa zu einem Item wie „Kind hört aufmerksam zu" mit den Angaben „nie, sehr selten, selten, manchmal, oft, sehr oft" eher vage. Positiv ist, dass Beobachtungsbögen mehrfach einsetzbar sind und für Lehrkräfte ein relativ flexibles, einfach handhabbares Instrument darstellen.

Beobachtung

Profilanalysen dienen der Beschreibung diskursiver, pragmatischer und syntaktischer Fähigkeiten. Sie erfassen die sprachlichen Fähigkeiten in möglichst natürlichen Handlungssituationen und ordnen diese dann dem Profil bezogen auf Erwerbsstufen, Spracherwerbstypen oder Sprachhandlungsmuster zu. Eine Profilanalyse kann also nur durchgeführt werden, wenn Kategorien für die Zuordnung zu einem bestimmten Profil bereits vorliegen und diese empirisch ermittelt und überprüft worden sind.

Profilanalyse

- LiSe-DaZ (Linguistische Sprachstandserhebung Deutsch als Zweitsprache, Schulz/Tracy/Wenzel 2008) für 3–7-Jährige ist eingebunden in ein Sprachförderkonzept und soll den Sprachstand der Kinder erheben sowie die Fördereffekte überprüfen. Die Erhebung konzentriert sich auf die kritischen Eigenschaften der Zielsprache (z. B. Genus und Kasus) und die charakteristischen Meilensteine des Spracherwerbs (z. B. die Verbstellung im Satz). Es handelt sich um das erste im Praxistest validierte DaZ-spezifische Sprachstandserhebungsinstrument und schließt die Lücke zwischen Instrumenten für alle Kinder, unabhängig von ihrem Spracherwerb, sowie Verfahren, die Kinder mit Deutsch als Zweitsprache zwar in den

LiSe-DaZ

Blick nehmen, aber keinem empirisch validen Eignungstest unterzogen worden sind.

HAVAS
- HAVAS 5 (Hamburger Verfahren zur Analyse des Sprachstandes bei Fünfjährigen, Reich/Roth 2003) ermittelt das Sprachprofil ein- und zweisprachiger Kinder. Die Kinder beschreiben eine Bildergeschichte sowohl in Deutsch als auch in ihrer Erstsprache. Beurteilt werden die Aufgabenbewältigung und das sprachliche Handeln im Gespräch. Außerdem werden der verbale Wortschatz, Formen und Stellung des Verbs, die Verbindung von Sätzen und die Verwendung von Präpositionen erfasst. Da HAVAS in beiden Sprachen durchgeführt wird, lassen sich auch Erkenntnisse über die Zweisprachigkeit des Kindes beziehungsweise den Grad der Entwicklung in seiner Erst- und Zweitsprache ermitteln. Das HAVAS angegliederte Auswertungsverfahren gibt es für Türkisch und andere Minderheitensprachen.

Tests
Tests zielen auf die Erfassung einzelner Sprachbereiche oder Kombinationen von Sprachbereichen. Bezogen auf Fremdsprachenkenntnisse fungieren sie als Einstufungs- oder Abschlusstest sowie als Auswahl- oder Zulassungstest. Seit einigen Jahren gibt es standardisierte Tests für Studienbewerber aus dem Ausland, seit 2009 auch für Zuwanderer. Getestet werden die vier sprachlichen Fertigkeiten Lesen, Hören, Sprechen, Schreiben. Die Beurteilung orientiert sich am „Gemeinsamen europäischen Referenzrahmen für Sprachen" (GER 2001, s. u.), der sechs Niveaustufen vorgibt (A1, A2, B1, B2, C1 und C2, → ABBILDUNG 8).

TestDaF
- TestDaF (Test Deutsch als Fremdsprache) ist eine internationale Sprachprüfung für alle Nicht-Muttersprachler mit guten Kenntnissen in der deutschen Sprache. Er wird in über 80 Ländern an lizenzierten Testzentren angeboten. Die Prüfung wird vom TestDaF-Institut in Hagen zentral entwickelt und ausgewertet. Alle Teilnehmer erhalten dieselben Aufgaben. Die Ergebnisse werden in jedem Prüfungsteil (Lese-, Hörverstehen, schriftlicher, mündlicher Ausdruck) einer Stufe zugeordnet: TestDaF-Niveaustufe (TDN) 3, 4 oder 5 entspricht den Niveaustufen B2 bis C1 des „Gemeinsamen europäischen Referenzrahmens". Für das Studium an einer deutschen Hochschule reicht in der Regel TDN 4 (vgl. TestDaF 2011).

Deutsch-Test für Zuwanderer
- Etwas niedriger, nämlich auf dem Niveau A2 bis B1, setzt der Deutsch-Test für Zuwanderer (DTZ) zur Feststellung von Deutschkenntnissen bei Zuwanderern (ab 16 Jahren mit Kenntnis der lateinischen Schrift) an. Er dient als Abschlussprüfung in Integrationskursen, kann aber auch ohne vorherigen Besuch eines Sprach-

kurses abgelegt werden. Die Prüfung basiert auf dem Rahmencurriculum für Integrationskurse; das heißt, die Teilnehmenden bewältigen „als sprachlich Handelnde kommunikative Aufgaben in den vier Fertigkeitsbereichen" (DTZ 2009, 13). Die Prüfung wird in allen deutschen Bundesländern durch vom Bundesamt für Migration und Flüchtlinge autorisierte Träger von Integrationskursen nach einheitlichen Standards durchgeführt und ausgewertet (vgl. DTZ 2009).

Für jüngere DaZ-Lernende gibt es bislang nur wenige standardisierte Tests, eben weil es keinen Referenzrahmen für DaZ und kein Institut gibt, das mit der Formulierung immer neuer Aufgaben betraut wäre.

3.3 Der Gemeinsame Europäische Referenzrahmen (GER)

Der Gemeinsame Europäische Referenzrahmen für Sprachen (GER) ist im Jahr 2000 in Englisch und 2001 in Deutsch erschienen. Er liefert eine gemeinsame Basis für zielsprachliche Lehrpläne, curriculare Richtlinien, Prüfungen, Lehrwerke usw. für Fremdsprachen in ganz Europa.

Der Referenzrahmen berücksichtigt auch den kulturellen Kontext von Sprache sowie interkulturelles Lernen „als eine günstige Entwicklung der gesamten Persönlichkeit des Lernenden und seines Identitätsgefühls als Reaktion auf die bereichernde Erfahrung des Andersseins anderer Sprachen und Kulturen" (GER 2001, S. 3). Er fordert die Anerkennung und den Erhalt „der Vielfalt der Sprachen und Kulturen in Europa" durch „große Anstrengungen im Bildungs- und Erziehungswesen [...], um diese Vielfalt aus einem Hindernis für die Verständigung in eine Quelle gegenseitiger Bereicherung und gegenseitigen Verstehens umzuwandeln" (GER 2001, S. 5). Leider gelingt es dem Referenzrahmen wie so vielen anderen Curricula nur bedingt, diese in der Präambel formulierten Vorgaben in den Kerninhalten zu verankern. Denn dort gibt es keine Vorschläge, wie individuelle Mehrsprachigkeit und eine mehrsprachige Zivilgesellschaft entwickelt und konsolidiert werden können oder wie sich interkulturelles Lernen unterstützen lässt.

> Vielfalt der Sprachen und Kulturen in Europa

In der Umsetzung wird der Referenzrahmen auf die sechs Niveaustufen und das zugrunde liegende pragmatisch-kommunikative Konzept reduziert. Der Referenzrahmen legt Can-do-Standards fest, die beschreiben, was Lernende in einer Fremdsprache können müssen,

> Can-Do-Standards

SPRACHDIAGNOSE

	A Elementare Sprachverwendung		B Selbstständige Sprachverwendung		C Kompetente Sprachverwendung	
	A1	A2	B1	B2	C1	C2
Verstehen – Hören	Vertraute Wörter, Einfache Sätze über konkrete Dinge	Kurze, klare, einfache Mitteilungen und Durchsagen	klare Standardsprache bei vertrauten Dingen	Längere Redebeiträge und Vorträge bei vertrauten Themen	... auch bei unstrukturierten Redebeiträgen, Fernsehsendungen, Spielfilme	alles
Lesen	Einfache Sätze auf Schildern, Plakaten, Katalogtexte	Konkrete, vorhersehbare Informationen in Alltagstexten, Briefen	Gebräuchliche Alltags- oder Berufssprache Ereignisse, Gefühle, Wünsche	Artikel, Berichte mit Parteinahme, zeitgenössische Prosatexte	Komplexe Sachtexte, literarische Texte; Fachtexte aus dem eigenen Fachgebiet	Handbücher, Fachartikel, literarische Werke
Sprechen, Am Gespräch teilnehmen	Fragen zur Person, sehr vertraute Themen (wenn der Gesprächspartner unterstützt)	Einfache, routinemäßige Situationen, kurze Kontaktgespräche	Alltagssituationen mit persönlichen Themen, über aktuelle Ereignisse	normale Gespräche mit Muttersprachlern, aktive Beteiligung in Diskussionen	gesellschaftliche und berufliche Themen, eigene Position präzise ausdrücken + auf andere eingehen	Flexibler Sprachgebrauch, auch bezogen auf Bedeutungsnuancen
Zusammenhängend sprechen	Einfache Wendungen und Sätze zur Beschreibung von Alltäglichem	Beschreibung von Alltäglichem und Persönlichem mit einfachen Mitteln	Beschreibung von Ereignissen, Träumen, Gedanken, Zielen, Handlung wiedergeben	Detaillierte Darstellung zu vielen Themen, Erörterung aktueller Fragen	Darlegen und Erörtern von komplexen Sachverhalten	Situationsangemessene Darlegung und Erörterung
Schreiben	Einfache Postkarte, Formulare z. B. in Hotels	Kurze, einfache Notizen, persönliche Briefe	Texte über mir vertraute Themen, Berichte über Erfahrungen und Eindrücke	Klare, detaillierte Texte über viele Themen erörtern	Briefe, Aufsätze, Berichte über komplexe Sachverhalte, Stilsicherheit	Anspruchsvolle Briefe, komplexe Berichte Artikel, Auseinandersetzung mit Fachtexten und literarischen Werken

Abbildung 8: Gemeinsamer europäischer Referenzrahmen (gekürzt) (GER 2001, Kapitel 3.3)

um erfolgreich sprachlich zu handeln. Allerdings bleibt es bei einer groben Skizzierung von allgemeinen Zielen und Inhalten. Kritisiert wird von Fremdsprachdidaktikern, dass Vorgaben bezüglich grammatischer Phänomene genauso fehlen wie Anregungen zur Sprachreflexion. Negativ beurteilt wird außerdem die vorwiegend alltagssprachliche Ausrichtung; vermisst werden landeskundliche beziehungsweise interkulturelle Themen (vgl. Bausch u. a. 2003).

Kritik am Referenzrahmen

Aus diesen Gründen lässt sich der Referenzrahmen nicht auf DaZ-Lernende übertragen, zumindest nicht, solange diese eine allgemein- oder berufsbildende Schule in Deutschland besuchen. Ein DaZ-Referenzrahmen müsste sich an der bildungssprachlichen Kommunikation orientieren, eine Anbindung an den nicht-sprachlichen Fachunterricht ermöglichen und grammatische Phänomene benennen, die für DaZ-Lernende eine besondere Herausforderung darstellen.

Ein Referenzrahmen für DaZ?

Allerdings liegen inzwischen Vorarbeiten für einen „Referenzrahmen zur altersspezifischen Sprachaneignung" vor (Ehlich / Bredel / Reich 2008). Dieser Rahmen zielt im Unterschied zum Gemeinsamen Europäischen Referenzrahmen nicht darauf, die sprachlichen Fähigkeiten in der Fremdsprache zu beschreiben, sondern stellt die wissenschaftlichen Grundlagen der Sprachaneignungen bezogen auf den Erst- und Zweitspracherwerb, vor allem bezogen auf den Elementar- und Primarbereich zusammen, auf deren Grundlage Diagnoseverfahren erarbeitet werden können.

Referenzrahmen für die Sprachaneignung im Erst- und Zweitspracherwerb

3.4 Referenzrahmen zur altersspezifischen Sprachaneignung

Anders als im Gemeinsamen Europäischen Referenzrahmen sind die Diagnosebereiche des Referenzrahmens zur altersspezifischen Sprachaneignung nicht an den sprachlichen Fertigkeiten, sondern an folgenden Basisqualifikationen orientiert:

Basisqualifikationen

Für die phonische Basisqualifikation (Lautunterscheidung, -produktion und Segmentierung von Wörtern und Silben) werden produktive sowie perzeptive / rezeptive Entwicklungsschritte benannt. Bei DaZ-Kindern ist zu fragen, ob Störungen in diesem Bereich zum Prozess ihres Zweitspracherwerbs gehören oder ob tatsächlich eine Störung der Lautwahrnehmung vorliegt, was nur durch einen Vergleich der Entwicklung in der Erst- und Zweitsprache möglich ist (vgl. Ehlich / Bredel / Reich 2008, S. 40).

Phonische Qualifikation

Pragmatische Qualifikation

Die pragmatische Basisqualifikation (sprachliche Handlungsziele erkennen und verfolgen) sollte in authentischen Situationen beobachtet werden. Allerdings ist dabei darauf zu achten, dass jeweils das spezifisch Sprachliche und nicht allgemeine soziale Fähigkeiten in den Blick genommen werden. Auch hierbei gilt zu unterscheiden, ob eine insgesamt verlangsamte Sprachentwicklung vorliegt oder das Sprachhandeln zweitspracherwerbsspezifische Phänomene aufweist. Ersteres kann nur durch Einbeziehung der Erstsprache erfolgen, bei älteren Kindern ist der Vergleich mit der Entwicklung in der Erstsprache jedoch nur sinnvoll, wenn sie auch zweisprachig beschult werden.

Semantische Qualifikation

Für die semantische Basisqualifikation liegt eine Übersicht über die grundlegende Wortschatzaneignung im Erstspracherwerb bis zum Alter von etwa 7 Jahren vor. Für den Zweitspracherwerb wird aufgrund der noch dürftigen Forschungslage vermutet, dass die Entwicklung im ersten Kontaktjahr am ehesten an der Zunahme von Verben, im zweiten Jahr an der Zunahme von Adjektiven und schließlich am Gebrauch von Funktionswörtern (wie Präpositionen, Konjunktionen) erkennbar ist (vgl. Ehlich/Bredel/Reich 2008, S. 55). Bei den Verben ist eine Abfolge von der Kopula *sein* über Vollverben mit allgemeiner Bedeutung (*haben, machen, kommen*) zu einfachen Verben sehr wahrscheinlich, gefolgt von Verben mit trennbarem und untrennbarem Präfix und schließlich reflexiven Verben. Die Autoren fordern, schon im Elementarbereich die diagnostischen Maßstäbe nicht zu niedrig anzusetzen, sich an einem anspruchsvollen Wortschatz zu orientieren und Prozesse der Wortschatzstrukturierung einzubeziehen.

Morphologisch-syntaktische Basisqualifikation

Die morphologisch-syntaktische Basisqualifikation (Wort- und Satzbildung) skizzieren die Autoren des Referenzrahmens auf Grundlage einer breiten Forschungsbasis zum Erst- und Zweitspracherwerb. Sie weisen zu Recht darauf hin, dass „die Kategorien der systematischen Grammatik nicht identisch sind mit den Kategorien des Erwerbs" (Ehlich/Bredel/Reich 2008, S. 81), was in aktuellen Programmen zur Diagnose und Förderung der Zweitsprache, die sich am natürlichen Erwerb und nicht an einer normativen Grammatik orientieren, auch berücksichtigt wird. Sie verweisen auch auf Interferenzen (Übertragungen aus der Erstsprache) und Lernersprachen (nicht-sprachgerechte Übergangsformen, → KAPITEL 2) als zu diagnostizierende Phänomene.

Diskursive Basisqualifikation

Die diskursive Basisqualifikation lässt sich nur in Situationen beobachten – etwa in Rollenspielen, beim (mündlichen und später auch schriftlichen) Erzählen oder in Gesprächen, wobei der Sprecherwechsel eine große Rolle spielt. Bei zweisprachigen Probanden sind eine Erhebung in beiden Sprachen und ein anschließender interlingualer

Vergleich sinnvoll. Zu berücksichtigen ist auf jeden Fall die Kulturspezifik diskursiven Verhaltens sowie – vor allem wenn im schulischen Kontext schriftlich erzählt wird – welche Vorbereitung stattgefunden hat, ob also die nötigen sprachlichen Mittel zur Verfügung stehen. Denn deren Nichtvorhandensein beeinträchtigt die Qualität des Erzählens nachhaltig.

Die literale Basisqualifikation (Schreiben) beginnt bereits vor dem eigentlichen Schriftspracherwerb, weshalb im Kindergarten große Anstrengungen zur Förderung von „Literacy" unternommen werden. Sie umfasst die Bereiche Wort, Satz und Text lesen und schreiben sowie Orthografie. Unter DaZ-Aspekten gibt es vor allem Probleme bei Kindern, die sich noch am Anfang ihres Zweitspracherwerbs befinden und deshalb über einen geringen Sprachschatz in der Sprache verfügen, in der sie lesen und schreiben lernen. Dass sich das im Laufe der Schulzeit nicht ausgleicht, zeigen die verschiedenen Schulleistungsstudien, die Schülern mit Migrationshintergrund schwache Leseleistungen bescheinigen. Weitere Herausforderungen stellen später zugewanderte Schüler dar, die Interferenzen aus dem Lautsystem, dem Alphabet und der Orthografie der Erstsprache zeigen, oder Schüler, deren Erstsprache ein anderes Schriftsystem hat, und die also zunächst das deutsche Schriftsystem erwerben müssen.

Literale Basisqualifikation

Der Referenzrahmen für erst- und zweitsprachliche Sprachaneignung macht deutlich, dass es sehr viel komplexer ist, die Kompetenzen von DaZ-Schülern in den bildungsrelevanten Sprachbereichen zu ermitteln als ‚nur' die Fähigkeiten in einer Fremdsprache zu beschreiben. Würde die Sprachkompetenz der DaZ-Schüler mittels des GER für Fremdsprachen beurteilt, so könnte man ihnen für ihre Deutschkompetenz ein sehr viel besseres Zeugnis ausstellen als nach den Kriterien der Schulleistungsstudien, die eben nicht die Sprachkompetenz, sondern das Leistungsvermögen in den zentralen schulischen Bildungsbereichen ermitteln.

Hier setzen die Niveaubeschreibungen für die Sekundarstufe I an (vgl. Döll u. a. 2009), die Lehrkräften einen Rahmen geben, um die sprachlichen Leistungen ihrer Schüler in einer Skala von I bis IV zu erfassen. Dabei korrespondiert die vierte Stufe mit den Zielvorgaben der Bildungsstandards im Fach Deutsch, während die anderen Stufen wichtige Etappen auf dem Weg dorthin markieren. Das bedeutet, dass DaZ-Schüler erst auf der Niveaustufe IV die in den Bildungsstandards für alle festgeschriebenen Leistungen erbringen können.

Niveaubeschreibungen DaZ für die Sekundarstufe I

Aufgrund eines weiten Sprachbegriffs werden folgende Teilbereiche erfasst: „Weite der sprachlichen Handlungs- und Verstehensfähigkeit, Wortschatz, Aussprache, Lesen, Schreiben, Grammatik – mündlich und schriftlich sowie Persönlichkeitsmerkmale des Schülers". So ist z. B. bezogen auf das Vorlesen zu entscheiden, ob der Schüler Texte „stark stockend (I), leicht stockend und monoton (II), zusammenhängend und mit angemessener Satzintonation (III) oder sinngestaltend und ausdrucksstark (IV)" vorliest (vgl. Döll u. a. 2009, S. 12). Stufe I benennt die erste Annäherung an den Kompetenzbereich, Stufe II beschreibt Fortschritte im Blick auf die Stufe III, die basale Kompetenzen bezeichnet, bevor auf Stufe IV eine altersangemessene Kompetenz zu erkennen ist.

Anhaltspunkte über die Entwicklung

Ähnlich wie im GER steht das bereits Erreichte im Vordergrund, die Bereiche werden eher allgemein gefasst und eine subjektive Komponente ist nicht ausgeschlossen. Dennoch liefern diese Niveaubeschreibungen erste Anhaltspunkte über die Entwicklung von Schülern, die auch Fachlehrkräfte ohne linguistische Ausbildung erfassen und für eine Förderung heranziehen können.

Fragen und Anregungen

- Nennen Sie Verfahren zur Sprachdiagnose und beschreiben Sie ihre Funktion für bestimmte Zielgruppen und Aufgabenfelder.

- Vergleichen Sie den Gemeinsamen Europäischen Referenzrahmen (GER) für Fremdsprachen mit dem Referenzrahmen zur altersspezifischen Sprachaneignung. Lässt sich der GER auf DaZ anwenden? Wenn Sie die Frage verneinen: Warum orientiert sich dann der DTZ am Referenzrahmen für Sprachen?

- In den Niveaubeschreibungen für die Sekundarstufe I werden die „Formen des Nomens (Genus, Numerus, Kasus)" folgendermaßen beschrieben: „Die korrekte Markierung des Kasus eines Satzgliedes im Deutschen ist zweifelsohne eine der schwierigsten Hürden, die ein Deutsch als Zweitsprache-Lernender zu nehmen hat. Für die Markierung der vier Kasus stehen sechs Flexive zur Verfügung, die durch die Fusion von Kasus-, Genus- und Numerusmarkern zum Teil doppelt ‚belegt' sind (‚Ich sehe *den Kunden*.' – ‚Es gefällt *den Kunden*.'). Aufgrund der ‚Mehrfachbelegung' der Flexive ist es wichtig, dass Sie bei der Beurteilung der Fähigkeiten genau hinschauen beziehungsweise -hören." (Döll u. a. 2009, S. 26).

  - Inwiefern findet bei dem Beispiel *Ich sehe / es gefällt den Kunden* eine Doppelbelegung statt? Finden Sie weitere Beispiele für dieses Phänomen.

- Ordnen Sie die folgenden Aussagen über Schülerleistungen den Kategorien I–IV gemäß der Niveaubeschreibungen DaZ für die Sekundarstufe I zu:

  a. Der Schüler verwendet gelegentlich erste Nominativ-Plural-Formen (*Die Kinder gucken.*).

  b. Der Schüler verwendet Formen des Nominativs im Singular differenziert und weitestgehend korrekt.

  c. Der Schüler verwendet Dativ und Akkusativ differenziert und weitestgehend korrekt (*Kochen gefällt dem Vater.*).

  d. Der Schüler verwendet den Genitiv (*Die Blätter des Baumes sind dunkelgrün.*) und beherrscht die Adjektivflexion.

  e. Er verwendet zudem Formen des Dativ und des Akkusativ. Dabei kommt es noch häufig zu Abweichungen vom sprachlichen Standard, z. B. durch Verwendung von Akkusativ-Formen anstelle eines Dativ-Objekts (*Kochen gefällt den Vater.*).

  f. Der Schüler benutzt überwiegend Nominativ-Singular-Formen. Die Verwendung der Formen ist weitestgehend beliebig, das heißt, auch Objekte stehen im Nominativ (*Ich sehe der Vater.*).

  g. Er ist weiterhin in der Lage, Kasus nach Wechselpräpositionen (*in, an, auf, über, unter* usw.) korrekt zu bilden (Dativ: *Der Vater ist in der Küche.* Akkusativ: *Der Vater geht in die Küche.*). Auch die Pluralbildung wird weitgehend beherrscht.

Lektüreempfehlungen

- **Erziehungsdepartement Kt. Basel (Hg.): Sprachprofile für die Volksschule Kt. Basel-Stadt – Ein Konzept zur Sprachförderung in allen Fächern**, Basel 2006. *Die Baseler Sprachprofile sind ein Konzept zur stufen- und fächerübergreifenden Sprachförderung an den Schulen in Basel, die auch für Deutschland als Ergänzung zu den oben genannten Niveaubeschreibungen für die Sekundarstufe I fruchtbar sind.*

- Konrad Ehlich / Ursula Bredel / Hans H. Reich (Hg.): Referenzrahmen zur altersspezifischen Sprachaneignung (Bundesministerium für Bildungsforschung), Berlin 2008. Web-Adresse: www.bmbf.de/publikationen/2713.php [Zugriff vom 28.9.2009]. *Es handelt sich um ein fundiertes Nachschlagewerk mit vielen Übersichten zur erst- und zweitsprachlichen Sprachaneignung.*

- Werner Kany / Hermann Schöler: Fokus: Sprachdiagnostik. Leitfaden zur Sprachstandsbestimmung im Kindergarten, Berlin u. a. 2007. *Dieser Band beschreibt die gängigen Verfahren für ein- und zweisprachige Kinder, liefert aber auch grundlegendes Wissen über die Sprachentwicklung. Zudem zeigt er an vielen beispielhaften kindlichen Äußerungen, wie die Verfahren anzuwenden sind, was sie genau messen beziehungsweise beschreiben.*

- Hans Reich / Hans-Joachim Roth / Ursula Neumann (Hg.): Sprachdiagnostik im Lernprozess. Verfahren zur Analyse von Sprachständen im Kontext von Zweisprachigkeit, Münster u. a. 2007. *Der Sammelband liefert einen Überblick, legt den Fokus aber auf Zweisprachigkeit und gibt auch Einblicke in Minderheitensprachen. Er bezieht die Primarstufe und am Rande auch die Sekundarstufe ein.*

[Lösung zur Aufgabe: I: f, a / II: b, e / III: c, g / IV: d]

4 Diagnoseverfahren

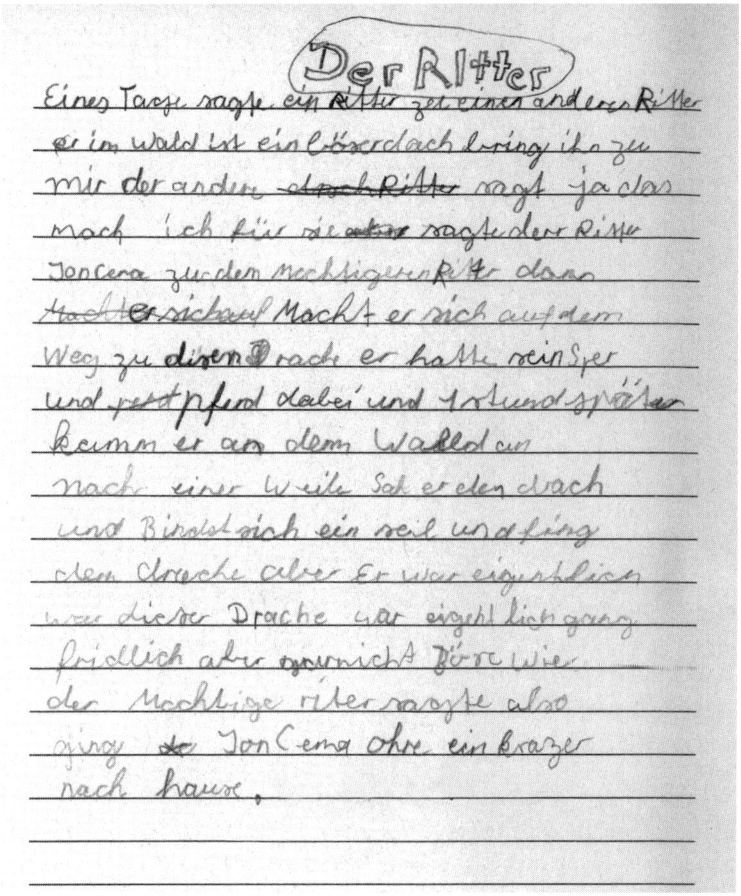

Der Ritter

Eines Tages sagte ein Ritter zu einen anderen Ritter im Wald ist ein böser dach bring ihn zu mir der andere sagt ja das mach ich für sie sagte derr Ritter Joncera zu den Machtigeren Ritter dann Macht er sich auf dem Weg zu disen Drache er hatte sein Sper und pferd dabei und 1 stund später kann er an dem Walld an nach einer Weile sah er den drach und Bindet sich eun seil und fing den drache aber Er war eigentlich war dieser Drache war eigentlich ganz fridlich aber gar nicht Böse wie der Machtige riter sagte also ging JonCerna ohne ein krazer nach hause.

Abbildung 9: Schülertext, 4. Klasse Karlsruhe

Die Kinder einer 4. Klasse sollten den Handlungsablauf der Ritter-Geschichte, nachdem sie ihn anhand von Bildern mündlich erarbeitet hatten, aufschreiben. Sie konnten zwischen zwei Varianten wählen, nämlich den Text entweder frei schreiben oder aber vorgegebene Satzanfänge nutzen. Der Schreiber, ein DaZ-Schüler, hat sich für die zweite Variante entschieden und seinen Text mit den Satzfängen „Eines Tages sagte ein Ritter …", „Dann macht er sich auf den Weg", „Nach einer Weile …" „Er war eigentlich …" gestaltet.

Um die Sprachkompetenz von DaZ-Lernern zu beurteilen, reichen die üblichen deutschdidaktischen Kriterien zur Beurteilung von Schülertexten sicher nicht aus. Vielmehr muss die Sprachkompetenz unter DaZ-Aspekten erfasst werden, um sie mithilfe geeigneter Maßnahmen entsprechend zu entfalten. Deshalb wird vor allem im Bereich Deutsch als Zweitsprache daran gearbeitet, den erreichten Sprachstand an authentischen Schülertexten zu erfassen oder ihn mithilfe von authentischen, schulrelevanten Lesetexten zu ermitteln.

Ein zweites wichtiges Ziel ist, Instrumente zu entwickeln, die auch im Schulalltag gut handhabbar sind und jenseits von aufwendigen Tests mehrfach eingesetzt werden können, um den Stand und vor allem die Entwicklung der Sprache festzuhalten. Dabei ist ein langfristiges Ziel, die Erfassung von Teilaspekten der Sprachkompetenz zumindest soweit zu operationalisieren, dass sie auch zur Beurteilung von Schülertexten und somit für die im Schulalltag zu bewertenden Leistungen herangezogen werden können, damit Kinder und Jugendliche mit Deutsch als Zweitsprache auch in der einsprachig deutschen Schule eine hinsichtlich ihrer Deutschkompetenz angemessene Beurteilung erfahren.

Welche Diagnoseverfahren für die Erfassung der Sprachkompetenz gibt es beziehungsweise welche werden derzeit besonders für Deutsch als Zweitsprache diskutiert? Was leisten die Diagnoseinstrumente für Kinder mit Migrationshintergrund? Lassen Sie sich auch im Regelunterricht einsetzen? Sind sie für Lehrkräfte ohne DaF-DaZ-Studium nutzbar?

4.1 **Profilanalyse zur Lernersprache**
4.2 **Beurteilungsraster**
4.3 **Der C-Test für DaZ-Lernende**

4.1 Profilanalyse zur Lernersprache

Die aktuell entstehenden Profilanalysen zur Lernersprache basieren auf empirischen Forschungen zum Spracherwerb und verstehen sich als Instrumente, den erreichten Sprachstand zu ermitteln, die Weiterentwicklung zu antizipieren und durch Fördermaßnahmen zu unterstützen. Bezogen auf Deutsch als Fremd- und Zweitsprache hat Wilhelm Grießhaber (vgl. Grießhaber 2009) sechs Profilstufen (→ KAPITEL 2.1, ABBILDUNG 6) ermittelt und diese darüber hinaus mit Merkmalen der Lernersprachen verbunden (→ ABBILDUNG 10).

Profilstufen und Merkmale der Lernersprache

Hier wird der Versuch unternommen, die relativ sicher ermittelten Erwerbsstufen zur Wortstellung im deutschen Satz mit der Qualität

Profilstufen und Merkmale der Lernersprache

6 Insertion EPA	• komplexe und differenzierte Strukturierung innerhalb der Konstituenten
5 Insertion NS	• komplexe und differenzierte Strukturierung von Satzgefügen
4 Nebensätze	• komplexe Strukturierung mit Nebensatzstrukturen • differenzierter Wortschatz • dichte Verkettung mit operativen und deiktischen Prozeduren • Partikeln zur Hörersteuerung und Modalisierung
3 Inversion	• ausreichender Wortschatz, Genus unsicher • Deiktika in thematischer Prä-V2 Position → Fortführung • Verkettung mit operativen und deiktischen Prozeduren • Nebensatzstrukturen unsicher, im Entstehen
2 Verbalklammer	• ausreichender Wortschatz, Genus unsicher • Symbolfeldfeldausdrücke mit Artikel → syntaktisch integriert • sichere Perfektformen, Modalverbkonstruktionen • beginnende Verkettung mit operativen Prozeduren • Unterstützung durch Hörer
1 Finitum	• eingeschränkter Wortschatz, Lücken, Genus unsicher • Symbolfeldausdrücke oft ohne Artikel → syntaktisch isoliert • meist Verankerung mit Finitum • Neufokussierung statt Verkettung mit operativen Prozeduren • Hilfe durch Hörer
0 Bruchstücke	• stark eingeschränkter Wortschatz, Lücken • unklare Strukturen bei mehreren Symbolfeldausdrücken (Substantive) • meist ohne Verankerung mit Finitum, viele verblose Äußerungen • Verben in der Regel irgendwie flektiert • keine Verkettung mit operativen Prozeduren (z. B. Pronomen: er, sie) • Wiederholung von Symbolfeldausdrücken zur Verkettung • Mimik und Gestik, Hilfe durch Hörer

Abbildung 10: Profilstufen und Lernersprache (Grießhaber 2009, S. 129ff.)

des Wortschatzes und der Verwendung von Artikeln, Proformen und anderen deiktischen und operativen Prozeduren zu verbinden. Damit ist gemeint, dass Handlungen an beziehungsweise Veränderungen von sprachlichem Material auf der Ebene von Wort, Satz oder Text vorgenommen werden. Deiktische Prozeduren verweisen auf den Ort (*hier, dort*), die Zeit (*jetzt, dann, nachher*) oder eine Person (*ich, du, der dort*); operative Prozeduren benennen das Einfügen, Verschieben oder Ersetzen von Satzgliedern. Die im Deutschen typische Verbzweitstellung (V2) spielt bei der Inversion eine besondere Rolle: In der Inversion wird das Subjekt dem finiten Verb – entgegen der Grundstellung im Deutschen – nachgeordnet; dabei bleibt das Verb an zweiter Stelle, auch wenn das Vorfeld (also das Feld vor dem Verb, die Prä-V2-Position), aus mehreren Wörtern besteht wie in folgendem Beispiel:

Dann wollte ich den mal hinwerfen. Und dann$^{Prä-V2}$ haben wir so ein Schlitten gemacht.

In dieser Vorfeld-Position stehen Ausdrücke, mit denen aus dem für Sprecher und Hörer gemeinsamen Diskurs- beziehungsweise Textwissen ein (bestimmter) Aspekt aufgegriffen wird. Entscheidend ist hier, dass das Subjekt (*ich/wir*) hinter dem Verb platziert wird, während auf einer früheren Erwerbsstufe eine Formulierung wie *dann ich wollte den hinwerfen* erfolgt wäre.

Auch wenn der Wortschatz schwer zu ermitteln ist – zumal der rezeptive Wortschatz umfangreicher ist als der produktive –, entsteht der Eindruck, dass der Erwerb komplexer Strukturen einen bestimmten Wortschatz voraussetzt und eine höhere Spracherwerbsstufe erst auf Grundlage eines umfangreicheren Wortschatzes erreicht werden kann. Offen bleibt, in welcher Reihenfolge das Kasussystem erworben wird; auffällig ist, wie lange das Genus unsicher bleibt.

Über diese Aspekte gibt die Genfer Longitudinalstudie von Erika Diehl und ihren Kollegen (vgl. Diehl u. a. 2000) über den Erwerb des Deutschen durch französischsprachige Schüler in der Schweiz Aufschluss (→ ABBILDUNG 11).

Zwischen Grießhabers Profilstufen und den Satzmodellen der Longitudinalstudie fallen Unterschiede hinsichtlich des Erwerbs der Inversion und des Nebensatzes auf: offensichtlich gibt es Unterschiede zwischen DaF- und DaZ-Lernenden. Im Zweitspracherwerb liegen bislang keine Untersuchungen zum Verbalbereich vor, wohl aber zum Erwerb des Kasussystems. Erika Kaltenbacher und Hana Klages (vgl. Kaltenbacher/Klages 2006) verbinden in ihren Untersuchungsergebnissen zum frühen Zweitspracherwerb das Genus- und Kasussystem und

PROFILANALYSE ZUR LERNERSPRACHE

A Verbalbereich	B Satzmodelle	C Kasus (ohne Präpositionen)
I präkonjugale Phase (Infinite, Personalformen nur als chunks)	I Hauptsatz (Subjekt-Verb)	
II regelmäßige Konjugation im Präsens	II Koordinierte Hauptsätze W-Fragen Entscheidungsfragen	I Ein-Kasus-System (nur Nominativ-Formen)
III Konjugation der unregelmäßigen Verben im Präsens Modalverb + Infinitiv	III Distanzstellung (Verbklammer)	II Ein-Kasus-System (beliebig verteilte Nominativ-, + Akkusativ-, Dativformen)
IV Auxiliar + Partizip	IV Nebensatz	
V Präteritum	V Inversion (X-Verb-Subjekt)	III Zwei-Kasus-System Nominativ + Objektkasus (Nominativformen + beliebig verteilte Akkusativ- und Dativformen)
VI Übrige Formen	Erwerb der Satzmodelle I–V abgeschlossen	IV Drei-Kasus-System Nominativ + Akkusativ + Dativ (Nominativformen + Akkusativformen + Dativformen)

Abbildung 11: Erwerbssequenzen für Deutsch (Diehl u. a. 2000, S. 364)

lassen folgende Vermutungen zu: Zunächst sind keine Trägerelemente (Artikel, Possessivpronomen etc.) erkennbar. Es folgt ein undifferenzierter Gebrauch von *der/die* (oder nur einer Form); beim späten Zweitspracherwerb kommt es häufig zu einer Beschränkung auf *die*, und zwar für einen langen Zeitraum. Anschließend zeigen Lernende ein zweigliedriges Genus- und kein Kasussystem oder ein zweigliedriges Kasus- und kein Genussystem. Daraus entwickelt sich zunächst ein zweigliedriges Genus- beziehungsweise ein zweigliedriges Kasussystem, bevor es zu einem zweigliedrigen Genus- *und* Kasussystem kommt. Es folgt das dreigliedrige Genussystem mit einem zweigliedrigen Kasussystem, das im weiteren Verlauf des Zweitspracherwerbs weiter ausgebaut wird.

DIAGNOSEVERFAHREN

Diagnosebogen für Schülertexte
Schüler/in:
Kursleiter/in:

Wortebene	1. Text absolut (alle **Wörter**) / einmalig (mehrfach verwendete **Wörter** zählen nur einmal)	2. Text	Kommentar
Verben: absolut / einmalig / davon semantisch korrekt			
… davon im Präsens / normgerecht			
… davon im Präteritum / normgerecht			
… davon im Perfekt / normgerecht			
… davon in Futur / normgerecht			
Passiv / normgerecht			
… Konjunktiv / normgerecht / fehlt			
Nomen: absolut / einmalig / davon semantisch korrekt			
… davon mit (best. oder unbestimmtem) Artikel / normgerecht			
… davon mit Pronomen (mein-, dies-) / normgerecht			
… davon mit Nullartikel / normgerecht			
Adjektive: absolut / einmalig / davon semantisch korrekt			
… davon gesteigert / normgerecht / fehlt			
… davon attributiver Gebrauch / normgerecht dekliniert			
Adverbien: absolut / einmalig / davon semantisch korrekt			
Präpositionen: absolut / einmalig / davon semantisch korrekt			
Konjunktionen: absolut / einmalig / davon semantisch korrekt			
Pronomen (nicht als Begleiter): absolut / einmalig			
… davon semantisch korrekt / normgerecht dekliniert			

PROFILANALYSE ZUR LERNERSPRACHE

Satzebene	a) wird verwendet		b) davon normgerecht	
Aussagesätze	a)	b)	a)	b)
... davon mit Inversion	a)	b)	a)	b)
Nebensätze	a)	b)	a)	b)
Verbklammer (z. B.: Ich will dann schon einmal gehen.)	a)	b)	a)	b)
Nominalgruppe: Begleiter (+Adjektiv) + Nomen	a)	b)	a)	b)
... davon im Nominativ (der gelbe Hut / ein gelber Hut)	a)	b)	a)	b)
... davon im Akkusativ (den / einen gelben Hut)	a)	b)	a)	b)
... davon im Dativ (dem / einem gelben Hut)	a)	b)	a)	b)
... davon im Genitiv (des / eines gelben Hutes)	a)	b)	a)	b)
Präpositionalphrase: Präp.+ Begleiter (+Adjektiv) + Nomen	a)	b)	a)	b)
... davon im Akkusativ (ohne die / eine / meine Tasche)	a)	b)	a)	b)
... davon im Dativ (mit der / einer / meiner Tasche)	a)	b)	a)	b)
... davon im Genitiv (wegen der / einer / meiner Tasche)	a)	b)	a)	b)
Textebene	**Beispiele**			**Beispiele**
Gliederungssignale (z. B. zu Beginn, plötzlich)				
Textverknüpfungen (z. B. Proformen, Satzanschluss)				
Registerwahl (Mündlich- / Schriftlichkeit, Fachsprache)				

Abbildung 12: Diagnosebogen für Schülertexte

Orientiert man die Diagnose an diesen Ergebnissen, so müssen Instrumente entwickelt werden, die diese ‚Feinheiten' des Spracherwerbs abbilden. Für die DaZ-Förderung und den DaF-Unterricht ist deshalb eine Progression gefordert, die Lernende auf der erreichten Stufe abholt und sie auf dem Weg zur nächsten Stufe begleitet.

4.2 Beurteilungsraster

Grießhabers Profilanalyse beschränkt sich (noch) auf den Erwerb der Wortstellungsregeln. Lehrkräfte an deutschen Schulen sehen bezogen auf ihre Schüler mit Deutsch als Zweitsprache darin allerdings nicht das zentrale Problem, sondern erleben immer wieder, dass auch auf einer relativ hohen Profilstufe massive Probleme im Bereich der Morphologie und Syntax vorliegen. Um diese beschreibbar und einer Förderung zugänglich zu machen, wird seit einiger Zeit mit einem Diagnosebogen experimentiert, der diese Aspekte in den Fokus nimmt. Er wurde in verschiedenen Feriensprachcamps erprobt (vgl. Rösch 2007a) und in einer früheren Fassung in die Hessener Handreichung DaZ (vgl. Thon 2007, S. 55 ff.) aufgenommen.

Diagnose in Schülertexten

Der Diagnosebogen (→ ABBILDUNG 12) umfasst verschiedene Ebenen: die Wort-, die Satz- und die Textebene. Dabei werden die Bereiche Semantik und Sprachstrukturen gleichermaßen einbezogen. Zunächst wird auf der Wortebene nicht nur die absolute, sondern auch die einmalige Verwendung von Wörtern ermittelt: Wird z. B. dasselbe Verb (absolut) fünf Mal verwendet, zählt es nur einmal. Dadurch lässt sich die Breite des Wortschatzes erfassen. Außerdem werden die semantische Qualität und bereits auf der Wortebene auch die grammatischen Qualität geprüft. Bei Verben wird die normgerechte Markierung der Zeiten, bei Nomen die Verwendung verschiedener Begleiter einbezogen, bei Adjektiven wird zusätzlich bereits die Deklination angesprochen.

... auf der Wortebene

... auf der Satz- und Textebene

Auf der Satzebene geht es dann um die Satzkonstruktionen, vor allem um die Frage der Inversion, die Verbklammer und schließlich um die Gestaltung der Nominalgruppe und der Präpositionalphrasen. Die Textebene wird nur am Rande berücksichtigt, ist aber ausbaufähig.

Der Vorteil dieses Bogens ist, dass er immer wieder eingesetzt werden kann und – um eine sinnvolle Diagnose erstellen zu können – auch mehrfach eingesetzt werden muss. In den Spalten *1. Text* und *2. Text* werden Texte aus verschiedenen Lernstadien eingetragen. In den genannten Feriencamps wurden diese Spalten genutzt, um den jeweils ersten und letzten im Camp verfassten Text eines Schülers zu beurteilen und durch den Vergleich den Sprachzuwachs zu ermitteln. Aus den Daten lassen sich Lernporträts erstellen, die die weitere Unterstützung des Lernprozesses einzelner Schüler in den Blick nehmen.

Vergleich zwischen Texten einzelner Schüler als Grundlage für Lernporträts

Neben Rastern zur Analyse schriftlicher Schülertexte sind auch Instrumente zur Analyse mündlicher Sprachfähigkeiten erforderlich. Für das Vorschulalter liegen solche Instrumente vor (→ KAPITEL 3.3, 3.4), wobei sich diese allerdings oftmals nicht von schriftlichen Verfahren für ältere Kinder unterscheiden und z. B. standardsprachliche Formen abfragen, die im mündlichen Sprachgebrauch unüblich sind (wie die Verbendstellung im *weil*-Satz oder die identifizierbare Akkusativendung bei unbestimmten Artikeln). Seit der Anfang des 21. Jahrhunderts erfolgten Reform der Bildungspläne haben Mündlichkeit im Deutschunterricht und kommunikative Fähigkeiten auch im Fachunterricht an Bedeutung gewonnen. Nicht zuletzt aus diesem Grund werden Instrumente zur Beurteilung mündlicher Sprachkompetenz für Kinder und Jugendliche jenseits des Kindergartenalters benötigt, die bildungssprachliche Ausdrucksweisen im Mündlichen messbar machen und gleichzeitig die besonderen Merkmale des Mündlichen berücksichtigen.

Kodierschema zur Analyse mündlicher Sprachfähigkeit

4.3 Der C-Test für DaZ-Lernende

Das C-Prinzip wurde 1981 von Ulrich Raatz und Christine Klein-Braley (vgl. Raatz/Klein-Braley 1982) als Reaktion auf die Schwächen des CLOZE-Tests, bei dem aus einem Text durch vollständige Tilgung jedes n.ten Wortes ein Lückentext (Cloze) gestaltet wurde, entwickelt. Im C-Test bleiben anders als im Cloze-Test die Anfangsbuchstaben der Wörter stehen. Außerdem wird mehr Wert auf die Testqualität gelegt. Beim C-Test handelt es sich um einen integrativen schriftlichen Test, der allgemeine sprachliche Leistungen in der Muttersprache und einer Fremdsprache prüft und der auf dem Prinzip der sogenannten ‚reduzierten Redundanz' beruht. Gemeint ist damit, dass überflüssige Teile einer Mitteilung reduziert, aber nicht vollständig gelöscht werden, um die Verständlichkeit auch in einem Lückentext zu ermöglichen. Folgende Prinzipien sind zu ergänzen:

Diagnose allgemeinsprachlicher Leistungen

Grundprinzipien

1. Die Basistexte, aus denen der C-Test angefertigt wird, müssen den Schülern unbekannt sein. Sie sollen einen gewissen Grad an Authentizität haben, d. h. nicht von den Testern angefertigt werden, sondern als publizierte Texte vorliegen.

2. Jeder Test besteht aus ca. fünf Texten zu unterschiedlicher Thematik. Jeder Text ist als Lückentext aufgebaut (→ ABBILDUNG 13) und enthält 25 Items (Tilgungen), der gesamte Test also 100 zu lösende Items.
3. Die Texte müssen altersgemäß sein und thematisch an die Alltagserfahrungen der Schüler anknüpfen. Fachwissen und spezielle Wortschatzkenntnisse sollen nicht vorausgesetzt werden.
4. Die Texte sollten möglichst keine kulturspezifischen Elemente enthalten, deren Bedeutung den Kindern mit einer gewissen Wahrscheinlichkeit unbekannt sein könnte. Dies gilt sowohl für Elemente der deutschen Kultur als auch für Elemente der Kulturen der Herkunftsländer, da bei der Arbeit mit bilingual-bikulturellen Kindern die für Verstehensprozesse in einer monokulturellen Gesellschaft vorausgesetzten Erfahrungen und Lernprozesse nicht als selbstverständlich angesehen werden dürfen.
5. Die Texte müssen so beschaffen sein, dass die getilgten Wörter die Wortarten des Textes angemessen repräsentieren und dass in den Texten verschiedene Erzählzeiten (Verbaltempora) vorkommen.
6. Die Tilgung erfolgt im deutschen und muttersprachlichen C-Test einheitlich.
7. Die Tests sollten von erwachsenen Muttersprachlern mit abgeschlossener Schulausbildung zu annähernd 100 Prozent gelöst werden. Sinnvoll ist, die C-Tests an mindestens zehn Muttersprachlern zu erproben, bevor sie DaZ-Lernern vorgelegt werden; nach Veränderungen wird die Erprobung wiederholt (vgl. Grothjan 1994, S. 153).

Sind Lösungen einmal festgelegt, erlaubt der C-Test eine objektive Auswertung. Untersuchungen haben gezeigt, dass der C-Test sehr reliabel (zuverlässig) ist. Er ist „nicht nur aus Gründen der Objektivität, Reliabilität und Validität, sondern auch wegen seiner Testökonomie und Praktikabilität" empfehlenswert (Baur/Grothjan/Spettmann 2006, S. 390). Teilfertigkeiten wie Sprechen oder Hören sollten jedoch in separaten Tests abgeprüft werden, da der C-Test nur eine Aussage „über den relativen Grad der allgemeinen Sprachfähigkeit der Zielsprache" in folgenden Bereichen ermöglicht: allgemeine Lesekompetenz, Textverständnis zu spezifischen Themen, Fachkenntnisse und Fachwortschatz sowie grammatische Fähigkeiten in Morphologie und Syntax (vgl. Baur/Grothjan/Spettmann 2006).

Lesekompetenz, Textverstehen, Fachwortschatz und Grammatik

Ein C-Test besteht aus authentischen, zielgruppenäquivalenten, in sich abgeschlossenen Texten mit unterschiedlichem allgemeinsprach-

> *Nach dem Kindergarten gehen alle Kinder im Alter von sechs oder sieben Jahren in die Grundschule. Dort ble____ sie vi____ Jahre. Da____ gehen ca. 45 Pro____ auf d____ Hauptschule, ca. 25 Pro____ auf d____ Realschule u____ ca. 30 Pro____ auf d____ Gymnasium. I____ einigen Bundesl____ gibt e____ auch Gesamtsch____. Nach d____ Hauptschule ka____ man arbe____ und Ge____ verdienen od____ eine Le____ machen. N____ dem Abi____ am Gymn____ kann m____ einen Be____ lernen oder an der Universität studieren.*

Abbildung 13: C-Test (Institut für Internationale Kommunikation, 2011)

lichem Inhalt, die kein Spezialwissen erfordern. Der einleitende und der abschließende Satz bleiben tilgungsfrei. Dazwischen bleibt bei jedem zweiten Wort nur der Anfang(sbuchstabe) stehen. Eigennamen, Abkürzungen und Ziffern werden ausgespart. Die schriftliche Bearbeitung dauert etwa 30 Minuten, die Tests geben Auskunft über Lese- und Schreibfertigkeit sowie Textverständnis (→ ABBILDUNG 13).

Rupprecht Baur und Melanie Spettmann (vgl. Baur/Spettmann 2008) haben dieses Testverfahren, das in der Regel bei älteren Fremdsprachenlernenden eingesetzt wird, für DaZ-Schüler der Sekundarstufe I weiterentwickelt: Sie erstellen ein Set aus nur vier Texten und wählen statt einer 2er- eine 3er-Tilgung, bei der sie nur jedes dritte Wort löschen. Die Testphase dauert deshalb auch nur 20 Minuten. Bei der Auswertung wird neben dem Richtig-Falsch-Wert, der über den Grad der allgemein sprachlichen Kompetenz Auskunft gibt, auch ein Worterkennungswert ermittelt, der die semantisch korrekt erkannten Wörter zählt, auch wenn die formalsprachliche Umsetzung nicht korrekt ist. Schreibt ein Schüler in die Lücke *Nach monatel____ Fahrt* z. B. *monatelanges*, wäre dies im Richtig-Falsch-Wert falsch, im Worterkennungswert aber richtig. Auf diese Art lässt sich zwischen semantischer und grammatischer Korrektheit unterscheiden, was dann auch für die Ausrichtung der Förderangebote relevant wird.

DaZ-C-Tests

Richtig-Falsch-Wert und Worterkennungswert

Um Leistungen im Gebrauch bestimmter grammatischer Phänomene wie Präpositionen, Konjunktionen oder auch Flexionsformen bei Verben oder Nomen und Adjektiven zu ermitteln, gibt es auch Ansätze zu Lückentexten, bei denen diese Stolpersteine getilgt werden.

Fragen und Anregungen

- Erläutern und erklären Sie die Unterschiede zwischen Wilhelm Grießhabers Profilstufen und Erika Diehls Erwerbsphasen.
- Beschreiben Sie die Merkmale eines Beurteilungsrasters allgemein oder am Beispiel des Diagnosebogens.

- Werten Sie folgenden Text, der im Rahmen eines C-Tests entstanden ist, aus, indem Sie den Richtig-Falsch-Wert und den Worterkennungswert ermitteln:

> **Der erste Mensch auf dem Mond**
> 1969 betrat der erste Mensch den Mond. Es war d<u>er</u> Amerikaner Neil Armstrong. Und d<u>ie</u> sagte damals: „D<u>ies</u> ist ein kl<u>eines</u> Schritt für ein<u></u> Menschen, aber ei<u>n</u> großer Schritt für<u></u> die Menschheit." A<u>n</u> dem Mond gi<u>ebt</u> es keinen R<u>egen</u> und keinen W<u>int</u>. Deshalb wird m<u>ann</u> seine Schuhabdrücke no i<u>n</u> Tausenden v<u>ielen</u> Jahren sehen kö<u>nen</u>."
>
> (Baur / Spettmann 2008, S. 434)

- Bestimmen Sie den Sprachstand der 14-jährigen Schülerin aus Thailand, die folgenden Text im Rahmen eines Schreibprojekts verfasst hat, mithilfe der Profilanalyse nach Wilhelm Grießhaber.

> **10 verspielte Kätzchen**
> An einem schönen Samstag gehen 10 liebe Miezekätzchen in einer Reihe. Ein Miezekätzchen findet einen Freundin zum spielen. Die anderen neun gehen vorbei. Liebe Miezekätzchen sind zufrieden. Eines spielt hier mit dem Ball, weiter laufen acht. Eines Tages wollen Liebe Miezekätzchen mit dem Vater spielen. Eines setzt sich in die Mitte und die sind ganz erschrocken. Sieben ganz liebe Miezekätzchen streiten hin und Weiter eins liegt fest verschnürt am Boden. Wer von fünf wird Sieger?

- Folgende Texte sind in einem Feriensprachcamp mit Berliner Jugendlichen entstanden. Sie stammen von einem 16-jährigen Jungen mit türkischer Erstsprache am Ende der 8. Klasse. Der erste Text ist am ersten Tag, der zweite am letzten Tag nach einer 14-tägigen Förderung von insgesamt 30 Zeitstunden entstanden.

Lernen in den Ferien. Was bringt es mir?	Lernen in den Ferien. Was hat es gebracht?
Wenn man in den Ferien deutsch lernt kriegt man inden nächsten jahr bessere noten. mit deutsch kann man sich viel unterhalten. dadurch lernt man viele wörter die man nicht kennt. Also wenn man deutsch lernt kann man in den unterrichten sich mehr als vorher melden. dadurch lernt man ja viele sachen. Ohne lernen kann man nicht reden usw. Mit deutsch wird man in Zukunft besser also man bekommt bessere arbeit. man kann dadurch auch ein Doktor oder so sein. Also bei meinem Text versteht man ja auch das ohne lernen nichts gehen kann. In diesem gelben villa lernen wir deutsch also nicht nur deutsch sondern auch turnen also was mit deutsch zutun hat.	Es hat mir vieles gebracht. Weil vorher konnte ich nicht so gut reden jetzt hab ich mich mit deutsch reden verbessert. Ich wusste auch nicht so gut wie man fälle bildet ich hab geschichten und gedichte schreiben gelernt. Mein lesen ist besser geworden. Mit artikeln hatte ich schwierigkeiten und mit pronomen hier habe ich das gelernt. Jetzt kann ich gute sätze bilden. mir hat sonst alles gefallen hier hatten wir auch möglichts pausen damit wir uns ausruhen können. Hier hab ich viele freunde aus anderen ländern kennengelernt.

a. Beurteilen Sie die Sprachkompetenzen spontan:
Hat sich der Schüler verbessert? ☐ ja   ☐ nein
Wenn ja, in welchem Bereich?
☐ Wortschatz   ☐ Syntax   ☐ Textbau
Worin besteht Förderbedarf?
☐ Wortschatz   ☐ Syntax   ☐ Textbau
b. Beurteilen Sie die Sprachkompetenzen unter Verwendung des Diagnosebogens. Kommentieren Sie die Qualität des Auswertungsbogens.

Lektüreempfehlungen

- Ingrid Gogolin / Ursula Neumann / Hans-Joachim Roth (Hg.): **Sprachdiagnostik bei Kindern und Jugendlichen mit Migrationshintergrund. Dokumentation einer Fachtagung,** Münster 2005. *Der Band versammelt die Beiträge eines Workshops zu Fragen der Angemessenheit und Qualität von sprachdiagnostischen Verfahren, die bei Kindern und Jugendlichen mit Migrationshintergrund eingesetzt werden. Er informiert über Initiativen zur Entwicklung sprachdiagnostischer Verfahren der Bundesländer und beleuchtet aktuelle Diskussionen zur Sprachdiagnose bei Kindern und Jugendlichen mit Migrationshintergrund.*

- Hannelore Grimm: **Störungen der Sprachentwicklung. Grundlagen, Ursachen, Diagnose, Intervention, Prävention,** 2. überarbeitete Auflage Hogrefe 2007. *Das Buch bietet einen umfassenden Überblick über die Beschreibung, Erklärung, Diagnostik, Therapie und Prävention von primären und sekundären Störungen der Sprachentwicklung, auch wenn es nicht auf den Zweitspracherwerb orientiert ist.*

- Oliver Jungen / Horst Lohnstein: **Einführung in die Grammatiktheorie,** München 2006. *Die Autoren geben einen guten, leicht verständlichen Überblick über verschiedene Grammatiktheorien.*

- Charlotte Röhner (Hg.): **Erziehungsziel Mehrsprachigkeit. Diagnose von Sprachentwicklung und Förderung von Deutsch als Zweitsprache,** 2. Auflage München 2008. *Die Beiträge zur Diagnose von Sprachentwicklung und zur Förderung von Deutsch als Zweitsprache in Kindertagesstätten und Schule dokumentieren eine Praxis, die Mehrsprachigkeit reflektiert, konzeptionell aber auf den Erwerb der deutschen Sprache ausgerichtet ist.*

5 Methoden und Didaktik

Abbildung 14: Unterrichtssituation (Foto: Jürgen Junker-Rösch)

METHODEN UND DIDAKTIK

Das Bild zeigt eine Unterrichtssituation, in der die Lehrperson unterrichtet, während die Schülerinnen sich mit sich selbst beschäftigen. Um ein solches Nebeneinander zu vermeiden und Lehren und Lernen stattdessen miteinander zu verschmelzen, werden Unterrichtsmethoden und didaktische Ansätze entwickelt. In den 1960er-Jahren hat Wolfgang Klafki das Primat der Didaktik über die Methodik ausgerufen und sein Konzept der Allgemeindidaktik begründet, nach dem Unterricht mit der Gegenwarts-, Zukunfts- und exemplarischen Bedeutung der Bildungsinhalte für die Schüler zu begründen ist. Sein 30 Jahre später publiziertes „Perspektivenschema zur Unterrichtsplanung" (vgl. Klafki 1991, S. 272) berücksichtigt außerdem die „Zugangs- und Darstellungsmöglichkeiten der Bildungsinhalte" und verweist auf die „thematische Strukturierung" zur Formulierung (sozialer) Lernziele sowie die „methodischen Strukturierung", die den Ablauf des Unterrichts beschreibt. Damit nähert sich Wolfgang Klafki der Lerntheoretischen Didaktik (vgl. Heimann/Otto/Schulz 1970) an, die schon in den 1970er-Jahren statt der Bildungsinhalte den Lehrprozess fokussiert. Sie unterscheidet Bedingungsfelder, das heißt die anthropogenen und soziokulturellen Voraussetzungen und Folgen des Lernprozesses, und Entscheidungsfelder, die über Intentionen, Inhalte, Medien und Methoden von der Lehrperson gestaltet werden. Auch hier meint Methode die Strukturierung des Lehr-Lern-Prozesses und nicht etwa die Verfahren oder Sozialformen, in denen der Lernprozess gestaltet wird. In der Fremdsprachdidaktik meint Methode dagegen oft nicht den Ablauf des Lehr-Lernprozesses, sondern den didaktischen Ansatz, der eher lerntheoretisch und spracherwerbstheoretisch als allgemeindidaktisch begründet wird.

Deshalb ist zu fragen: Was verstehen wir unter Methode und Didaktik? In welchem Verhältnis stehen beide zueinander. Welche (Sprach-)Lerntheorien gibt es und wie beeinflussen sie Fremdsprachunterricht? Was ist aufgeklärte Einsprachigkeit, Lernerautonomie, Handlungsorientierung und in welchem Verhältnis stehen Instruktion und Konstruktion im modernen Sprachunterricht?

5.1 **Methode oder Didaktik**
5.2 **Kommunikative Didaktik**
5.3 **Kognitive Ansätze**
5.4 **Form- und Bedeutungsorientierung**

5.1 Methode oder Didaktik

Die Grundlage methodischer und didaktischer Überlegungen bilden Lerntheorien wie die folgenden: Der Behaviorismus betrachtet das Gehirn als ‚black box', das einen Input (Stimulus S) erhält und darauf reagiert (Response R). Der Biologe Burrhus Frederic Skinner fasst Lernen als konditionierten Reflex auf, der durch Anpassung (Adaption) und Training erworben wird (vgl. Skinner 1974).

Behaviorismus

Im Kognitivismus ist Lernen dagegen ein vielschichtiger Prozess der Informationsverarbeitung, der auch die Interpretation und Bewertung des Informationsangebotes enthält. Wissen wird durch die intensive Auseinandersetzung mit entsprechenden Situationen erworben. Dabei ist zu berücksichtigen, dass Menschen im Laufe ihrer Entwicklung unterschiedlich und Unterschiedliches lernen und dass Erkenntnisprozesse in genetisch festgelegten Phasen verlaufen. Der Psychologe Jean Piaget unterscheidet zwei Formen des Lernens: Assimilation als Anwendung schon vorhandener Konzepte auf Neues und Akkomodation als Veränderung schon vorhandener Konzepte aufgrund nicht assimilierbarer Umweltreize (vgl. Piaget 2003).

Kognitivismus

Interaktionismus besagt, dass Lernen in der Interaktion mit wichtigen Personen in der Umgebung (Mediatoren) stattfindet. Um die Grenze zwischen schon Erreichtem und zu Erreichendem, die der Psychologe Lev Vygotsky „zone of proximal development" nennt, zu überwinden, bedarf es einer Interaktion mit im Entwicklungsprozess bereits weiter fortgeschrittenen Personen (vgl. Vygotsky 1978).

Interaktionismus

Konstruktivismus versteht Lernen als aktiven Prozess, bei dem Menschen ihr Wissen in Beziehung zu ihren früheren Erfahrungen beziehungsweise Wissen in komplexen Lebenssituationen konstruieren. Dieser individuelle, selbstbezogene Prozess kann je nach Vorkenntnissen und Erfahrungen sehr unterschiedlich ausfallen.

Konstruktivismus

Im Zuge der Entwicklung der Allgemeinen Didaktik in der Bundesrepublik Deutschland ab Mitte des 20. Jahrhunderts entstand die Unterscheidung zwischen Methode (als das Wie) und Didaktik (als das Was).

In kritischer Auseinandersetzung mit der bildungs- und lerntheoretischen Didaktik wird in der jüngeren handlungsorientierten Didaktik als Gegenmodell das Primat der Unterrichtsmethoden, die den Lernweg der Schüler strukturieren, gegenüber den Unterrichtsinhalten postuliert (vgl. Meyer 1994, S. 86). Dabei rückt die Lernendenperspektive ins Zentrum: Es wird zwischen Lehr- und Lernmethoden einerseits und zwischen Lehrzielen als intendierte Bildungsabsichten

Vom Primat der Didaktik zum Primat der Methode/n

METHODEN UND DIDAKTIK

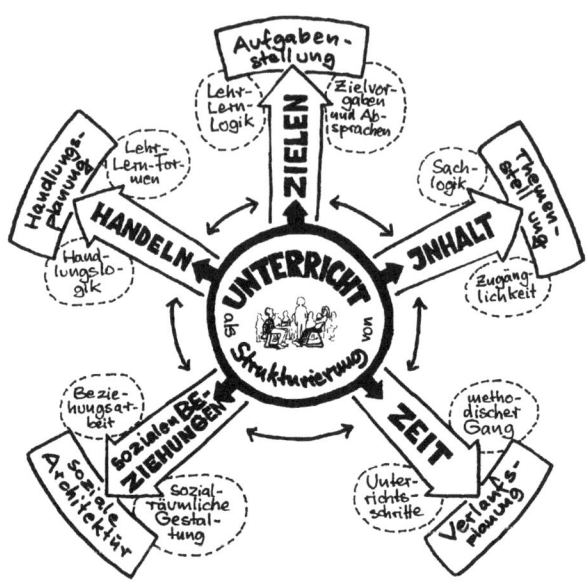

Abbildung 15: Strukturmodell des Unterrichts (Jank/Meyer 2005, S. 63)

und Handlungszielen als situationsabhängige Bedürfnisse und Interessen der Schüler andererseits unterschieden. Die Handlungsorientierte Didaktik legt besonderes Gewicht auf Schüleraktivitäten, auf gleichberechtigte Lehrer-Schüler-Interaktionen, die Einbeziehung von Vorerfahrungen der Lernenden und die „Herstellung von Handlungsprodukten, mit denen weitergearbeitet, gespielt und gelernt werden kann" (Jank/Meyer 2002, S. 356).

Werner Janks und Hilbert Meyers Strukturmodell des Unterrichts (→ ABBILDUNG 15) bezieht ähnlich wie die Bildungs- und die Lerntheoretische Didaktik Inhalte und Ziele ein. Methoden beziehungsweise methodische Strukturierung werden einerseits der Kategorie Zeit zugeordnet, andererseits mit der Kategorie Handeln verbunden. Das dokumentiert die besondere Bedeutung, die der Methode zukommt. Neu ist die Kategorie „soziale Beziehungen", die statt der anthropogenen und soziokulturellen Voraussetzungen und Folgen beziehungsweise der Bedingungsanalyse die Interaktion im Unterricht in den Blick nimmt.

Interdependenzmodell

Die Frage um die Vorherrschaft der Didaktik beziehungsweise der Methodik wird von der Allgemeindidaktik mit einem Interdependenzmodell beantwortet, das Didaktik und Methodik verzahnt. Voraussetzung dafür ist allerdings, Methoden nicht auf praktische und praktikable Durchführungswege zu reduzieren, sondern sie als „Konzepte für einen planvoll gestalteten Handlungsvollzug" zu verstehen, die die „Gesamtheit von Regeln und Prinzipien [umfassen], die das zielbezogene und bedingungsangemessene Konzept der unterrichtlichen Tätigkeit (des Lehrens und Lernens) bestimmen" (Kliewer/Pohl 2006, S. 508f.).

In diesem Sinne definieren die Sprachlehrforscher Willis Edmondson und Juliane House die Methode sehr umfassend als „eine festgelegte und systematische Vorgehensweise, ein planmäßiges Verfahren bei der Fremdsprachenvermittlung". Eine Lehrmethode umfasst demnach „ein zumindest teilweise konkretes didaktisches ‚Paket', durch das Lehrziel(e), Lehrkonzept, Lehrprinzipien, Lehrstrategien, Übungstypologie, Lehrmaterialien, Medienauswahl/-einsatz, Prüfungsformen usw. vorgegeben sind" (Edmondson/House 2006, S. 113). Aussagen zu nur einem dieser didaktischen Entscheidungsfelder machen demzufolge noch keine Methode aus. Auffällig ist, dass Methode hier ohne Bezug zu den Inhalten definiert wird und damit eine Verengung des Begriffs stattfindet, bei der die Inhalte offensichtlich losgelöst betrachtet werden.

Fremdsprachlehrmethode als didaktisches ‚Paket'

Anders als im Zweitsprachunterricht lässt sich im Fremdsprachenunterricht aufgrund seiner längeren Tradition die Entwicklung von Methoden aufzeigen, wobei die Auseinandersetzung um Methoden häufig stark kontrovers und ideologisch motiviert geführt wurde. Die wichtigsten Fremdsprachlehrmethoden sind:

Fremdsprachlehrmethoden

- Die Grammatik-Übersetzungsmethode (GÜM) ist seit dem 18. Jahrhundert nachzuweisen und war bis zur Reformpädagogik die dominante Methode des Fremdsprachenunterrichts. Im Unterricht werden zunächst die Aussprache und anschließend die Syntax behandelt, und zwar in folgenden Schritten: Wörter memorieren, grammatische Regeln lernen und Grammatik üben durch das Bilden von Sätzen und Übersetzen. Die Erstsprache dient als Unterrichtssprache und wird zum zentralen Bezugssystem für den Erwerb der Fremdsprache. Lehrer und Lehrwerk übernehmen eine autoritäre Funktion; das oberste Prinzip ist die Vermittlung der korrekten Zielsprache und damit die Vermeidung von Fehlern. Trotz massiver Kritik ist diese Methode immer noch lebendig, erstens weil Übersetzungen immer noch aktuell sind, zweitens weil Fremdsprachlernen ein kognitiver Prozess ist, der auch durch Sprachvergleiche unterstützt werden kann, und drittens, weil die Erstsprache – vor allem in einem Fremdsprachenunterricht, der die Erstsprache als Instruktionssprache nutzt – als Bezugsrahmen immer präsent ist.

Grammatik-Übersetzungsmethode

METHODEN UND DIDAKTIK

Direkte Methode

- Die Direkte Methode entwickelte sich im 19. Jahrhundert als Alternative zur GÜM und setzt in Abgrenzung zur GÜM auf Aspekte wie die Betonung mündlicher Fähigkeiten, den Ausschluss der Erstsprache, die induktive Vermittlung von Grammatik in Verbindung mit Texten und Bildern. Weiterentwicklungen dieser Methode sind die audiolinguale und die audiovisuelle Methode. Bei der audiolingualen Methode spielen ‚pattern drills' (Strukturmusterübungen zum Einschleifen bestimmter grammatischer Formen) und auswendig zu lernende Dialoge eine große Rolle, die gerne im Sprachlabor praktiziert werden. Statt kognitive Prozesse zu aktivieren, setzt diese Methode auf Imitation und Einschleifen. Sie geht genau wie die audiovisuelle Methode von einer Abfolge der sprachlichen Fertigkeiten aus, beginnt also mit Hörverstehen als Vorbereitung auf das Sprechen und trainiert Sprechen vor dem Schreiben. Um möglichst authentische Sprechsituationen zu gestalten, kommen Videos und Audiomaterialien mit zielsprachlichen Muttersprachensprechern zum Einsatz.

Audiolinguale und audiovisuelle Methode

Alternative Methoden

TPR

Suggestopädie

LdL

- Alternative Methoden wie TPR (Total Physical Response), Suggestopädie oder LdL (Lernen durch Lehren) entstehen vor allem seit den 1970er-Jahren: TPR basiert auf der Annahme, dass sich der Zweitspracherwerb auch Erwachsener wie der Erstspracherwerb von Kindern vollzieht. Die Lernenden werden in Anfängerkursen mit zielsprachlichen Aussagen wie *Öffne das Fenster* konfrontiert, die sie ausführen, bevor sie selbst anfangen zu sprechen. Suggestopädie setzt auf eine angenehme, stressfreie Lernatmosphäre und Lehrpersonen, die die Lernenden ‚an die Hand' nehmen. Gearbeitet wird mit Nachsprechübungen, Musik, Rollenspielen etc., damit die Lernenden das Gelernte sofort anwenden. LdL will den Paradigmenwechsel von der Instruktion zur gemeinsamen Handlungsorientierung strikt vollziehen und setzt darauf, dass sich die Schüler gegenseitig ihren Lernstoff beibringen. Auch wenn diese Methoden in der Fremdsprachdidaktik nur eine marginale Stellung einnehmen, finden einzelne Elemente Eingang in den Fremdsprachenunterricht.

Die Leistungen der ‚alten' Methoden

Die Auflistung der Methoden vermittelt den historischen Prozess ihrer Entstehung, sie sagt aber nichts darüber aus, wie lebendig die einzelnen Methoden beziehungsweise bestimmte Übungsformen noch sind. Versatzstücke der GÜM, der Direkten und auch alternativer Methoden gehören mittlerweile zum Repertoire jeden Fremdsprachenunterrichts: Neben Übersetzungen und kontrastiven Analysen werden nach wie vor ‚pattern' (Satzmuster) geübt, auch wenn man sich von Drillverfahren verabschiedet hat. Hörtexte, Bilder und (Lehr-)Filme sind selbstverständlicher Bestandteil jedes Fremdsprachenunterrichts und erfüllen durch die weltweite Nutzung des Internets zunehmend auch das Primat der Aktualität und Authentizität von Sprache und Themen des Unterrichts.

Primat der Aktualität und Authentizität der Sprache

Das durch die direkte Methode ausgerufene Primat der Einsprachigkeit wurde bereits 1978 durch Wolfgang Butzkamms „aufgeklärte Einsprachigkeit" (vgl. Butzkamm 1978) relativiert: Soviel Einsprachigkeit wie möglich, soviel Erstsprache wie nötig. Auch von Lehrkräften, die die Erstsprache ihrer Schüler sprechen, wird eine hohe nicht nur grammatische, sondern auch kommunikative Kompetenz in der Zielsprache und ein weitgehend einsprachiger Fremdsprachenunterricht erwartet.

Aufgeklärte Einsprachigkeit

In gewisser Weise werden die Methoden durch diese Entwicklung auf eine Methodik reduziert, die sich in verschiedene didaktische Ansätze integrieren lässt. Vielleicht werden die späteren Entwicklungen des Fremdsprachenunterrichts deshalb auch meist nicht mehr als Methoden, sondern als Didaktik beschrieben.

5.2 Kommunikative Didaktik

Die historische Entstehung didaktischer Ansätze lässt sich nur bedingt rekonstruieren, denn es ist schwer zu entscheiden, was als ‚Startschuss' für einen Ansatz gewichtet wird. Hinzu kommt, dass sich diese Ansätze wellenförmig entwickeln und nach wie vor nebeneinander stehen. Insofern ist die folgende Reihenfolge nur bedingt historisch zu verstehen.

Ende der 1970er-Jahre hat die Kommunikative Didaktik (vgl. Piepho 1979) zur kommunikativen Wende im Fremdsprachunterricht geführt, seit der die Fremdsprache nicht mehr als Mittel der geistigen Bildung, sondern als Kommunikationsmittel betrachtet wird. Im Unterricht wird demzufolge eine ‚natürliche', zweckgebundene Verwendung der Zielsprache angeregt. Anders als in der GÜM, die sich um die Vermittlung der Hochsprache bemüht, werden lerngruppenspezifische Faktoren (Alter, Geschlecht, Vorwissen, Erfahrung, Interessen etc.) berücksichtigt. Im Unterschied zur direkten Methode geht es nicht um die formelhafte Einübung von Redemitteln, sondern um die Aktivierung einer möglichst authentischen Kommunikation.

Kommunikative Wende

Mit dieser Orientierung an der Pragmatik, die sich in den 1970er-Jahren herausbildete, rückte vor der sprachlichen Korrektheit vor allem die sprachliche Handlungskompetenz ins didaktische Blickfeld.

Sprachliche Handlungskompetenz vor grammatischer Korrektheit

METHODEN UND DIDAKTIK

Sprachliche Handlungen sind ‚äußere Tätigkeiten' wie sprechen und zuhören und zunehmend werden dazu auch innere geistige Handlungen wie Aussagen planen und verarbeiten gezählt.

Zyklische Progression

Statt einer starren wird eine zyklische Progression, die bereits Behandeltes wieder aufgreift, zugrunde gelegt und zwischen einer (in aller Regel höheren) rezeptiven und produktiven Kompetenz unterschieden. Die Methodik zeichnet sich aus durch Flexibilität und die Fokussierung auf funktional-kommunikative Aktivitäten wie Rate- oder Detektivspiele und sozial-interaktive Aktivitäten wie Rollenspiele, Szenarien, Debatten etc. Die Lehrperson übernimmt die Rolle der Moderatorin und begleitet den Lernprozess von rezeptiven über reproduktive bis zu produktiven und schließlich kreativen Übungen (vgl. Littlewood, zit. nach Edmondson/House 2006, S. 120).

Lernen als aktive Strukturierungsleistung

Dieses veränderte Verständnis der Lehrerrolle korrespondiert mit einer veränderten Vorstellung von Lernen „als aktive Strukturierungsleistung eines um Sinnhaftigkeit seines Handelns bemühten Individuums" (Krüssel 1993, S. 172).

In der Folge rückt die Gestaltung von Lernumgebungen, in denen die Lernenden ihren eigenen Lern- und Erkenntnisprozess autonom gestalten können, ins Zentrum des Interesses. Eberhard Piepho, der im deutschsprachigen Raum die kommunikative Didaktik entscheidend mitgeprägt hat, plädierte kurz vor seinem Tode im Jahr 2004 für die Etablierung von Lernszenarien als Rahmenbedingung für selbstbestimmtes Lernen. Dabei greift er auf die sogenannten SMART-Kriterien für erfolgversprechenden Unterricht zurück und fordert für Lernszenarien folgende Eigenschaften:

- s(ignificant), also klar strukturiert,
- m(eaningful), das heißt aufgrund ihrer Bedeutsamkeit motivierend,
- a(chievable), das heißt für das Lernniveau angemessen,
- r(elated), also in sinnvollem Bezug zum Rahmenplan stehend,
- t(ime-related), also in einer angemessenen Zeit bearbeitbar (vgl. Piepho 2005, S. 121f.).

Lernszenarien

Lernszenarien liefern einen möglichst breiten Rahmen für Sprachgebrauch in authentischen Kommunikationssituationen, um dadurch den ungesteuerten Spracherwerb zu unterstützen. Dieser Ansatz basiert auf der Abkehr vom lehrwerkgestützten Unterricht und versucht, eine größere Authentizität (durch entsprechende Materialien) zu erreichen und den Gebrauchswert (durch handlungsorientierte Verfahren) zu erhöhen.

DaZ-Lernszenarien

Petra Hölscher hat den Lernszenarienansatz auf Deutsch als Zweitsprache übertragen und plädiert für „handelndes Lernen mit

Redeanlässen und Themen aus der Erfahrungswelt von Kindern". Sie setzt auf die „Anwendung und Erprobung bereits erworbener Handlungs- und Äußerungsmuster", „den funktionalen Gebrauch der Grammatik in der praktischen Sprachanwendung" und „adäquates Üben von Wortschatz und sprachlichen Strukturen in lebensnahen Situationen" (Hölscher 2007, S. 154). Um dies im Unterricht zu realisieren, formuliert die Lehrkraft zu einem Lernszenario verschiedene Aufgaben, aus denen sich die Lernenden die ihnen entsprechende aussuchen und allein oder in Gruppen bearbeiten. Vor der Ergebnispräsentation findet eine redaktionelle Überarbeitung in der ganzen Gruppe statt, die „eine Reflexion und Verarbeitung von Wortschatz und Strukturen" vorsieht (Hölscher 2007, S. 159).

5.3 Kognitive Ansätze

Kognitive Ansätze entwickelten sich als Gegenbewegung zu den Drillverfahren der direkten Methode bereits in den 1970er-Jahren, da sie davon ausgehen, dass Sprachlernen ein kognitiver Prozess ist. Neben deduktiven Grammatikerklärungen etablierten sich Formen des problemlösenden, entdeckenden Lernens, bei denen die Lehrperson die Rolle einer Unterstützerin des Aneignungsprozesses übernimmt. Die Erstsprache wird für grammatische oder semantische Erklärungen herangezogen. Diese Strömungen wurden zunächst von der kommunikativen Wende überlagert, erfuhren aber im Rahmen der ‚kognitiven Wende' eine wichtige Bedeutung. Diese Wende wird als Entwicklung von der bildungstheoretischen über die handlungsorientierte zur kognitiven Didaktik beschrieben (vgl. Spinner 1994), nach der Lernprozesse als eigenaktive, produktive Auseinandersetzung mit dem Lerngegenstand zu gestalten sind, die Interessen und der bereits erreichte Erkenntnisstand der Lernenden zu berücksichtigen und zu entfalten sind (vgl. Richter 2002).

‚Kognitive Wende'

Kognition meint nicht etwa (auswendig gelerntes) Fach- oder grammatisches Regelwissen, sondern beschreibt den Lernprozess bezogen auf die Aneignung grammatischer Strukturen im Fremdsprachenunterricht. Auch kommunikativ ausgerichtete Fremdsprachdidaktiker wie Jörg Roche beteiligen sich heute an der Etablierung einer kognitionslinguistisch fundierten ‚didaktisierten' Grammatik, da trotz der Hinwendung zu handlungs- und inhaltsorientierten Ansätzen und trotz auf Standards und Kompetenzen ausgerichteter Richtlinien, Grammatik das zentrale Element des Fremdsprachenunterrichts geblieben ist (vgl.

Didaktisierte Grammatik

Roche 2008). Dabei geht es jedoch nicht um die normative Grammatik der Zielsprache, sondern um eine Lernergrammatik, die die Grammatik des Spracherwerbsprozesses abbildet (→ KAPITEL 2.1). Diese wird sich an den empirisch ermittelten Zweitspracherwerbsphasen orientieren, die Vermittlung von Regelwissen induktiv gestalten und die Lernenden darin unterstützten, Strategien des natürlichen Erwerbs zu nutzen.

Scaffolding

Ein mögliches Verfahren zur Entfaltung der bereits erreichten Sprachkompetenz ist das Scaffolding, das den Lernenden eine Art Baugerüst zur Verfügung stellt, um Bereiche, die den aktuellen Horizont übersteigen, zu bewältigen. Dieses Gerüst wird wieder entfernt, wenn der Prozess abgeschlossen ist. Die Umsetzung beginnt mit der Modellierung des Lernstoffes durch die Lehrperson, im nächsten Schritt assistiert die Lehrperson den Lernenden, wozu auch die Beobachtung und Einschätzung ihrer Lernfortschritte gehört. Im Verlauf des Prozesses wird die Komplexität der Aufgaben erhöht und die Unterstützung durch die Lehrperson soweit reduziert, dass die Lernenden schließlich selbstständig arbeiten.

Pauline Gibbons entfaltet dieses Verfahren im Unterricht mit Zweitsprachlernenden: Zunächst nutzen die Schüler ihre aktuellen Sprachressourcen, während im späteren Verlauf eine Konzentration auf neue sprachliche Mittel erfolgt. Diese werden von der Lehrkraft eingeführt und im Diskurs mit dem Kontext verbunden, sodass die Lernenden schließlich in der Lage sind, die neuen Sprachmittel auch zu gebrauchen (vgl. Gibbons 2006).

Instruktion als Aufgabe der Lehrperson

Anders als im kommunikativen Fremdsprachenunterricht übernimmt die Lehrperson im kognitiven Unterricht eine instruierende und lenkende Funktion. Sie modelliert den Lernstoff und leitet die Lernenden an, diesen zu durchdringen und die vermittelten Sprachstrukturen oder Register zu gebrauchen. Entscheidend ist dabei, am erreichten Sprachstand anzusetzen und diesen zu entfalten.

Während der kommunikative Unterricht eher implizit ausgerichtet ist – das heißt, dass sprachintensive (oftmals mündlich gestaltete) Situationen geschaffen werden, ohne dass die Aufmerksamkeit der Lernenden auf sprachliche Regeln gelenkt wird –, nutzt der kognitive Unterricht explizite Formen, das heißt, er fokussiert die Aufmerksamkeit auf Sprachstrukturen und macht diese zum Lerngegenstand. Er nutzt und entfaltet Sprachbewusstheit als kognitive, reflexive und auf den Gebrauch einer metasprachlichen Begrifflichkeit basierende Beschäftigung mit Sprache/n, ihren Formen, Strukturen, Funktionen, ihrem Gebrauch und im Kontext von Sprachlernen auch mit ihrem Erwerb und ihrer Vermittlung.

5.4 Form- und Bedeutungsorientierung

In jüngster Zeit kulminiert die Kontroverse zwischen kommunikativen und kognitiven Ansätzen in der Auseinandersetzung um form- versus bedeutungsbezogenen Sprachunterricht, wobei eine dritte Komponente hinzutritt: Focus on Form (FoF) in Abgrenzung zu Focus on FormS (FoFS) und als Bindeglied zwischen Focus on Forms und Focus on Meaning (FoM). FoM-Konzepte stellen die inhaltliche Bedeutung von Sprache in den Vordergrund, ohne die Aufmerksamkeit der Lernenden auf sprachliche Regeln zu lenken. FoF-Konzepte hingegen machen Sprachstrukturen zum Gegenstand des Unterrichts und lenken die Aufmerksamkeit der Lernenden darauf (→ ABBILDUNG 16).

Focus on FormS, Focus on Form, Focus on Meaning

Der kommunikative Ansatz basiert auf der Annahme, dass über das sprachliche Thematisieren von Inhalten und deren Bedeutung (Focus on Meaning) die Grammatik einer Sprache automatisch erworben wird. Deshalb wird dieser Ansatz auch als Communication-focused-instruction bezeichnet und gilt als Gegenmodell zur Focus-on-Form-instruction (vgl. Housen/Pierrard 2005, S. 9). Implizites Sprachwissen wird dabei über den sprachlichen Input, mit dem die Lernerinnen und Lerner konfrontiert werden, erworben.

Im Konzept kognitiver Ansätze spricht man dagegen von „sprachbezogene[r] Kognitivierung" (Tönhoff 1992, S. 17) als einer „explizite[n] Fokussierung sprachlicher Phänomene z. B. im Bereich der Grammatik oder auch Pragmatik" (Grotjahn 2000, S. 84), wobei die Bewusstmachung über „mündliche und schriftliche, metasprachliche und objektsprachliche sowie graphische Darbietungsformen" erfolgen kann (Tönhoff 1992, S. 17). Das von Michael Long entwickelte FoF-Konzept verortet die Betrachtung von Sprachstrukturen situativ, eingebettet in einen primär bedeutungsorientierten Unterricht. Sprache wird nur thematisiert, wenn sie die Lernenden irritiert oder ein Verständigungsproblem gelöst werden muss, während in einem Focus on FormS-orientierten Unterricht Sprache isoliert, außerhalb ihrer Verwendungskontexte betrachtet wird. Eine systematische Grammatikvermittlung erfolgt auch bei diesem Ansatz nicht. Stattdessen bieten kommunikative (integrierte) und nicht-kommunikative (analytische) Aufgaben Gelegenheiten, um grammatische Strukturen anzuwenden. Außerdem werden kommunikative Kontexte geschaffen, in denen Strukturen zur Automatisierung geübt werden (vgl. Sheen 2005, S. 283).

Sprachbezogene Kognitivierung

Kommunikative und analytische Aufgaben

METHODEN UND DIDAKTIK

	Focus on FormS	Focus on Meaning	Focus on Form
Kernaxiom / Leitgedanke	Formales Sprachsystem wird als Ganzes vermittelt und reproduziert	Kommunikation über Inhalte steht im Vordergrund	Verknüpfung der Form mit Bedeutung und Funktion
Kontext	Text dient als ‚Verpackung' der Regel	Semantik der sprachlichen Elemente steht im Vordergrund	Am situativen und sprachlichen Kontext orientiert
Ziel	Regelformulierung und Regelwissen zu einzelnen grammatischen Teilbereichen	Präzision in der Wortwahl	Formal korrekte Zweitsprachkompetenz durch Bemerken und Verstehen der Form-Funktionszuordnung
Input	Regel wird anhand der von der Lehrkraft ausgewählten Beispiele bewusst gemacht	Liefert den Inhalt	Etabliert den thematischen Rahmen, um die Form mit einer Bedeutung abzuspeichern
Output	Soll einer grammatischen Regel folgend korrekt und situationsunabhängig sein	Orientiert sich an den erarbeiteten Inhalten	Aufmerksamkeit wird v. a. im Output auf die Form gelenkt, um ‚Lücken' zu bemerken
Feedback	Metasprachlich, formbezogen	Formale Fehler werden indirekt durch recasts bearbeitet	In formbezogenen Interaktionen zwischen Lernendem und Lehrendem, reaktiv
Rolle der Instruktion und Metasprache	Stark lenkend, einer grammatischen Progression folgend, Metasprache im Feedback und in Arbeitsanweisungen	Instruktion bezieht sich ausschließlich auf die Inhalte und das Erfassen von Konzepten und Begriffen, keine Metasprache	Reaktiv auf ein rezeptives oder produktives Sprachproblem folgend, metasprachlich formuliert werden nur tragfähige Regeln
Übungen und Aufgaben	Analytische Übungen folgen meist der Regelbewusstmachung und setzen das Verstehen der Regel voraus, wobei eine Distanzierung vom Inhalt gefordert wird	Inhalte werden kommuniziert	Aufgaben und Übungen lassen Lernende ihre ‚Lücken' bemerken und Form-Funktionszusammenhänge erkennen

Abbildung 16: Focus on FormS, on Meaning, on Form (vgl. Rösch / Rotter 2010, S. 211)

Feedbackverfahren

In sprachfokussierten Unterrichtsphasen haben Feedbackverfahren eine besondere Bedeutung (vgl. Kleppin 2001). Um Aufmerksamkeit auf ein Sprachphänomen zu lenken, kann die Lehrkraft Lerneräußerungen zielsprachenorientiert modellieren (recasts) oder das Phänomen im Sinne expliziter grammatischer Instruktion metasprachlich erklären.

Dabei werden Regeln nur als notwendig angesehen, wenn sie zu einem „fundierten und strukturierten Wissen beitragen". Lernende sollten nicht mit „unnötigen Regeln überfrachtet werden [...], wodurch sie den Überblick verlieren oder gar verzweifeln könnten". „Die Regeln sollten vielmehr auf konventionalisierte Form-Bedeutungsstrukturen aufmerksam machen" und „eher informativen als präskriptiven Charakter haben", „semantische Erklärungen anbieten, die auch für markierte und ungrammatische Beispiele aufschlussreich sein können". Eine kognitiv ausgerichtete „pädagogische beziehungsweise didaktische Grammatik" sollte gebrauchsbezogen und kontrastiv angelegt sein, authentische Sprachproben nutzen und versuchen, über Bewusstwerdung eigenverantwortliches Lernen zu unterstützen (Meex/Mortelmans 2002, 49f., 48, 50).

Regeln mit informativem und präskriptivem Charakter

Fragen und Anregungen

- Erläutern Sie die Unterschiede zwischen der Grammatik-, der Übersetzungs- und der direkten Methode? Welche Zweitspracherwerbshypothesen (→ KAPITEL 3) liegen ihnen zugrunde?
- Erklären Sie die kommunikative und die kognitive Wende. An welchen Lerntheorien orientieren sich die Ansätze?
- Diskutieren Sie die Vorteile und Nachteile des form- beziehungsweise bedeutungsbezogenen Fremdsprachenunterrichts.
- Analysieren Sie ein Fremdsprachlehrwerk hinsichtlich seines methodisch-didaktischen Ansatzes.

Lektüreempfehlungen

- Pauline Gibbons: Scaffolding Language, Scaffolding Learning. Teaching Second Language Learners in the Mainstream Classroom, Portsmouth 2002. *Das Buch liefert eine grundlegende Darstellung des Scaffolding-Ansatzes; es enthält neben dem Verfahren auch die ihm zugrunde liegenden Untersuchungen.*
- Beate Lütke: Deutsch als Zweitsprache-Lernen in der Grundschule – eine qualitative Untersuchung zum Erlernen lokaler Präpositionen im Kontext explizit-formbezogener Sprachförderung, Tübingen 2011. *Diese Dissertation stellt nicht nur eine Untersuchung zur explizit formbezogenen Sprachförderung mit Berliner Grundschülern vor, sondern liefert auch den aktuellen Forschungsstand zum Zweitspracherwerb und der Deutsch-als-Zweitsprach-Didaktik. Sie*

METHODEN UND DIDAKTIK

eignet sich sehr gut als Einführung in den Bereich des Deutschen als Zweitsprache aus Forschungsperspektive.

- Gerd Neuner / Hans Hunfeld: **Methoden des fremdsprachlichen Deutschunterrichts. Eine Einführung,** Berlin 2004. *Vorgestellt werden die wichtigsten methodischen Modelle des DaF-Unterrichts. Der Leser erhält Kriterien, mit denen er Lehrwerke, Übungen, Unterrichtssequenzen und -verfahren einordnen und kritisch überprüfen kann.*

- Ronald Sheen: **Focus on FormS as a Means of Improving Accurate Oral Production,** in: Alex Housen / Michel Pierrard (Hg.), Investigations in Instructed Second Language Acquisition, Berlin 2005, S. 271–310. *Der Autor vergleicht den Focus on FormS- und den Focus on Form-Ansatz und weist darauf hin, dass auch der in der Literatur immer wieder negativ kommentierte Focus on FormS-Ansatz einer grundsätzlich kommunikativen Orientierung im Klassenraum wesentliche Priorität einräumt und diese Auffassung mit dem Focus on Form-Ansatz durchaus teilt.*

6 Lernbereich Sprache

Abbildung 17: Zehra Çirak: *deutsche sprache gute sprache oder die denen ihnen* (1988)
(Foto: Jürgen Walter)

LERNBEREICH SPRACHE

Das Gedicht von Zehra Çirak gibt die Perspektive an, aus der die deutsche Sprache im Kontext von Deutsch als Zweit- und Fremdsprache zu betrachten ist: Bezogen auf Deutsch als Fremdsprache ist das eine Außenperspektive. Sie wird hier durch den extensiven Umgang mit Pronomen deutlich, mit dem sich Aktanten kunstvoll verschleiern lassen. Bezogen auf Deutsch als Zweitsprache handelt es sich um eine Minderheitenperspektive, die durch die Verwendung des Verbs „dienen" auf eine Hierarchie verweist. Und schließlich fokussiert das Gedicht auf ein zentrales Lernproblem, das in Abwandlung des weitverbreiteten Ausspruchs „Deutsche Sprache (ist eine) schwere Sprache" die Frage aufwirft, was denn nun gut an der deutschen Sprache ist.

Als didaktische Implikation bietet sich an, Parallelgedichte zu Çiraks Text zu schreiben, in denen das Verb „dienen" durch andere ersetzt wird. Dabei wird schnell deutlich, dass es Verben sein müssen, die den Dativ regieren, wie „helfen", „antworten" etc. Auch andere Verben sind möglich, verlangen aber weitere Eingriffe, was zur Reflexion von Verbrektion insgesamt führen kann.

Ergänzend kann die Biografie der Autorin als deutsche Autorin mit Migrationshintergrund herangezogen werden – Çirak ist als Kind türkischer Arbeitsmigranten in Karlsruhe aufgewachsen und lebt in Berlin, –, um über die Arbeitsmigration nach Deutschland oder über Deutschland als multiethnische Gesellschaft zu sprechen.

Das Beispiel zeigt, dass die traditionellen DaF-Lernbereiche, die im Folgenden einzeln abgehandelt werden, idealtypisch integriert zu betrachten sind. Doch um dies zu realisieren ist es wichtig, zunächst die jeweilige Spezifik der einzelnen Bereiche herauszuarbeiten. Für den Lernbereich Sprache ist zu klären, um welche Sprache es geht, was Kompetenzorientierung bedeutet, welche Grammatiktheorie verwendet wird und wie Sprachkompetenz ausgebildet wird.

6.1 **Sprache als Lerngegenstand**
6.2 **Besonderheiten der deutschen Sprache**
6.3 **Deutsch als Fach- und Bildungssprache**
6.4 **Sprachkompetenz als Prinzip**
6.5 **Verbindung von Wortschatz und Grammatik**

6.1 Sprache als Lerngegenstand

Im traditionellen altsprachlichen Unterricht war die Lektüre von literarischen oder philosophischen Texten im Original das erklärte Ziel. Auch im modernen Fremdsprachenunterricht ist die Lektüre von Handbüchern, Fachartikeln und literarischen Werken auf C2-Niveau, der höchsten Ebene des Gemeinsamen Europäischen Referenzrahmens (→ KAPITEL 3.3), vorgesehen. Interessanterweise werden literarische Texte erst an dritter Stelle, Fachartikel aber bereits an zweiter Stelle genannt. Daran und auch an der Beschreibung der niedrigen Niveaustufen zeigt sich, dass der moderne Fremdsprachenunterricht nicht allein eine Ausbildung in allen Sprachfertigkeiten anstrebt, sondern dabei den aktiven Sprachgebrauch in Alltagssituationen in den Vordergrund stellt. Er will die Lernenden dazu befähigen, „Fragen zur Person" (A1), „einfache, routinemäßige Situationen" (A2), „Alltagssituationen mit persönlichen Themen" (B1), „normal[e] Gespräch[e] mit Muttersprachlern" (B2) und schließlich den Austausch über „gesellschaftliche und berufliche Themen" (C1) zu bewältigen (GER 2001, Kap. 3).

Sprachgebrauch in Alltagssituationen

Dem modernen Fremdsprachenunterricht liegt eine Progression von der Alltags- zur Fachsprache zugrunde, die auf der Annahme basiert, die Alltagssprache sei einfacher als die Fachsprache beziehungsweise die Alltagssprache sei die Grundlage für die Fachsprache. Außerdem basiert sie auf der Vorstellung, das Gespräch über persönliche Belange sei motivierender für den Erwerb einer Fremdsprache als die Auseinandersetzung mit gesellschaftlichen, fachlichen und beruflichen Themen. Dem ist sicher nicht grundsätzlich zuzustimmen, denn die Lernmotivation des Einzelnen hängt davon ab, in welchem Alter und in welchem Lernkontext eine Fremdsprache erworben wird und wie hoch der Grad der Selbstbestimmung dabei ist.

Alltagssprache vor Fachsprache?

Mittlerweile werden neben allgemeinsprachlichen auch fachsprachliche Fremdsprachenkurse angeboten, wobei es auch Versuche gibt, etwa im universitären Fremdsprachenunterricht die Progression nicht von der Allgemein- zur Fachsprache zu führen, sondern direkt in die Vermittlung der Fachsprache einzusteigen (vgl. Monteiro 1997). Auch an deutschsprachigen Auslandsschulen werden Kinder sehr schnell mit fachlichen Inhalten konfrontiert, ohne dass ein jahrelanger allgemeinsprachlicher Fremdsprachenunterricht die Grundlage hätte legen können. Hier findet die Sprachbildung in der deutschen Sprache in enger Verbindung mit dem Fachlernen statt, während der sogenannte bilinguale Sach-Fachunterricht (vgl. Hermes / Klippel

2006) in der Regel erst einsetzt, wenn die Schüler bereits über ausreichende Grundlagen in der Fremdsprache verfügen.

6.2 Besonderheiten der deutschen Sprache

Im Folgenden werden die Besonderheiten der deutschen Sprache in einem Überblick dargestellt. Er orientiert sich an der Allgemeinsprache, bezieht aber auch fachsprachliche Elemente ein.

Lautung und Artikulation

Lautung und Artikulation
- Konsonantenhäufungen und -verbindungen: (He*rbst*, (du) ri*ngst*, ä*ngstl*ich
- bedeutungsunterscheidende Phonemopposition:
  - lange / kurze Vokale: H*ü*te – H*ü*tte
  - stimmloses und stimmhaftes S: le*s*en – lie*s*
  - ich- und ach-Laut: ni*ch*t – Na*ch*t
- Vokale und Laute, die es in anderen Sprachen nicht gibt: Umlaute (*ä, ü, ö*), Diphthonge (*eu, ei, au*), Nasallaute (e*ng*, E*nk*el)
- Auslautverhärtung wie in /bilt/, (er) /gap/, (sie) /mak/

Wortschatz, Wortbedeutung und Wortbildung

Wortschatz, Wortbedeutung und Wortbildung
- Komposita: Nomen + Nomen (*Papierkorb*), Verb + Nomen (*Ratespaß*), Adjektiv + Nomen (*Großstadt*)
- Vor- / Nachsilben: Vorsilben (*ein-* / *aus*packen) verändern die Bedeutung, Nachsilben (Klug*heit*, Ewig*keit*, Plan*ung*, Säug*ling*, glück*lich*, fleiß*ig*) verändern die Wortart
- Partikeln (unflektierbare Wörter):
  - Präpositionen (*auf, unter, in, trotz, wegen*)
  - Konjunktionen: verbindend (*und, oder, sowohl – als auch*), unterordnend (*weil, wenn, dass*) und nebenordnend (*denn, trotzdem*)
  - Adverbien (*gestern, dahin, oben, so, gern*)
  - Modalpartikeln (*doch, mal, ja*) zur Hervorhebung des Beziehungsaspekts
- ‚Teekesselchen' (Wörter mit unterschiedlicher Bedeutung): *Tor* als Fußballtor / Tor zur Welt. Er *geht*. Wie *geht*'s? Die Uhr *geht* vor.
- Ableitungen von Wörtern (*endlich* von *Ende*)

Formenbildung

Formenbildung
- Pluralbildung: -e (Tier*e*), -e + Umlaut (F*üße*), -er (Kind*er*), -er + Umlaut (B*ücher*), nur Umlaut (V*ögel*), -en (Frau*en*), -n (Nadel*n*), -s (Autos), Pluralkonkordanz (*ein* Kind sing*t*, *viele* Kinder sing*en*)

- Artikel (drei Genera) im Singular und im Plural:
  - bestimmt (Singular: *der/die/das* und Plural: *die* für alle Genera)
  - unbestimmt (Singular: *ein/eine* und Plural: *viele, alle* etc., Null-Artikel)
  - Possessivartikel (Singular und Plural: *mein-/dein-/sein-* etc., mei*n* Aug*e*, mein*e* Auge*n*)
  - *kein-* als Verneinung;
  - Artikeldeklination, Genuskonkordanz: *das Mädchen – sein Kleid*
- Personal- und Possessivpronomen und deren Dreigliedrigkeit:
  - Singular (*er/sie/es – sein/ihr/sein*)
  - Plural (*wir/ihr/sie – unser/euer/ihr*), wobei auch lautgleiche Formen (*sie, meine Tasche/n*) vorkommen
  - eingliedrige Höflichkeitsform (*Sie – Ihr*).
- Präposition + Kasus (*ohne* + Akkusativ, *mit* + Dativ, *wegen* + Genitiv), Wechselpräpositionen: *wo* + Dativ: in *der* Stadt,
  wohin + Akkusativ: in *die* Stadt
- Adjektivdeklination in Abhängigkeit von der Art des Artikels (*der* schön*e* Vogel, *ein* schön*er* Vogel)
- Deklination von Nomen und Pronomen: Er sieht *den* Vogel, die Tasche gehört *ihr*, das Handy *seines Freundes* klingelt.
- Verben: Konjugation, v. a. Flexionsformen mit Umlaut (tr*a*gen, tr*ä*gt) trennbare/untrennbare Verben (*vorsingen, wiederholen, übersetzen*)
  Zeiten: a) regelmäßige Verben: Suffix -t im Präteritum;
  Vorsilbe ge- und Suffix -t im Partizip (*sagen, sagte, gesagt*),
  b) unregelmäßige Verben: Veränderung des Stammvokals (s*i*ngen, s*a*ng, ges*u*ngen), verschiedene Stammvokale + Endungen regelmäßiger Verben (n*e*nnen, n*a*nnte, gen*a*nnt)
  - Modalverben (*wollen, können, sollen, müssen, dürfen*)
  - Hilfsverben *haben* und *sein* im Perfekt (ich *bin* gelaufen) und Plusquamperfekt (ich *war* gelaufen) sowie *werden* im Futur (er *wird* trainier*en*) und Passiv (er *wird* trainier*t*).

Satzbau

- Verbstellung in Haupt- und Nebensatz:
  - Zweitstellung des finiten Verbs im Aussagesatz (Sie *lernt* Deutsch), auch im Falle der Inversion (Umkehrung der üblichen Satzstellung Subjekt-Verb in Verb-Subjekt bei vorangestelltem Satzteil (In der Schule *lernt* sie Deutsch));

LERNBEREICH SPRACHE

- Verbklammer (Er *will* unbedingt Deutsch *lernen*)
- Verbendstellung im Nebensatz (..., damit er Deutsch *lernt*)
- Am Satzanfang steht in der Regel das Subjekt oder Mittel, mit dem man an vorige Äußerungen anknüpft (*Danach arbeiten wir weiter.*) oder die man besonders betonen möchte (*Den Rock ziehe ich nicht an.*)
- Bildung von Fragen mit Fragepronomen (*Wer, wann, wo, warum* etc.), durch ein Verb in Erststellung (*Lernst du auch Deutsch?*) oder Intonation

Rechtschreibung

Rechtschreibung
- Laut-Buchstaben-Zuordnung: Konsonantenhäufung, s-Laute und s-Verbindungen, Verdoppelung, Dehnungs-h, Dehnungs-e und im Fachkontext *y, th, ph*
- Unterschiede zwischen Geschriebenem und Gesprochenen: z wird /ts/ gesprochen (*Zahn, Weizen*), Auslautverhärtung b, d, g wird /p/, /t/, /k/ (*Grab, bald, Tag*) geschrieben;
- unterschiedliche Schreibung gleich klingender Wörter (*Lied – Lid*)
- Ablautung bei Tempusänderung (*ich lese, ich las*), Auslautveränderungen bei Tempusänderung (*ich esse – aß, ich komme – kam*)
- Groß- und Kleinschreibung, Nominalisierungen (etwas *Schönes*, zum *Laufen*)
- Kommasetzung
- Fremdwörter, Internationalismen (ggf. im Unterschied zur Erstsprache)

Besonderheiten in Fachtexten

Besonderheiten in Fachtexten
- Lexikalische Merkmale:
  - Fremdwörter, Abstrakta, Ober-/Unterbegriffe,
  - mehrgliedrige Komposita (*Grundwasserspiegel*),
  - Verben mit komplexen Bedeutungsstrukturen,
  - fachsprachlich relevante Prä-/Suffixe: *dis*qualifiziert, Fik*tion*, *ver*kraften
- Syntaktische Merkmale:
  - Passiv (Getreide *wird gemahlen*), Passiversatzformen (*man, es*), Verben mit passivischer Bedeutung (*erhalten, bekommen, erfolgen*)
  - Funktionsverbgefüge (*zur Anwendung kommen*)
  - Partizipialkonstruktionen: *verfremdend* (Part. I), *verfremdet* (Part. II)
  - Nominalisierungen: *Die Herstellung eines Autos ...*

- Genitivattribute: Es bedarf *einer Neuregelung.*
- Präpositionalattribute: *über ein Ereignis* berichten
- Bedingungssätze: *wenn (– dann), hoffentlich – sonst, je mehr – um so*
- Proformen: Pronomen (*diese, jene*), Proformen für Satzglieder (*dadurch, dabei, dort*), Signale für logische Verknüpfungen (*jedoch, aber, sodass etc.*)
- Merkmale des Sprachhandelns: keine Erzählstruktur, sondern unpersönlich, meist ohne Identifikationsmöglichkeit), deskriptiv, analytisch, verallgemeinernd, unmittelbare Text-Leser-Kommunikation.

6.3 Deutsch als Fach- und Bildungssprache

Fachsprache meint in Anlehnung an den Fremdsprachdidaktiker Lothar Hoffmann „die Gesamtheit aller sprachlichen Mittel, die in einem fachlich begrenzbaren Kommunikationsbereich verwendet werden, um die Verständigung zwischen den in diesem Bereich tätigen Menschen zu gewährleisten" (Hoffmann 1976, S. 170). Konkret bedeutet das einen terminologisch normierten Fachwortschatz, den differenzierten Gebrauch von komplexen Wörtern (z. B. Komposita, Präfix- und Suffixbildungen), unpersönlichen Konstruktionen (Passiv, Reflexiv- und Infinitivkonstruktionen) und die Neigung zur Formulierung im Nominalstil (→ KAPITEL 14.3), der mit der Deverbalisierung, das heißt der Verlagerung der Information vom verbalen in den nominalen Bereich, einhergeht. Deutlich wird dies in einer Aussage wie *Das aufgebrauchte Budget führt zur Aufnahme neuer Schulden*, in der die zentralen Informationen in der Nominalphrase (*das aufgebrauchte Budget*) und der Präpositionalphrse (*zur Aufnahme neuer Schulden*) stehen und das Verb (*führen*) nur eine verbindende Funktion übernimmt.

Nominalstil

Ein zweites Merkmal sind spezifische Textsorten wie Versuchsprotokolle im naturwissenschaftlichen Unterricht, Quellentexte und Grafiken im sozialwissenschaftlichen Unterricht, Text- und Sachaufgaben im Mathematikunterricht, Erörterung und literarische Textanalysen im (muttersprachlichen) Sprachunterricht etc. Eng verbunden damit sind die Denk- und Mitteilungsstrukturen des Faches, die sich zusätzlich in Formeln beziehungsweise formalhaften Wendungen, verschiedenen Symbolisierungsebenen und rhetorischen Mittel ausdrücken.

Spezifische Textsorten

LERNBEREICH SPRACHE

Deutsch als Bildungssprache

Konzeptionelle Schriftlichkeit

Konzeptionelle Mündlichkeit

Für Kinder mit Deutsch als Zweitsprache wird diese sprachliche Herausforderung jenseits der Alltagssprache zunehmend mit dem Begriff Bildungssprache (vgl. Fürstenau 2009) gefasst. Sara Fürstenau beschreibt diese Sprache als konzeptionell schriftlich. Konzeptionelle Schriftlichkeit meint eine Sprache der Distanz mit vergleichsweise größerer Informationsdichte, Elaboriertheit und Planung; sie kann auch in medial mündlich realisierter Sprache wie einem Vortrag verwendet werden. Konzeptionelle Mündlichkeit, die sich auch in medial schriftlich präsentierter Sprache wie z. B. im Chat findet, bezeichnet dagegen eine Sprache der Nähe mit entsprechend geringerer Informationsdichte, Elaboriertheit und Planung (vgl. Koch/Oesterreicher 1985). Mittlerweile ist diese Unterscheidung umstritten, legt sie doch eine Hierarchie zwischen beiden Präsentationsformen und die anzuleitende Entwicklung von der mündlichen zur schriftlichen Sprache nahe. Zwar unterscheiden sich die Merkmale gesprochener und geschriebener Sprache, aber es ist nicht anzunehmen, dass ein (mit Mängeln behafteter) geschriebener Text konzeptionell mündlich oder ein (elaboriert formulierter) mündlicher Text konzeptionell schriftlich verfasst sei. Vielmehr entsprechen beide mündlicher beziehungsweise schriftlicher Sprache, die unterschiedlich komplex realisiert wird (vgl. Spiegel/Kleinberger Günter 2006).

Situationsgebundene und akademische Sprache

Hilfreicher ist die Unterscheidung zwischen situationsgebundenen Sprachfertigkeiten einerseits und akademischer Sprachfähigkeit andererseits. Situationsgebundene Sprachfertigkeiten ermöglichen es, über die Intonation oder nonverbales Verhalten Bedeutungen über den Kontext sowie eigene soziale und kulturelle Erfahrungen zu erschließen; bei der akademischen Sprachfähigkeit werden Bedeutungen aus rein sprachlichen Informationen erschlossen, was eine höhere Sprachkompetenz (vor allem Grammatikkenntnis) voraussetzt. Aussagen wie *Morgen rufe ich dich an* beziehungsweise *Morgen werde ich angerufen* können nicht aus der Situation, sondern nur aus der Analyse von Futur beziehungsweise Passiv verstanden und produziert werden. Auch einfache Aussagen wie *Gib mir dein/sein/ihr Buch!* fordern grammatische Kompetenzen und sind nicht allein aus der Situation heraus zu verstehen.

Bildungssprache zeichnet sich durch sprachliche Mittel und Strukturen aus, mit denen komplexe und abstrakte Inhalte unabhängig von der konkreten Interaktionssituation ausgedrückt werden können. Sie ermöglicht einen „vertikalen (kontextentbundenen) Diskurs" (Bernstein 1971) und schulspezifische Sprachhandlungen wie erklären, Fragen stellen und beantworten, argumentieren etc.

6.4 Sprachkompetenz als Prinzip

In den Fachdidaktiken herrscht Einigkeit darüber, dass Kompetenzen im fachlichen Kontext genauer zu bestimmen sind, es also nicht reicht – wie etwa im pragmatisch-funktionalen Kompetenzmodell nach Albert Bandura (vgl. Bandura 1979) – von Sach-, Methoden-, Sozial- und Personalkompetenz als fachunabhängigen oder fachübergreifenden Bereichen zu sprechen. Stattdessen ist genauer zu beschreiben, was – wenn dieses Modell Anwendung findet – unter den einzelnen Kategorien im jeweiligen Fach zu verstehen ist. Für Deutsch als Zweit- und Fremdsprache sind Kompetenzmodelle ergiebiger, die sich direkt mit Sprache befassen oder aber für den Spracherwerb adaptierbar sind. Pragmatisch-funktionales Kompetenzmodell

Noam Chomsky, der in den 1960er-Jahren die generative Grammatik begründet hat, unterscheidet zwischen Performanz und Kompetenz: Performanz meint die konkrete Realisierung von Sprache in einer bestimmten Situation durch einen individuellen Sprecher, bezeichnet also den Sprachgebrauch. Kompetenz meint das theoretisch rekonstruierte Regelsystem, das empirisch vorfindliches Sprachverhalten, also die Performanz, erzeugt. Damit ist Chomsky einer der ersten, der sich der Grammatik nicht normativ, sondern deskriptiv zuwendet und aus dem Sprachverhalten auf das zugrunde liegende Sprachsystem schließt. (Sprach-)Kompetenz wird demzufolge aus dem Sprachgebrauch rekonstruiert und muss den Lernenden nicht unbedingt bewusst sein. Verfolgt der Sprachunterricht Kompetenz als Ziel, so bedeutet dies, dass die Lernenden aus ihrem oder dem Sprachverhalten allgemein heraus das Sprachsystem rekonstruieren, sich dieses bewusst machen. Performanz und Kompetenz

Der Kognitionspsychologe Jean Piaget, der sich mit der Entwicklung der Logik bei Kindern beschäftigt hat, beschreibt Kompetenz strukturgenetisch als Stufen der kognitiven Entwicklung, die Kinder natürlicherweise durchlaufen. Er unterscheidet zwei komplementäre funktionale Prozesse der kognitiven Anpassung (Adaptation) des Individuums an seine Umwelt: Assimilation als Anpassung des eigenen Verhaltens an die Außenwelt und Akkomodation als Anpassung der Außenwelt an das eigene Verhalten. Entscheidend für unseren Kontext ist die Formulierung fester Erwerbsphasen beziehungsweise Niveaustufen, auf deren Folie die bereits erreichte Kompetenz der Lernenden erfasst werden kann. Für den Zweit- und Fremdspracherwerb stellt Wilhelm Grießhabers Profilanalyse (→ KAPITEL 4.1) solche empirisch ermittelten Erwerbsphasen bereit, um den erreichten Sprachstand zu diagnostizieren. Die im Erwerbsprozess üblichen Phasen sind allerdings nicht mit den Anforderungsbereichen zu verwechseln, die etwa der Referenzrahmen Strukturgenetisches Kompetenzmodell vorgibt oder die in Bildungsplänen verankert sind, denn diese formulieren die erwarteten Leistungen.

Franz Weinert hat 1999 in einem Gutachten für die OECD (Organisation für wirtschaftliche Zusammenarbeit und Entwicklung) verschiedene Kompetenzdefinitionen aufgezeigt und 2001 die heute in Deutschland geltende Definition geliefert: Kompetenz meint bei Individuen verfügbare oder von ihnen erlernbare kognitive Fähigkeiten und Fertigkeiten, bestimmte Probleme zu lösen, sowie die damit verbundenen motivationalen, volitionalen und sozialen Bereitschaften und Fähigkeiten, die Problemlösungen in variablen Situationen erfolgreich und verantwortungsvoll nutzen zu können (vgl. Weinert 2001, S. 27f.). Betont werden die Erlernbarkeit, die situative Einbindung und auch eine ethisch-politische Dimension. Vor allem der Hinweis auf die Motivation, den Willen und die Bereitschaft spricht die Autonomie und Entscheidung des Lernenden an, Kompetenz zu erwerben oder eben nicht. Hinzu kommt die in der Didaktik traditionell übliche Unterscheidung zwischen Fähig- und Fertigkeit oder anders formuliert: zwischen Wissen und Können.

Kognitionspsychologisches Kompetenzmodell

Vor allem der Bereich des Wissens wird im Kompetenzbegriff der Pädagogischen Psychologie von Heinz Mandl, Helmut Friedrich und Aemilian Hron (vgl. Mandl/Friedrich/Hron 1986) weiter ausdifferenziert als deklaratives, Problemlösungs-, prozedurales und metakognitives Wissen. Die einzelnen Wissensbereiche sind durchaus mit den Kompetenzbereichen des pragmatisch-funktionalen Kompetenzmodells vergleichbar (s. o.):

Ausdifferenzierung der Wissensbereiche

- Deklaratives Wissen als spezifisches Wissen in einem Gegenstandsbereich lässt sich auch als Sachkompetenz bezeichnen.
- Problemlösungswissen als spezifisches Wissen über Methoden zur Erkenntnisgewinnung und deren Beherrschung ist eng mit Methodenkompetenz verbunden.
- Prozedurales Wissen als das Beherrschen von Routinen basiert auf Methodenkompetenz, findet aber keine Entsprechung im pragmatisch-funktionalen Kompetenzmodell.
- Dafür bezeichnen Problemlösungs- und prozedurales Wissen das spezifische Können in einem Inhaltsbereich.
- Metakognitives Wissen als spezifisches Wissen des Subjekts, wie man und wie es sich im Gegenstandsfeld bewegt, entspricht der Personal- und punktuell auch der Sozialkompetenz, denn diese Kategorie ist geeignet, die volitionalen, motivationalen und sozialen Faktoren, die Weinert betont, zu integrieren: sie gehören „zum subjektiven Bewusstseinspotential, das reflexiv aufbereitet werden muss" (Ossner 2006, S. 11).

SPRACHKOMPETENZ ALS PRINZIP

Abbildung 18: Dreidimensionales Kompetenzmodell (in Anlehnung an Jacob Ossner 2006, S. 15)

Diese Differenzierung bringt der Deutschdidaktiker Jacob Ossner dazu, folgende drei Kompetenzdimensionen zu unterscheiden: deklaratives Wissen, Problemlösungs- und prozedurales Können und metakognitive Bewusstheit. Er entwickelt für den Muttersprachenunterricht ein dreidimensionales Kompetenzmodell (→ ABBILDUNG 18), das neben den genannten Kompetenzdimensionen und den Anforderungsbereichen auch die Kompetenzinhalte festhält.

Die Kompetenzbereiche für Deutsch als Fremd- und Zweitsprache können aus dem Gemeinsamen Europäischen Referenzrahmen (→ KAPITEL 3.3) abgeleitet werden. Dann entsprächen die Niveaustufen A1 bis C2 den Anforderungsbereichen, die Kompetenzbereiche wären Verstehen (Hören, Lesen), Sprechen (am Gespräch teilnehmen, zusammenhängend sprechen) und Schreiben. Die Kompetenzdimensionen sind nicht genauer spezifiziert, fokussieren durch die formulierten Can-Do-Standards allerdings auf (Sprach-)Können und weniger auf (Sprach-)Wissen oder (Sprach-)Bewusstheit.

In → ABBILDUNG 18 werden die Bildungsstandards für den (erstsprachlichen) Deutschunterricht (vgl. KMK 2003) und den Fremdsprachenunterricht (womit im deutschen Bildungssystem Englisch und Französisch gemeint sind; vgl. KMK 2004) genannt, um die unterschiedlichen Akzentsetzungen des erst- und fremdsprachlichen Un-

Kompetenzbereiche des erst- und fremdsprachlichen Unterrichts

terrichts aufzuzeigen. Denn diese sind zumindest im Blick auf Deutsch als Zweitsprache relevant. Es fällt auf, dass im Deutschunterricht genau wie im Referenzrahmen die klassischen sprachlichen Fertigkeiten genannt werden, im Deutschunterricht allerdings zusätzlich der Sprachreflexion große Bedeutung beigemessen wird.

Sprachreflexion Sprachreflexion zielt darauf, implizite Sprachbewusstheit in explizites Sprachbewusstsein zu überführen. Um dies zu erreichen, bedarf es einer kognitiven, reflexiven und auf den Gebrauch einer metasprachlichen Begrifflichkeit basierenden Beschäftigung mit Sprache/n, ihren Formen, Strukturen, Funktionen sowie ihrem Gebrauch (vgl. Andresen / Funke 2003). In der Regel wird dies im erstsprachlichen Unterricht erst praktiziert, nachdem die Schüler die zu betrachtenden Phänomene bereits erworben haben. Natürlich entwickeln auch DaZ-Schüler eine – wenn auch von der ihrer DaM-Mitschüler zu unterscheidende – implizite Sprachbewusstheit, die explizit gemacht und entfaltet werden soll. Allerdings sind hier grundlegendere Phänomene zu berücksichtigen und es ist eine Verbindung von Sprachvermittlung und Sprachreflexion anzustreben.

Im Fremdsprachenunterricht werden die sprachlichen Fertigkeiten dagegen unter die „funktionale kommunikative Kompetenz" (→ ABBILDUNG 19) subsumiert und im Vergleich zum Referenzrahmen um **Sprachmittlung** „Sprachmittlung" ergänzt. Gemeint ist damit neben Übersetzen und Dolmetschen auch das sinngemäße Übertragen von Informationen und Inhalten von einer Ausgangssprache in eine Zielsprache. Dieser

Funktionale kommunikative Kompetenzen	
Kommunikative Fertigkeiten	Verfügung über die sprachlichen Mittel
Hör- und Hör-/Sehverstehen – Leseverstehen – Sprechen (an Gesprächen teilnehmen, zusammenhängendes Sprechen) – Schreiben – Sprachmittlung	Wortschatz – Grammatik – Aussprache und Intonation – Orthografie
Interkulturelle Kompetenzen	
soziokulturelles Orientierungswissen – verständnisvoller Umgang mit kultureller Differenz – praktische Bewältigung interkultureller Begegnungssituationen	
Methodische Kompetenzen	
Textrezeption (Leseverstehen und Hörverstehen) – Interaktion – Textproduktion (Sprechen und Schreiben) – Lernstrategien – Präsentation und Mediennutzung – Lernbewusstheit und Lernorganisation	

Abbildung 19: Kompetenzbereiche der ersten Fremdsprache in der Sekundarstufe I (KMK 2004)

Bereich spielt auch im DaF-Unterricht eine Rolle: etwa wenn Texte aus der Erst- oder einer anderen Fremdsprache ins Deutsche oder aber deutsche Texte in die Erstsprache übertragen werden, wenn deutsche Filme mit erstsprachlichen Untertiteln gezeigt und über die Qualität der Übertragung gesprochen wird oder wenn im Internet Seiten zu ähnlichen Themen in den verschiedenen Sprachen verglichen werden. Dabei spielen auch kulturelle Aspekte eine große Rolle, die nicht nur die Darstellung, sondern auch die Bewertung bestimmter Verhaltensweisen oder Ereignisse prägen und Übertragungen von Begriffen wie Ehre, Liebe etc., moralisch-ethischer Vorstellungen oder auch von Humor zu einer interkulturellen Herausforderung machen.

Kulturelle Aspekte

Das gilt in besonderer Weise für DaZ-Lernende, die nicht einfach die deutsche Entsprechung ihnen bekannter Begriffe rund um die Familie oder Schule, sondern auch die damit verbundenen Vorstellungen (kennen-)lernen (müssen). Für einen erfolgreichen Schulbesuch sollte ihnen und ihren Eltern klar werden, welches Verständnis von Schule herrscht, wie die Aufgaben zwischen Schule und Elternhaus verteilt sind und – falls das mit ihren Vorstellungen kollidiert – wie das möglichst in gegenseitiger Akzeptanz zusammengebracht werden kann.

Gegenseitige Akzeptanz

Hinzu kommen interkulturelle und methodische Kompetenzen. Was unter „Interkulturelle Kompetenzen" gefasst wird, verweist weniger auf den Lernbereich Sprache als vielmehr auf den Lernbereich Landeskunde und wird deshalb dort erörtert (→ KAPITEL 9). Hervorzuheben sind die methodischen Kompetenzen, die sich auf das Lernen beziehen, vor allem Lernstrategien. Neben kognitiven Strategien zur Erarbeitung, Strukturierung und Nutzung von Wissen gibt es metakognitive Strategien, um bereits vorhandenes Wissen zu überprüfen und neue Fakten einzuordnen. Bezogen auf den Erwerb einer Fremdsprache unterstützen kognitive Strategien den Erwerb und den Gebrauch neuer Sprachmittel und Strukturen. Metakognitive Strategien finden Anwendung, wenn der eigene Sprachgebrauch überprüft und entfaltet wird. Dies ist auch für DaZ-Lernende und ihre Lehrkräfte von großer Bedeutung, um den eigenen beziehungsweise den (Zweit-)Sprachlernprozess von Schülern zu unterstützen.

Sprachlernstrategien

6.5 Verbindung von Wortschatz und Grammatik

In der Fremdsprachdidaktik mehren sich die Anzeichen für eine Weiterentwicklung von der kommunikativen zur kognitiven Wende

(→ KAPITEL 5), wonach nicht mehr nur Sprachkönnen als Ziel angestrebt wird, sondern das Wissen über Sprache (wieder) in den Vordergrund rückt. Dazu gehört auch, dass die Dichotomie (Trennung) zwischen Grammatik und Wortschatz überdacht und beides in einem erweiterten Grammatikbegriff zusammengeführt wird (vgl. Krenn 2001, S. 60ff.). Nach Wilfried Krenn verlaufen Wortschatz- und Grammatikarbeit nicht mehr getrennt, sondern werden in einer „grammatikalisierten Lexik" miteinander verbunden. Grammatikalisierung meint die Überführung von Sprache in das grammatische System, Lexikalisierung die Eintragung eines sprachlichen Ausdrucks in das Lexikon, wo er als Ganzes ohne weitere Analyse abgerufen werden kann. Vertreter der grammatikalisierten Lexik grenzen sich von einer „lexikalisierten Grammatik" ab, in der grammatische Regeln (z. B. das Kasussystem) als Ganzes abgespeichert werden und entsprechend oft auch nur als geschlossene Einheit (z. B. als Deklinationspattern: *der Mann, des Mannes, den Mann, dem Mann* etc.) wieder abrufbar sind. In der grammatikalisierten Lexik würde dagegen der verwendete Kasus im Kontext gespeichert werden – z. B. als *Auto des Mannes* oder als *Frage an einen/den Mann*.

Im Konzept des „lexical approach" von Michael Lewis (vgl. Lewis 2003) stehen lexikalische Aspekte im Vordergrund, die Grammatik hilft, deren Bedeutungen und Inhalte zu strukturieren. Vermittelt werden Wortgruppen, sogenannte „chunks", die inhaltlich zusammengehören und als Einheit gelernt werden, etwa

- Kollokationen (enge Verbindungen: *dunkle Nacht, Tag – hell, günstige Gelegenheit, nach/zu Hause*),
- feste und halbfeste Redewendungen (*viel Glück, ein offenes Ohr haben, Haus und Hof*) oder
- Kontraktionen (*zum, am, wie geht's*), die auseinandergenommen werden, um die dahinter verborgenen Strukturen zu ermitteln.

Hinzu kommen Wörter, die im Kontext ihrer syntagmatischen Relationen vermittelt werden wie

- Konjunktionen (*und, oder, denn, weil, sondern – auch*) als Bindeglieder innerhalb eines Satzes oder zwischen Sätzen,
- Präpositionen (*kurz vor Schluss, zwischen den Jahren*), die integriert in eine Präpositionalphrase den Kasus, den die Präposition verlangt, gleich mitliefern,
- oder Modalpartikeln (*doch, halt,* ich bin *vielleicht* schusselig), deren Bedeutung meist nur im Kontext zu erfassen ist.

In der Deutschdidaktik wird neben der Grammatikalisierung auch über die Textualisierung (vgl. Feilke 2001) z. B. von Konjunktionen und Partikeln nachgedacht, das heißt, dass Wörter beziehungsweise Wortgruppen nicht nur in einen syntaktischen, sondern auch in einen textlinguistischen Zusammenhang gestellt werden. Zeitadverbien werden also im Zusammenhang mit dem Tagesablauf, lokale Präpositionalphrasen im Kontext einer Bildbeschreibung vermittelt. Die Grammatikalisierung (und Textualisierung) des Wortschatzes und damit auch der Wortschatzarbeit ist für Deutsch als Zweitsprache ebenfalls von großer Bedeutung, denn DaZ-Lernende werden im deutschsprachigen Fachunterricht in der Regel mit Wörtern konfrontiert, die in Phrasen, Sätze oder Texte eingebunden sind, und können ihren Inhalt oft nicht allein auf semantischer Ebene, sondern über die Analyse der strukturellen und funktionalen Ebene ermitteln. Das gilt insbesondere für den Strukturwortschatz (Artikel, Pronomen, Präpositionen, Konjunktionen etc.), aber durchaus auch für den Inhaltswortschatz (Nomen, inhaltstragende Verben, Adjektive etc.), wenn etwa der Kontext über die Bedeutung eines ‚Teekesselchens' entscheidet.

Grammatikalisierung und Textualisierung von Wortschatzarbeit

Allerdings darf die Grammatikalisierung lexikalischer Aspekte nicht nur von den der Wortgruppe zugrunde liegenden Strukturen aus geplant werden, sondern sie muss einer am natürlichen Erwerb orientierten Progression dessen genügen, was einer grammatischen Betrachtung zugeführt werden soll. Folgende Auswahlkriterien bieten eine Unterstützung (vgl. Schlak 2003):

Auswahlkriterien grammatischer Inhalte

- Lernbedürfnisse: Wer seinen Urlaub im deutschsprachigen Raum verbringen will, braucht sicher weniger elaborierte Sprachstrukturen als jemand, der dort im Dienstleistungssektor arbeiten möchte.
- Lernbarkeit von Regeln: neben einfachen Regeln wie die Konjugation regelmäßiger Verben gibt es schwierige Regeln wie die der unregelmäßigen Verben; hilfreich sind hierfür Auffälligkeiten bezogen auf leicht zu übersehende Phänomene wie etwa die die Bildung des Perfekts von Verben auf -ieren wie *telefonieren, reformieren* etc.
- Häufigkeit, Zuverlässigkeit und Reichweite von Regeln: Die Pluralbildung ist im Deutschen sehr komplex, deshalb haben die einzelnen Regeln nur eine geringe Reichweite. Die Regeln der Verbstellung im deutschen Satz sind dagegen überschaubar, zuverlässig und haben eine sehr hohe Reichweite. Sie zu vermitteln ist demzufolge sinnvoll.

Das Ziel des modernen Grammatikunterrichts ist die Vermittlung von möglichst wenigen, aber tragfähigen Regeln, die die Lernenden selbst entdecken können und die für ihren Sprachgebrauch eine möglichst große Reichweite haben.

Fragen und Anregungen

- Erklären Sie die Regeln der Verbstellung im deutschen Satz. Finden Sie weitere Beispiele für die Wortbildung mittels Prä- und Suffixen. Zeigen Sie Beispiele für den Nominalstil innerhalb dieses Kapitels.
- Erklären Sie Sprachreflexion und Sprachmittlung.
- Nennen Sie Sprachlernstrategien.
- Erörtern Sie die Vor- und Nachteile eines dreidimensionalen Kompetenzmodells. Was wäre die Alternative?
- Analysieren Sie folgenden Lehrbuchtext hinsichtlich seiner fachsprachlichen Elemente:

  „Der Hund ist Fleischfresser
  Während die Welpen heranwachsen, entwickelt sich ihr Gebiss vollständig. Sein Aufbau entspricht einem *Fleischfressergebiss*. Die langen, spitzen Eckzähne überragen die übrigen Zähne. Sie heißen *Fangzähne*, da sie bei der Jagd zum Ergreifen und Festhalten der Beute dienen. Die jeweils größten Backenzähne im Ober- und Unterkiefer besitzen scharfkantige Höcker und werden als *Reißzähne* bezeichnet. Sie arbeiten bei der Bewegung des Unterkiefers gegen den Oberkiefer wie eine Schere. Auf diese Weise können größere Fleischstücke zerkleinert werden. Die hinteren Backenzähne eignen sich auch zum Zermalmen nicht allzu grober Knochen. Mit den flachen Schneidezähnen werden Fleischreste von den Knochen abgeschabt." (Natura 5/6. Klett 2006, S. 68–69)

Lektüreempfehlungen

- Eva Burwitz-Melzer (Hg.): Sprachen lernen – Menschen bilden. Dokumentation zum 22. Kongress für Fremdsprachendidaktik der Deutschen Gesellschaft für Fremdsprachenforschung (DGFF), Baltmannsweiler 2008. *Die Dokumentation des 22. Kongresses für Fremdsprachendidaktik der Deutschen Gesellschaft für Fremdsprachenforschung (DGFF) zum Thema „Sprachen lernen – Menschen bilden" behandelt u. a. Aspekte wie die adressatengerechte Förderung der Hörverstehenskompetenz, Fremdsprachen in der Berufswelt und Aufgabenentwicklung.*

- Brigitte Handwerker / Karin Madlener: Chunks für DaF. Theoretischer Hintergrund und Prototyp einer multimedialen Lernumgebung, Baltmannsweiler 2009. *Die Autorinnen befassen sich mit Chunk-Lernen und zeigen, dass durch das Speichern von situationseingebetteten Sequenzen eine Lerner-Datenbasis für die grammatische Abstraktion geschaffen wird, Chunk-Angebote also als Instrument für die Förderung der lexikalisch-grammatischen Kompetenz geeignet sind. Am Beispiel von ‚Multimedia-Chunks' zu Verbklassen und Partizipien werden multimediale Input-Angebote vorgestellt, explizite Wissensbestände (Grammatik, Verblexikon, Konstruktionsangaben etc.) zur Fokussierung der Aufmerksamkeit und Unterstützung der kognitiven Inputverarbeitung genannt sowie interaktive Aufgaben und Übungen mit verschiedenen Korrektur- und Feedbackfunktionen vorgestellt.*

- Stefan Jeuk: Deutsch als Zweitsprache in der Schule. Grundlagen – Diagnose – Förderung, Stuttgart 2010. *In dem Band erhalten Lehrkräfte aller Schularten Anregungen, wie Kinder mit Deutsch als Zweitsprache unterstützt werden können. Neben theoretischen Grundlagen werden pädagogische und didaktische Modelle sowie Methoden der Sprachförderung und des Sprachunterrichts vorgestellt.*

- Andreas Müller-Hartmann / Marita Schocker-von Ditfurth (Hg.): Aufgabenorientierung im Fremdsprachenunterricht, Tübingen 2005. *In diesem Sammelband stehen in Anlehnung an konstruktivistische Lerntheorien Aufgabenformate und Unterrichtskonzepte im Vordergrund, die autonomes, selbstbestimmtes Lernen unterstützen.*

7 Lernbereich Literatur

Franz Kafka
Kleine Fabel (1931)
„Ach", sagte die Maus, „die Welt wird enger mit jedem Tag.
Zuerst war sie so breit, daß ich Angst hatte, ich lief weiter und war
glücklich, daß ich endlich rechts und links in der Ferne Mauern sah,
aber diese langen Mauern eilen so schnell aufeinander zu, daß ich
schon im letzten Zimmer bin, und dort im Winkel steht die Falle, in
die ich laufe." –
„Du mußt nur die Laufrichtung ändern", sagte die Katze
und fraß sie.

Abbildung 20: Zeichnungen von Berliner Schülern (zu Franz Kafka: *Kleine Fabel*, 1931)

Die Schülerzeichnungen basieren auf der Aufgabe: Zeichnet ein Bild zu dem Text! Die rechte Zeichnung stammt von Mädchen, die linke von Jungen. Bei den Jungen fällt auf, dass sie den Text aus der Perspektive der Katze visualisiert haben und damit der Maus keinerlei Chance einräumen. Daran ließe sich über geschlechtsspezifische Sichtweisen sprechen, die offensichtlich vorliegen, wenn man die Zeichnung der Mädchen hinzuzieht, die der Maus die Chance eröffnen zu fliehen. Betrachtet man die Zeichnungen ausschließlich auf der Bildebene, so lässt sich fragen, ob die Mädchen den Text überhaupt richtig verstanden haben. Bezieht man aber die Sachebene ein, so liegt hier eine Deutung vor, die Falle und Katze als Synonyme interpretiert und der Maus eine Mitschuld an ihrem Tod suggeriert, wenn man den Nachsatz „und fraß sie" wörtlich nimmt wie die Jungen.

So liefern die Schülerzeichnungen einen Anhaltspunkt, über das Kafkaeske des Textes (das Spannungsverhältnis zwischen sprachlich-grammatischer Präzision und inhaltlicher Rätselhaftigkeit sowie der prinzipiellen Unabschließbarkeit des Gleichnisses) zu sprechen.

Literatur findet erst durch Leser ihre Bestimmung. Das gilt in besonderem Maße für Unterricht, in dem Lernende sich mit Literatur befassen. Es gilt, sie zur Auseinandersetzung mit der Literatur anzuregen. Ausgewählt wurde hier ein kurzer parabolischer Text mit einer Bild- und einer Sachebene. Die Bildebene bezieht sich auf das direkt Gesagte, den Handlungsablauf, und ist hier mit sprachlich einfachen Mitteln realisiert, was einen Einsatz auch im Fremdsprachenunterricht auf einer vergleichsweise niedrigen Stufe ermöglicht. Sehr viel komplexer ist dagegen die Sachebene, das indirekt Gesagte, das zu Deutende oder auch das zu Dekonstruierende, und dies gilt es in jedem, auch dem fremdsprachlichen Literaturunterricht zu entfalten.

Die Frage ist, welche Verfahren sich für ein solches Vorgehen eignen, welche Literatur sich hierfür eignet und welche Rolle interkulturelle Ansätze spielen.

7.1 **Literatur als Lerngegenstand**
7.2 **Literarische Bildung als Prinzip**
7.3 **Produktive Verfahren und textnahes Lesen**
7.4 **Kriterien für die Literaturauswahl**

7.1 Literatur als Lerngegenstand

Literatur lässt sich auf zwei Ebenen definieren: Auf der Präsentationsebene hat sich mittlerweile ein weiter Literaturbegriff durchgesetzt, das heißt, dass Texte, Filme, Hörbücher, Theater etc., also visuelle (zum Lesen), auditive (zum Hören) und audiovisuelle Präsentationsformen gleichermaßen einbezogen werden. Bezogen auf die Modalität wird literarische von pragmatischer Literatur abgegrenzt, weil Literatur eben einen nicht-pragmatischen Diskurs initiiert.

Literatur lässt sich zunächst als aktualisierender Sprachgebrauch definieren (vgl. Culler 2002, S. 44ff.). Gemeint ist damit, dass Literatur Sprache in gewisser Weise ‚festschreibt', indem sie sie kreativ nutzt, hinterfragt, offenbart oder auch neu schöpft. Das muss nicht normierend sein, sondern kann auch eine demokratisierende Funktion übernehmen wie etwa im ausgehenden 19. Jahrhundert, als Gerhard Hauptmanns soziales Drama *Die Weber* (1893) den Dialekt literaturfähig gemacht hat, oder im ausgehenden 20. Jahrhundert, als Feridun Zaimoğlus migrationsliterarisches Werk *Kanak Sprak* (1995) den Ethnolekt für die Literatur entdeckte. Vor allem in migrationsliterarischen Texten wird die deutsche Sprache aus fremder Perspektive betrachtet, es kommt zu mehrsprachigen Texten wie in folgendem Gedicht des Italieners Gino Chiellino:

Literatur ist aktualisierender oder interlingualer Sprachgebrauch

> Gino Chiellino: e paroe (1987)
>
> e paroe
> eranu de nostre
> e cu ille a vita
>   poi la lingua
>   se fece diversa
>   e la vita era
>   quella degli altri
> zu einer Fremdsprache
> wurde das Leben
> in der Fremde gehört es
> uns wieder

Wenn Emine Özdamar türkische Sprichwörter, Koransuren etc. in deutscher Sprache in den Text integriert, lässt sich ein translingualer Sprachgebrauch ausmachen. Dies sind Formen von Interlingualität, die den Gebrauch mehrerer Sprachen oder Sprachvarietäten inner-

Translingualer Sprachegebrauch

halb einer Sprache nicht nur dokumentieren, sondern ihn auch kommentieren, reflektieren oder überhaupt erst neu schaffen.

Literatur ist mehrfachkodiert ...

Ein zweites Merkmal von Literatur ist ihre Mehrfachkodiertheit. Der Romanist Hans Robert Jauß rückte 1967 den in der Literaturgeschichtsschreibung und der akademischen Literaturinterpretation bis dahin vernachlässigten Leser ins Zentrum. Er entwarf mit der Rezeptionsästhetik eine Literaturwissenschaft, die den Sinn eines Werkes ermittelt aus der Widerspiegelung gesellschaftlicher Realität (Produktionsästhetik), den Textstrukturen (Darstellungsästhetik) und vor allem seinem „ästhetischen Gehalt", den der Akt des Lesens als Kommunikationsprozess zwischen Text und Leser hervorbringt (vgl. Jauß 1994). Der Anglist Wolfgang Iser verweist in seiner Wirkungsästhetik auf die dem Text eingeschriebene Leserrolle, den „impliziten Leser", der sein Weltwissen und sein Kombinationsvermögen einbringt, um die im Textgefüge ausgesparten Anschlussmöglichkeiten und „Leerstellen" zu konkretisieren. Die Leser-Erwartung setzt sich dabei nicht einfach durch, sondern wird durch den ‚Widerstand' des Textes gebrochen und erweitert, sowohl bezogen auf die literarischen Verfahren als auch auf das Weltwissen und die Einstellung des Lesers zur Welt. Literarische Texte, die nach dem „Kontrast- beziehungsweise Oppositionsprinzip" gestaltet sind, machen Lesern „starke Vorgaben", während Texte, die mittels „Montage- beziehungsweise Segmentiertechnik" verfasst sind, in ihrer Appellstruktur „einen hohen Freiheitsgrad" evozieren (vgl. Iser 1994).

... und manchmal auch mehrfachadressiert

Zur zweiten Kategorie zählen unzweifelhaft Parabeln wie die eingangs zitierte von Franz Kafka, aber auch Lyrik und andere literarische Textsorten, die neben einer Bild- auch eine Sachebene transportieren oder Leerstellen enthalten, die der Leser zu füllen hat. Durch die Mitwirkung verschiedener Leser werden unterschiedliche Deutungen lebendig, über die der Text eine möglichst breite Wirkung entfaltet. Hinzu kommen doppelsinnige und mehrfachadressierte Kinderbücher, die Erwachsene als Mitleser ansprechen (vgl. Grenz 1990) oder auch ethnisch mehrfachadressierte Literatur wie das Kinderbuch *Kariuki – und sein weißer Freund* (1992) von Meja Mwangi, das sowohl schwarzen als auch weißen Lesern je eigene Leserollen anbietet. Solche Texte spielen im interkulturellen Unterricht eine besondere Rolle.

Literatur ist fiktional

Das dritte Merkmal von Literatur ist die Fiktion, die in Anlehnung an Immanuel Kant gedichtete und zugleich für möglich angenommene Gegenstände meint und sich von der Wirklichkeitsaussage, insbesondere vom historischen Bericht, abgrenzt. Fiktionale Texte erheben keinen „Anspruch auf Referenzialisierbarkeit oder auf Erfülltheit" (Gabriel 1977), auch wenn sich um naturgetreue Nachahmung oder Darstellung (mimesis) des Möglichen handelt. Fiktionalität lässt sich in phantastischer Literatur, die entweder in einer sekundären Welt spielt (wie *Der Herr der Ringe* (1955) von J. R. R. Tolkien) oder aber Berührungen und Übergänge zwischen der primären und sekundären Welt inszeniert (wie in *Krabat* (1971) von Otfried Preußler), leichter identifizieren. Hier gilt es, auch das Phantastische im Blick auf seine Bedeutung für das Reale zu reflektieren. Schwer fällt es dagegen oftmals, das Fiktionale in realistischer Literatur zu erkennen, die die fassbare, primäre Welt zum Gegenstand hat, Wirklichkeit aber nicht nur beschreibt, sondern künstlerisch wiedergibt. Dort genutzte naturalistische, idealistische, psychologische und sozialkritische Abbildmodelle liefern einen Reflexions- und Deutungskontext für den Leser, der nicht nur die Darstellung, sondern auch das künstlerisch Inszenierte dieser Mimesis wahrnimmt. Besonders interessant lässt sich dies am Beispiel von Texten nachvollziehen, die reale Begebenheiten verarbeiten – wie die Ballade *John Maynard* (1886) von Theodor Fontane oder *Die verlorene Ehre der Katharina Blum* (1974) von Heinrich Böll.

Literatur ist – zum Vierten – wie andere Kunst auch ein ästhetisches Objekt, „weil es […] Leser dazu bringt, das Verhältnis von Form und Inhalt näher zu betrachten" (Culler 2002, S. 51). Nach Immanuel Kant bezeichnet Ästhetik den Versuch, die Lücke zwischen einer materiellen Welt der Kräfte und Gewalten und einer geistigen Welt der Ideen zu schließen. Dies fördern ästhetische Objekte, indem sie sinnliche Formen mit geistigem Inhalt verbinden. Auch wenn sie nach Kant ein interesseloses Interesse besitzen und keinen werkexternen Zweck verfolgen, treten sie in einen nicht-pragmatischen Diskurs mit dem Rezipienten. Insofern fragt Ästhetik nach der Entstehung eines Kunstwerks und seiner Wirkung auf andere Subjekte (Subjektästhetik), interessiert sich für seine Form und sein Verhältnis zur Wirklichkeit (Objektästhetik).

Im ursprünglichen Sinn bezieht sich Ästhetik auf sinnliche Wahrnehmungen, was die Frage nach ihrem Verhältnis zu kognitiven Erkenntnisprozessen aufwirft. Die Musikpädagogin Ursula Brandstätter versteht auch (sinnliche) Wahrnehmung als kognitiven Prozess, da hinter jeder noch so elementaren Wahrnehmung eine komplexe Erkenntnis stecke – z. B. kann ein Apfel nur als Apfel wahrgenommen werden, wenn er als solcher erkannt wird. Brandstätter plädiert für

Literatur ist ästhetisch

die Grenzziehung zwischen Unbewusstem und Bewusstem, denn Erkenntnisse müssen bewusst sein, damit wir sie als solche wahrnehmen, aber gleichzeitig umfasst Erkenntnis auch unbewusste Phasen der Verarbeitung von Ideen und Gedanken (vgl. Brandstätter 2008, S. 16). Kunst wirft einen metaphorischen Blick auf die Welt, der Ähnlichkeiten zwischen ästhetischen und nicht-ästhetischen Phänomenen aufdeckt oder konstruiert. Während Friedrich Schiller um 1800 Schönheit noch als etwas Objektives betrachtet, das sich vernünftig begründen lasse, betonen neuere Theorien, dass Ästhetik nur im Rahmen je spezifischer Zeichensysteme verstehbar sei. Um also Literatur als ästhetisches Objekt wahrnehmen zu können, müssen ihre spezifischen Zeichensysteme bekannt sein.

Literatur ist autoreflexiv oder intertextuell

Fünftens ist Literatur ein autoreflexives oder intertextuelles Konstrukt. Autoreflexiv meint, dass der Text aus sich heraus erklärbar ist, Intertextualität verweist dagegen auf das Verhältnis zwischen (literarischen) Texten untereinander. Intertextualität meint Zitate, Montagen, Plagiate oder Anspielungen auf andere Texte, die direkt markiert oder modifiziert in den Text integriert sein können. Sie können als Parodie, Kontrafaktur, Imitation oder als Übersetzung den gesamten Text oder seine strukturellen Eigenschaften betreffen; meistens bezieht sich Intertextualität aber nur auf ausgewählte Textpassagen. Es gibt kommunikative Erscheinungen, die zentral sind und deshalb vom Rezipienten als solche erkannt werden müssen, andere betreffen den Gehalt des Textes nur marginal. Schließlich gibt es das Prinzip der Dialogizität, das heißt, der intertextuelle Text kann – z. B. als Adaption oder Imitation – Zustimmung zum Inhalt oder der Gestaltung des Prätextes dokumentieren, er kann sich aber – etwa als Kontrafaktur – diesbezüglich auch neutral verhalten oder sich – vor allem als Parodie – klar gegen den Prätext, seine Aussage, seinen Stil usw. richten. Diese intertextuellen Bezugnahmen zeichnen vor allem moderne Texte aus.

Literatur ist medial präsentiert oder intermedial

Literatur kann, sechstens, verschiedene Präsentationsformen haben (visuell, auditiv, audiovisuell, s. o.). Texte, die sich nur auf andere Texte beziehen, nennt man intramedial, Texte, die in andere Medien überführt werden wie Literaturverfilmungen, Theaterinszenierungen, Hörspiele etc., sind transmedial und für Texte, die Mediengrenzen überschreiten, gibt es die Bezeichnung intermedial (vgl. Rajewski 2004). Die Romanistin Irina Rajewski unterscheidet unter dem Aspekt der Intermedialität

- Medienwechsel (z. B. Literaturverfilmung/-adaption), was eng mit Transmedialität verbunden ist,

- Medienkombination (z. B. Fotoroman, Bilderbücher, living books), die entweder eine multimediale, das heißt additiv zusammengesetzte Semantik aufweist, oder intermedial wird, wenn die Medien integrativ verbunden sind und ein dynamisches Beziehungsgeflecht textlicher, bildlicher und filmischer Elemente existiert, sowie
- Intermediale Bezüge, die z. B. durch die Bezugnahme im Film auf einen Text entstehen. Eine solche Bezugnahme kann entweder durch bloße Nennung erfolgen oder das systematische Aufgreifen des anderen Mediums meinen, wenn z. B. Jugendbücher wie Videoclips gestaltet sind und immer nur kurze Sequenzen enthalten.

Tom Tykwers Spielfilm *Lola rennt* (1998) ist ein intermediales Werk, nicht nur weil es Zeichentrickelemente integriert, sondern vor allem, weil der Film wie ein Computerspiel konzipiert ist und die Protagonistin mehrfach neu startet. Thematisiert wird dabei nicht nur der Umgang mit, sondern auch der Einfluss von Zeit auf das Geschehen und das Leben an sich.

Zu ergänzen ist als siebtes Merkmal das Verhältnis von Literatur und Kultur. Was für den Sprachgebrauch erläutert wurde, gilt auch für den Umgang mit Kultur: Literatur enthält und vermittelt kulturelle Muster (vgl. Hofmann 2006, S. 55), manchmal reflektiert sie diese kritisch oder überwindet sie. Indem sie Rezipienten in eine Welt jenseits ihres ‚gewöhnlichen' Lebens holt und eine eigene Welt im Zusammenspiel von Werk und Rezipient gestaltet, schafft sie eine poetische Alterität (Mecklenburg 1987, zit. n. Hofmann 2006, S. 55), die Leser zur Imagination anregt: Sie können sich das in der Literatur sprachlich Realisierte vorstellen, gegebenenfalls weiterdenken und Bezüge zur oder einen Transfer von der realen zur fiktionalen Welt und anders herum herstellen. Als verfremdenden Umgang mit Zeichen sensibilisiert Literatur für Differenzerfahrungen und übt in besonderer Weise durch die Andersheit und Fremdheit von Literatur in die Erfahrung von Alterität ein. Am deutlichsten erlebbar wird poetische Alterität, wenn Leser ihr in historisch, kulturell oder ästhetisch fernen Texten begegnen.

Literatur ist kulturell determiniert oder interkulturell

Es gibt literarische Texte wie die der Migrationsliteratur, die sich nicht auf eine, sondern auf mehrere Kulturen beziehen und deshalb als inter- oder transkulturell gelten. „Das spezifische interkulturelle Potential von künstlerischer Literatur liegt" nach dem Verständnis von Norbert Mecklenburg „darin, wie und mit welchen Effekten sie kulturelle Differenz ‚inszeniert'" (Mecklenburg 2008, S. 11) oder – so lässt sich ergänzen – wie und mit welcher Wirkung sie kulturelle Interdependenzen oder Hybridisierungsprozesse aufdeckt oder konstruiert.

7.2 Literarische Bildung als Prinzip

Wolfgang Iser beschreibt Lesen als eine Erfahrung nicht nur mit dem Text, sondern auch mit uns selbst und folgert, dass fiktionale Texte der Lebenspraxis deshalb immer ein Stück voraus seien (vgl. Iser 1994, S. 230). Damit ist ein wichtiger Grund auch für den Umgang mit Literatur im Fremdsprachenunterricht benannt, denn Lesen von Literatur fördert die Identitätsentwicklung durch die in der Literatur angestoßene Auseinandersetzung mit anthropogenen, sozialen, kulturellen und anderen Fragen menschlicher Existenz. Voraussetzung hierfür ist, dass die Interaktion zwischen Werk und Leser so gestaltet wird, dass Rezipierende ein besseres Verständnis von der Realität gewinnen, auf die die Literatur verweist, und ein erweitertes und differenziertes Selbst- und Weltbild entwickeln. Um dies zu erreichen, beschäftigt sich die Literaturdidaktik als Theorie von und für den Literaturunterricht mit dem Bildungspotenzial von Literatur (→ ASB LEUBNER/SAUPE/RICHTER).

Lesen als Interaktion zwischen Werk und Leser

Der Fremdsprachdidaktiker Lothar Bredella sieht die Literaturdidaktik im Dialog mit der Literaturwissenschaft (Theorie) und dem Literaturunterricht (Praxis), um die Komplexität des Forschungsgegenstandes zu erfassen. Sie setzt sich mit literaturwissenschaftlichen Richtungen auseinander und nutzt Theorien, Modelle und Methoden als analytische Hilfsmittel, um textuelle Phänomene zu beschreiben, Analyseverfahren transparent und die interpretatorische Ergebnisfindung nachvollziehbar zu machen – ohne deshalb eine Abbilddidaktik zu sein. Vielmehr zeigt Literaturdidaktik, dass und wie Literatur zur Entfaltung kognitiver und emotionaler Fähigkeiten beiträgt, dass und wie Gespräche über Literatur im Fremdsprachunterricht authentische Gesprächssituationen ermöglichen. Bredella versteht Literaturunterricht nicht als Ort der Wissensvermittlung, sondern als Ort für Erfahrungen mit Literatur sowie Reflexionen und Diskussionen über literarische Werke. Werden verschiedene Lesarten nicht nur zugelassen, sondern explizit zum Lerngegenstand gemacht, so führt das zu einem konstruktiven Umgang mit Meinungspluralismus. „Teaching the conflict" (Bredella 2004, S. 123) im Umgang mit Literatur unterstützt das Aushandeln von Bedeutungen in komplexen Kommunikationssituationen auch und gerade im Fremdsprachunterricht.

Literaturunterricht als Ort der Erfahrung mit Literatur

Der Deutschdidaktiker Kaspar Spinner formuliert für die Deutschdidaktik folgende 11 Prinzipien literarischer Bildung:
1. Beim Lesen und Hören lebendige Vorstellungen entwickeln

Prinzipien literarischer Bildung

2. Subjektive Involviertheit und genaue Wahrnehmung miteinander ins Spiel bringen
3. Perspektiven literarischer Figuren nachvollziehen
4. Sprachliche Gestaltung aufmerksam wahrnehmen
5. Narrative und dramaturgische Handlungslogik verstehen
6. Mit Fiktionalität bewusst umgehen
7. Metaphorische und symbolische Ausdrucksweise verstehen
8. Sich auf die Unabschließbarkeit des Sinnbildungsprozesses einlassen
9. Mit dem literarischen Gespräch vertraut werden
10. Prototypische Vorstellungen von Gattungen / Genres gewinnen
11. Literaturhistorisches Bewusstsein entwickeln (vgl. Spinner 2010).

→ ABBILDUNG 21 zeigt, dass die Merkmale von Literatur (→ KAPITEL 7.1) zu Merkmalen ihres Gebrauchs werden. Dabei sind bestimmte Merkmale relativ leicht zuzuordnen, weil dieselbe Begrifflichkeit verwendet wird (Fiktionalität oder die Hinweise auf Sprache). Andere wirken wie eine didaktische Konkretisierung, etwa im Falle der subjektbezogenen Ästhetik oder auch als Reduktion im Falle der objektbezogenen Ästhetik. Literaturhistorisches Bewusstsein entspricht nur bedingt dem autoreflexiven oder intertextuellen Charakter von Literatur, da es sehr viel allgemeiner formuliert ist und nicht zwingend auf intertextuelle Bezüge verweist.

Merkmale von Literatur und ihres Gebrauchs

Literatur ist ...	Merkmale des Umgangs mit Literatur
aktualisierender Sprachgebrauch	– Sprachliche Gestaltung wahrnehmen – Metaphorische und symbolische Ausdrucksweise verstehen
mehrfachkodiert	– Sich auf die Unabschließbarkeit des Sinnbildungsprozesses einlassen
fiktional	– Mit Fiktionalität bewusst umgehen
ästhetisch (subjektbezogen)	– Subjektive Involviertheit und genaue Wahrnehmung miteinander ins Spiel bringen – Mit dem literarischen Gespräch vertraut werden
ästhetisch (objektbezogen)	– Prototypische Vorstellungen von Gattungen / Genres gewinnen – Perspektiven literarischer Figuren nachvollziehen – Narrative und dramaturgische Handlungslogik verstehen
autoreflexiv oder intertextuell	– Literaturhistorisches Bewusstsein entwickeln
(inter-)medial	– Beim Lesen und Hören lebendige Vorstellungen entwickeln
(inter-)kulturell	– – – – – – – – –

Abbildung 21: Merkmale von Literatur und ihres Gebrauchs

Gleiches gilt für den Bereich der (Inter-)Medialität: Durch den Hinweis auf Hören und Sehen werden zwar verschiedene Präsentationsformen von Literatur angesprochen, aber ein expliziter Verweis auf intermediale Bezüge fehlt. Doch es gibt mittlerweile Überlegungen zu einer multi-, trans- oder intermedialen Literaturdidaktik:

Multimediale Literaturdidaktik
- Multimediale Literaturdidaktik setzt auf Literaturunterricht im Medienverbund (vgl. Josting / Maiwald 2007), bei dem verschiedene Präsentationsformen desselben Werks oder desselben Stoffes additiv oder integrativ behandelt werden.

Transmediale Literaturdidaktik
- Transmediale Literaturdidaktik setzt darauf, dass literarische Kompetenz im Umgang mit Literatur in der einen Präsentationsform auf Literatur in einer anderen Präsentationsform übertragen werden kann und nur punktuell durch medienspezifische Aspekte ergänzt wird.

Intermediale Literaturdidaktik
- Intermediale Literaturdidaktik befasst sich mit Intermedialität in der Literatur, reflektiert das Verhältnis und die Wechselwirkung zwischen verschiedenen Medien innerhalb eines Werks oder innerhalb der Literatur und der Literaturdidaktik. Es geht dabei also um mehr als darum, lebendige Vorstellungen zu entwickeln.

Inter- oder transkulturelle Literaturdidaktik

Interkulturelle Literaturdidaktik findet in diesen aktuellen Ansätzen in aller Regel keine Erwähnung, obwohl dieser Ansatz seit den 1980er-Jahren mit der Gründung der Interkulturellen Germanistik durch Alois Wierlacher virulent ist. Seit den 1990er-Jahren wird interkulturelle Literaturdidaktik an den Umgang mit Migrations- und anderer interkulturell produzierter oder interkulturell zu rezipierender Literatur gebunden (vgl. Rösch 2007b), da diese sich in besonderer Weise dafür eignet, bei den Lesenden Empathie als kulturelle Selbst- und Fremdreflexion zu unterstützen sowie kulturelle oder sprachliche Interdependenzen oder dominanzkulturelle Argumentationsmuster im Text oder seiner Rezeption zu dekonstruieren.

In jüngerer Zeit wird die Vorstellung von klar unterscheidbaren, in sich homogenen Kulturen in Anlehnung an Wolfgang Welschs Vorstellung von Transkulturalität (vgl. Wintersteiner 2010) kritisiert. Unter der Bezeichnung transkultureller Literaturdidaktik werden transkulturelle Verflechtungen im Text oder seiner Rezeption ins Zentrum gestellt.

Erweiterung des nationalen Literaturkanons

Gemeinsam ist der aktuellen inter- oder transkulturellen Literaturdidaktik die Erweiterung des Literaturkanons von der Nationalliteratur zu weltliterarischen Bezügen, die Hinwendung zu Themen wie Identität, Alterität, Mehrsprachigkeit, Multiethnizität etc. und schließlich die Entwicklung von Zugängen über Vertrautheit und Fremdheit, die literarische Texte provozieren.

7.3 Produktive Verfahren und textnahes Lesen

Literaturdidaktische Strömungen lassen sich grob in leser- und werkorientierte Ansätze einteilen, wobei es natürlich auch Überschneidungen gibt. Produktive Verfahren sind eher leser-, textnahes Lesen ist eher werkorientiert. Vertreter des produktiven Literaturunterrichts wie Kaspar Spinner, Günter Waldmann oder auch Gerhard Haas (für den Deutschunterricht) oder Lothar Bredella, Eva Burwitz-Melzer und Daniela Caspari für den Fremdsprachenunterricht verstehen Leser in Anlehnung an die Rezeptionsästhetik als Mitspieler, urteilende Zuschauer und reflektierende Kritiker (vgl. Bredella / Melzer 2004). Entsprechend entwickeln sie Verfahren, die eine produktive Auseinandersetzung mit dem Werk unterstützen. Durch produktive Schreibaufgaben – wie einen Titel ausdenken, eine Fortsetzung oder einen Schluss schreiben, Figuren in der Ich-Form vorstellen, einen inneren Monolog verfassen oder Träume einer Figur erfinden, ein Gedicht in einen Prosatext, einen Prosatext in einen Zeitungsbericht transformieren etc. (vgl. die Übersicht der wichtigsten produktiven Aufgabentypen, Spinner 2006, S. 25–27) – wird die Vorstellungskraft der Lesenden angeregt und eine Verbindung zwischen subjektiven Erfahrungen und dem Text hergestellt. Das Lesen wird zur stilistischen Anregung für das eigene Schreiben.

Allerdings wurde schon früh der Vorwurf des Wegrückens vom literarischen Text als dem eigentlichen Gegenstand des Literaturunterrichts beziehungsweise des Missbrauchs der Produktionsaufgaben als Mittel der Reproduktion und Analyse des Werks erhoben. Kaspar Spinner geht es stattdessen um einen handelnden Umgang mit literarischen Texten, worin er nicht eine Neubestimmung des Literaturunterrichts sieht, sondern eine „wichtige Ergänzung der unterrichtsmethodischen Möglichkeiten" (Spinner 1987, S. 610). Deshalb argumentiert er „wider den produktionsorientierten Literaturunterricht – für produktive Verfahren" und begründet diese entlang der Kategorien: Identität, Fremdverstehen, Imagination, Kognition und Gestalten (vgl. Spinner 1993).

Diese Kategorien eignen sich auch sehr gut für den Umgang mit interkultureller Literatur beziehungsweise für den interkulturellen Umgang mit Literatur etwa im Fremdsprachenunterricht (vgl. Rösch 2005):

- Im interkulturellen Diskurs verschiebt sich der Akzent von der auszubildenden Ich-Identität auf die kulturelle Dimension von Identität und auf Hybridisierungsprozesse, die vor allem bei Menschen

Literaturdidaktik zwischen Werk- und Leserorientierung

Produktive Schreibaufgaben

Kritik an der Banalisierung durch produktive Verfahren

Multiple Identitäten und kulturelle Hybridisierung

mit Migrationserfahrungen zu beobachten sind. Eben weil sich kulturelle Vielfalt nicht nur auf gesellschaftlicher, sondern auch auf individueller Ebene ausdrückt, greift man im interkulturellen Diskurs das Konzept der multiplen Identitäten auf, das die verschiedenen gesellschaftlichen, in die persönliche Entwicklung hineinwirkenden und vom Individuum mitzugestaltenden Aspekte von Identität (Kultur, Status etc.) berücksichtigt.

Empathie durch Perspektivenwechsel
- Kaspar Spinner postuliert Fremdverstehen als Pendant zur Beschäftigung mit sich selbst. Er begreift Fremdverstehen – im Sinne des von Gotthold Ephraim Lessing im 18. Jahrhundert geprägten Begriffs vom Mitleiden – als Wirkung von Literatur. An die Stelle des Mitleidens tritt im interkulturellen Diskurs die Forderung nach Empathie als Fremd- und Selbstreflexion, das heißt, dass durch die Methode des Perspektivenwechsels die eigene Sichtweise vor dem Hintergrund anderer Sichtweisen reflektiert wird.

Multiperspektivische Imagination
- Imagination wird als Ergänzung zu Kognition und Emotion gesehen. Mittels produktiver Verfahren sollen sich Schüler zunächst auf die Perspektive des Textes einlassen, anstatt sofort eine Außenperspektive einzunehmen. Nun ist die Perspektive eines Textes in aller Regel kulturell geprägt. Multiperspektivisches Imaginieren erfolgt, indem die Vorstellungsbilder anderer wahrgenommen und in Beziehung zu eigenen gesetzt werden.

Kognition im interkulturellen Kontext
- Kognition bezieht sich auf „für den Organismus bedeutungsvolle und deshalb meist erfahrungsabhängige Wahrnehmungs- und Erkenntnisleistungen" (Richter 2002, S. 2). Diese gilt es im interkulturellen Kontext auf Kultur und Kulturalisierung, Hybridisierung und Dominanzkultur, Mehrsprachigkeit und Diversität zu lenken.

Gestalten von Interkulturalität
- Mit Gestalten meint Kaspar Spinner die Weiterentwicklung einer passiven Konsumentenrolle zu einer aktiven Gestalterrolle auf Grundlage einer kritischen Auseinandersetzung mit gesellschaftlichen Verhältnissen. Im interkulturellen Kontext geht es dabei um die Reflexion dominanzkultureller Mechanismen sowie das Entwickeln von Strategien eines gleichberechtigten Miteinanders.

Textnahes Lesen
Das Konzept des textnahen Lesens stellt im Unterschied zu den weniger elaborierten Leseformen eine genuine Aufgabe des Literaturunterrichts dar. Die Literaturdidaktikerin Elisabeth Paefgen plädiert dafür, die Textmenge klein zu halten und Texte auszuwählen, die ein mehrmaliges Lesen sinnvoll und notwendig machen. Am geeignetsten erscheinen ihr lyrische, dann dramatische Texte, für weniger geeignet hält sie „*epische Texte, die – wie auch immer – eine Geschichte erzählen*" (Paefgen 1997, S. 15). Vielen scheint es allerdings gänzlich

unnötig, den methodischen Umgang mit literarischen Texten an einen elitären Literaturbegriff zu binden oder auf Texte der klassischen und modernen deutschen Literatur zu reduzieren. Warum sollten nicht auch andere, z. B. kinderliterarische Texte textnah gelesen werden? Entscheidend ist, dass textnahes Lesen bedeutet (vgl. Belgrad/ Fingerhut 1997), sich für eine bestimmte – etwa die soziologische, psychologische, strukturalistische oder dekonstruktivistische – Lesart zu entscheiden. In diesem Kontext wird eine kulturwissenschaftliche Lesart möglich, die in Anlehnung an Pierre Bourdieus „Theorie des literarischen Feldes" auch eine Beschäftigung mit Alltagskultur, statt nur mit ‚hoher' Kultur anstrebt. Im Zuge einer solchen Beschäftigung lassen sich kulturelle Phänomene im Werk oder seiner Rezeption entschlüsseln, sowie themen- oder problemorientierte Herangehensweisen an das Werk und seine Rezeption erproben und z. B. Genderaspekte, Ethnizität, Interkultur in den Blick nehmen.

7.4 Kriterien für die Literaturauswahl

Im Prinzip eignen sich alle literarischen Werke zum Einsatz in jeder Form des Deutsch-, also auch des DaF- und DaZ-Unterrichts. Auswahlkriterien beziehen sich wie in andere Lernbereichen auch auf die Sach-, Methoden-, Sozial- und Personalebene:

- Auf der Personalebene geht es darum, das Vorwissen und das zu entfaltende Wissen, die bereits vorhandenen und zu entwickelnden Interessen der Lernenden und die Möglichkeiten zur (multiplen) Identitätsbildung im Umgang mit Literatur in den Blick zu nehmen. *Personalebene*
- Auf Sozialebene stehen die Möglichkeiten zur Anschlusskommunikation über die Literatur im Vordergrund; dabei sind Werke, die Diskussionen hervorrufen und Anregungen zum Perspektivenwechsel bieten, sicher geeigneter als andere. *Sozialebene*
- Auf der Methodenebene stellt sich die Frage, welche Lesarten die Werke provozieren oder ermöglichen, damit die Lernenden ihr Methodenrepertoire im Umgang mit Literatur anwenden und erweitern können. *Methodenebene*
- Auf der Sachebene geht es um das Lesen literarischer im Unterschied zum Lesen pragmatischer Texte und darum, Literatur mit ihren Merkmalen (s. o) zu erkennen und zu nutzen. Dies geht mit Werken, die bei Lernenden ästhetisches, kulturelles oder auch sprachliches Befremden auslösen, sicher leichter als mit anderen. *Sachebene*

Ein wesentliches Kriterium bei der Textauswahl ist das jeweils angestrebte Ziel: Wenn in DaF ein historischer Überblick über die Entwicklung der deutschsprachigen Literatur gegeben werden soll, wird in aller Regel eine Epochenorientierung gewählt. Da das Epochenschema aber als Erbe des 19. Jahrhunderts dem „Prinzip narrativer Linearität" (Nutz 2002, S. 333) dient und Literatur mit geschichtlichen Prozessen, politischen Verhältnissen sowie ökonomischen und sozialen Strukturen verbindet, gilt es zunehmend als umstrittenes Konstrukt. Deshalb empfiehlt der Germanist Maximilian Nutz anstelle einer linearen Chronologie Schneisen und Erkundungsrouten durch die Literaturgeschichte zu gestalten. So lassen sich z. B. die Autorenrolle vom Sänger über den Schreiber zum Künder oder Romanhelden im Wandel betrachten, ebenso Kindheitsbilder, Geschlechtsrollen etc.; man kann kontrastive Autorenporträts einer Epoche etwa von Gottfried Benn und Bertolt Brecht erstellen, die Rezeptionsgeschichte von Werken durch die Jahrhunderte und im DaF-Unterricht aus komparatistischer Perspektive verfolgen oder die Verbindung von Literatur und Medien nachvollziehen. Die Arbeit mit thematisch-problemorientierten Sequenzen unterstützt das (kultur-)historische Verstehen einzelner Texte und vermittelt gleichzeitig die Bedeutung auch historischer Literatur für die Gegenwart. Als Grundlage für eine historische Betrachtung können Überblickswerke dienen, die die Epochenmerkmale an ausgewählten Werken exemplifizieren – wie das Oberstufenlehrwerk *Texte, Themen und Strukturen* (Cornelsen 2004), an dem der Literaturdidaktiker Karlheinz Fingerhut mitgearbeitet hat und das sich durchaus auch für BA-Studiengänge in Germanistik oder DaF eignet.

Eine historische Betrachtung von Literatur muss allerdings nicht auf historische Werke beschränkt bleiben, vielmehr können auch Gegenwartswerke ‚historisch' betrachtet werden, etwa der: Oscar-prämierte Kurzfilm *Quiero ser – Gestohlene Träume* (1999) von Florian Gallenberger: Der Film spielt im Mexico City der 1980er-Jahre und problematisiert am Beispiel zweier Brüder die Entwicklung einer strukturschwachen Region im Kontext von Eurozentrismus; daran lässt sich im Unterricht z. B. die historische Dimension von Gesellschaften im Umbruch thematisieren.

Ist das Ziel des Unterrichts die Beschäftigung mit literaturtheoretischen Ansätzen, so lässt sich die Literaturauswahl mit Gattungsfragen verbinden. Für eine dekonstruktivistische Betrachtung eignen sich Parabeln und andere Kurzformen, für eine psychologische Märchen sowie Kinder- und Jugendliteratur, für eine (post-)strukturelle

Lyrik, für eine rezeptionsästhetische Romane, für eine diskursanalytische Dramen, für eine intermediale Bilderbücher und für eine interkulturelle Migrations- und postkoloniale Literatur in besonderer Weise. Damit nicht der Eindruck einer eindimensionalen Zuordnung entsteht, ist es auch möglich, an einem einzelnen Werk verschiedene Ansätze auszuprobieren, wie es die Literaturwissenschaftler Oliver Jahraus und Stefan Neuhaus in einem Sammelband mit zehn Modellanalysen zu Franz Kafkas Erzählung *Das Urteil* (1912) vorgeführt haben (vgl. Jahraus/Neuhaus 2002). Entscheidend ist bei diesem Vorgehen vor allem in Ländern, in denen ein anderer Umgang mit Literatur gepflegt wird als im deutschsprachigen Raum, dass die Prinzipien der literaturtheoretischen Ansätze etwa durch den Einsatz produktiver Verfahren oder das Prinzip des textnahen Lesens, bei denen das literarische Werk im Mittelpunkt steht, erfahrungsbezogen vermittelt werden.

In welchem Stadium des Fremdspracherwerbs Literatur im Fremdsprachenunterricht eingesetzt werden kann, hängt nicht zuletzt von dem gewählten literaturwissenschaftlichen Ansatz ab: Während sich formalistische Ansätze (nur) für Fortgeschrittene eignen, können rezeptionsästhetische Ansätze von Anfang in den Unterricht integriert werden. Gino Chiellinos Gedicht *Jandeln für Ausländer* (1987) lässt sich z. B. schon im frühen Fremdsprachenunterricht – etwa im Zusammenhang oder als kritische Auseinandersetzung mit einfachen Konjugationsübungen – einsetzen.

Literatur im Fremdsprachenunterricht

Gino Chiellino: Jandeln für Ausländer (1987)

ich wandel
du handelst
er jandelt
oder sie jandelt
wir mandeln
ihr gandelt
sie jandeln
oder auch nicht

Die Lernenden inszenieren das Gedicht. Sie diskutieren über die grammatische Korrektheit der ersten Zeile vor dem Hintergrund der Freiheit der Lyrik. Sie verfassen ein ähnliches Gedicht, indem sie andere Verben finden und den letzten Vers beibehalten oder aber einen anderen letzten Vers finden oder sich noch weiter von der Vorlage lösen und ein freies Gedicht schreiben. Soll Intertextualität ins Zentrum rücken, werden Gedichte von Ernst Jandl herangezogen, um die Art seines Sprachspiels mit der von Gino Chiellino zu vergleichen und die Besonderheit des ‚Jandelns für Ausländer' in Verbindung mit dem DaZ-Erwerb und dem Verhältnis von Erst- und Zweitsprachsprechern zu reflektieren. Denn während das Lyrische Ich wandelt, handelt sein Gegenüber; seine Wir-Gruppe ‚mandelt', während ihr Gegenüber ‚gandelt'. Diese Wortschöpfungen können nachvollzogen, gedeutet, interpretiert und zum Anlass für eigene Wortschöpfungen genommen werden. Die Zuordnung zwischen Pronomen und Verb kann variiert werden und zu eigenen Gedichten führen – auch und gerade im Fremdsprachenunterricht.

Fragen und Anregungen

- Welche literaturtheoretischen und literaturdidaktischen Ansätze gibt es? Hängen diese zusammen? Erörtern Sie die Verbindungslinien, die Sie erkennen.

- Überlegen Sie, ob alle von Kaspar Spinner aufgestellten 11 Prinzipien literarischer Bildung (vgl. Spinner 2010) für den DaF- und DaZ-Unterricht gleichermaßen relevant sind oder ob es eine Prioritätenliste geben könnte.

- Formulieren Sie zu Franz Kafkas Parabel *Kleine Fabel* (→ ABBILDUNG 20) weitere produktive Aufgaben und überlegen Sie, was ‚ihre' (zukünftigen) Schüler dabei lernen könnten.

- Analysieren Sie ein Bilderbuch oder einen Film Ihrer Wahl hinsichtlich seines intermedialen Potenzials. Skizzieren Sie dazu Unterricht, in dem die Schüler dieses Potenzial selbst entdecken.

- Analysieren Sie ein Gedicht, einen Roman oder einen Film Ihrer Wahl hinsichtlich ihres / seines interkulturellen Potenzials. Skizzieren Sie dazu Unterricht, in dem die Schüler dieses Potenzial selbst entdecken.

Lektüreempfehlungen

- Lothar Bredella / Eva Burwitz-Melzer (Hg.): Rezeptionsästhetische Literaturdidaktik, Tübingen 2004.

- Daniela Caspari: Kreativität im Umgang mit literarischen Texten im Fremdsprachenunterricht: theoretische Studien und unterrichtspraktische Erfahrungen, Frankfurt/M. 1994.
  Beide Werke bieten einen theoretischen und praktischen Zugang zum produktiven Fremdsprachenunterricht – Caspari bezogen auf Französisch, Bredella/Melzer auf Englisch. Die grundsätzlichen Überlegungen und auch viele der praktischen Beispiele lassen sich ohne weiteres auf Deutsch als Fremdsprache übertragen.

- Gerhard Haas/Wolfgang Menzel/Kaspar H. Spinner: Handlungs- und produktionsorientierter Literaturunterricht, in: Praxis Deutsch, 21 (123) 1994, S. 17–25. *Dieser Basisartikel des „Praxis Deutsch"-Hefts enthält eine bis heute gültige theoretische Begründung und eine Übersicht über produktive Verfahren, die sich auch im Fremdsprachenunterricht einsetzen lassen.*

- Günter Waldmann: Neue Einführung in die Literaturwissenschaft. Aktive analytische und produktive Einübung in Literatur und den Umgang mit ihr – Ein systematischer Kurs, Baltmannsweiler 2003. *Günter Waldmann ist einer der führenden Vertreter des produktiven Literaturunterrichts und hat in Büchern zu unterschiedlichen Gattungen vorgeführt, wie dieser in der Praxis des muttersprachlichen Unterrichts aussehen kann. Seine „Neue Einführung in die Literaturwissenschaft" verwendet den produktiven Ansatz auch, um in Literatur(wissenschaft) und den Umgang mit Literatur einzuführen.*

- Werner Wintersteiner: Poetik der Verschiedenheit. Literatur, Bildung, Globalisierung, Klagenfurt 2006. *Der Autor zeigt an sehr vielen Beispielen der ‚kleinen' Literaturen, der Exil-, Migrations- und postkolonialen Literatur das Potenzial der Alterität, das (diese) Literatur bietet und das im Rahmen einer transkulturellen Literaturdidaktik zur Anwendung kommen kann.*

8 Sprachliches und literarisches Lernen verbinden

Abbildung 22: Foto von einem Kind, das das *Sams* spielt

Ein Kind spielt das Sams – das Foto ist im Rahmen eines Modellprojekts zur kreativen Sprachförderung in der gelben villa entstanden. In diesem Berliner Kinder- und Jugendzentrum haben DaZ-Studierende und Theaterpädagogen mit dem Kinderbuch „Das Sams" (seit 1973) von Paul Maar gearbeitet. Dabei ging es darum, dass sich Grundschüler mit Migrationshintergrund dem Kinderbuch literarisch, sprachlich und theaterpädagogisch nähern und es sich kreativ erschließen. Am Vormittag war der Text Gegenstand der Sprachförderung, am Nachmittag wurden daraus Szenen gespielt, die am Ende auch aufgeführt wurden.

In vielen DaZ-Feriencamps (vgl. Ballis / Spinner 2008) wird mit einer Kombination aus Sprache und Theaterpädagogik experimentiert, wobei diese Kombination oftmals lediglich additiv bleibt, ohne dass die Sprach- und Theaterarbeit über eine vage thematische Klammer hinaus miteinander verbunden werden. Im Berliner Sams-Projekt wurde (wie auch im vergleichbaren im baden-württembergischen Gulliver-Projekt) dagegen der Versuch unternommen, beide Bereiche eng miteinander zu verzahnen: Die Kapitel der Buchvorlage wurden gleichmäßig auf beide Bereiche verteilt, sodass nur im Zusammenwirken das gesamte Werk erschlossen werden konnte. Außerdem wurde im Rahmen der Sprachförderung nicht nur sprachliches, sondern auch literarisches Lernen angeleitet, damit das literarische Werk nicht nur für die Spracharbeit funktionalisiert wurde.

Es gab und gibt im Fremdsprachenunterricht immer wieder Versuche, z. B. mit Märchen oder anderen Gattungen Deutsch zu lernen, thematische Bezüge zu literarischen Texten herzustellen oder aber Lehrwerke so zu gestalten, dass eine durchgehende Handlung (ohne Anspruch auf literarische Qualität) entsteht. Hier geht es um die Verbindung von sprachlichem und literarischem Lernen, die dadurch entfaltet wird, dass mit literarischen Werken bzw. durch Übungen und Aktivitäten zum Umgang mit Literatur Sprache gelernt wird. Zu fragen ist allerdings, welche Literatur sich hierfür eignet, wie die Aufgabenformate zu gestalten sind und wie das Lesen (von literarischen Texten) gefördert werden kann.

8.1 Literatur zum sprachlichen Lernen
8.2 **Aufgabenformate**
8.3 Lesen fördern mit DaZ-Schülern
8.4 **Literatur im Fremdsprachenunterricht**

8.1 Literatur zum sprachlichen Lernen

Da Literatur Sprache ist bzw. wenn sie medial vermittelt wird mit Sprache arbeitet, eignet sich jede Literatur zum sprachlichen Lernen. Bei der Auswahl von Literatur für und den Umgang mit Literatur im Fremdsprachunterricht oder mit Zweitsprachlernenden ist neben dem Sprachstand auch der Stand des Literaturerwerbs zu berücksichtigen. Dieser hängt wie beim Spracherwerb auch von externen und internen Faktoren ab. Auch das Alter, die Kontaktjahre mit der Zielsprache bzw. der Kontakt zu Literatur ganz allgemein spielen eine Rolle. Im Fremdsprachenunterricht kommen oft literarische Werke zum Einsatz, denen die Lernenden aufgrund ihrer literarischen Sozialisation bereits entwachsen sind. Das muss nicht so sein, wenn es gelingt, die mangelnde zielsprachliche Kompetenz durch geeignete Maßnahmen zu kompensieren.

Stand des Literaturerwerbs

So können im DaZ-Unterricht erstsprachliche Übersetzungen zu deutscher Literatur herangezogen werden, deutsche Filme in der erstsprachlichen Synchronfassung oder mit erstsprachlichen Untertiteln abgespielt werden, um sich den Plot eines Textes anzueignen. Die eigentliche Arbeit mit dem Text oder Film erfolgt dann in deutscher Sprache und bezieht mindestens Ausschnitte in Originalfassung ein.

Einbeziehung erstsprachlicher Fassungen

Auch der umgekehrte Fall ist sinnvoll: die Arbeit mit erstsprachlichen Texten oder Filmen, die in deutscher Sprache besprochen werden. Dabei können deutschsprachige Rezensionen einbezogen werden oder die deutsche Übersetzung bzw. Synchronisation kann kritisch betrachtet werden.

Sinnvoll ist auch die Arbeit mit internationalen Klassikern, die die Lernenden als erstsprachliche Übersetzung kennen und die nun im Unterricht in deutscher Übersetzung oder eben in der deutschen Originalfassung bearbeitet wird. Die Lernenden kennen den Inhalt bereits und können sich nun auf die deutsche Sprache konzentrieren, den Inhalt in der deutschen Sprache wiedererkennen und sich über ihre Erfahrungen mit und Gedanken zum Text in deutscher Sprache austauschen.

Die Arbeit mit deutschen oder internationalen Klassikern wird durch den Einsatz von Bilderbüchern oder bildgestützten, oft auch gekürzten oder sprachlich an die Gegenwartssprache angepassten Fassungen erleichtert. Einige Literaturwissenschaftler lehnen diese zwar ab, weil sie eine eingeschränkte oder gar verfälschende Rezeption bedingen. Andere sehen im Einsatz vereinfachter Fassungen dagegen die Chance, im Fremdsprachenunterricht und zunehmend auch

Vereinfachte Fassungen von Klassikern

im muttersprachlichen Unterricht auch Klassiker mit einer altertümlichen Sprache zu behandeln. Damit der Bezug zum Original hergestellt wird, können Auszüge mit dem Original verglichen werden, um den Prozess und den Hintergrund der Vereinfachung zu besprechen.

Bilder als Semantisierungshilfe und Gesprächsanlass

Bilder in oder zu literarischen Werken haben nicht nur eine Semantisierungsfunktion, sondern erzählen oft eigene, vom Text abweichende Geschichten oder legen den Fokus auf anderes als der Text.

Hörbücher

Ähnliches gilt für Hörbücher oder Hörspielfassungen, die nicht nur der Entfaltung des Hörverstehens dienen, sondern gleichzeitig auch Varianten des Texts darstellen und dazu anregen, zu überlegen, warum etwas ausgelassen oder besonders akzentuiert wurde, welche Wirkung die Stimme, Betonung, ggf. auch andere akustische Mittel haben.

Mehrsprachige Werke

Einen besonderen Reiz bieten mehrsprachige Texte wie etwa das Gedicht *e paroe* und andere Gedichte von Gino Chiellino (→ KAPITEL 7), oder der folgende Text von José F. A. Oliver.

José F. A. Oliver: wassersprache (1997)

la mar machte
   kindsmäuler lachen

el mar war
   schambleiche trauer
der väter

dem meermann
   die meerin

Das Gedicht spielt mit dem Genus und den Geschlechtsrollen im Spanischen und im Deutschen. Damit liefert es ein wichtiges Thema auch für den DaF- und DaZ-Unterricht, unabhängig davon, ob dieser mit Spanischsprachigen oder mit Lernenden anderer Erstsprachen stattfindet. Mehrsprachige Prosatexte sind selten, ein Vorbild dafür bieten die deutsch-englischen Kinder- und Jugendbücher von Emer O'Sullivan und Dietmar Rösler, die auch beide Sprachen nebeneinander verwenden und deshalb sehr gerne im Englischunterricht an deutschen Schulen eingesetzt werden.

Interlinguale Werke

Unter interkulturellen Aspekten gewinnen interlinguale Werke an Bedeutung (→ KAPITEL 7). Sie stellen den Versuch dar, Sprachen zu verbinden bzw. in deutschen Wörtern Spuren anderer Sprachen zu finden. Die in Istanbul geborene deutschsprachige Dichterin Zehra Çirak etwa beginnt ihr Gedicht *Allianz* (1991) mit der Strophe: „Auf Deutsch heißt die Hand Hand / auf Türkisch heißt sie el / so ein Handel"; im Laufe des Gedichts spürt sie dann dem deutsch-türkischen Handel nach, um am Ende beide Sprachen wieder zu trennen, denn „der Handel reibt sich die Hände", während sie auf Türkisch das Sprichwort „eline sağlık" zitiert, das gute Handarbeit lobt (Çirak 1991, S. 16–17).

Interessant sind in diesem Zusammenhang auch die Kurzprosatexte von Yoko Tawada, die die deutsche Sprache als eine entschlüsselt, in der Menschen mit Dingen wie einem Bleistift sprechen wie mit Menschen. Mit ihrem Buchtitel *Überseezungen* (2002) schafft Tawada einen Begriff, der Übersetzungen ins Licht des postkolonialen Diskurses stellt. Auch im Bereich der Kinderliteratur finden sich Anfänge zur Interlingualität, etwa wenn erstsprachlich besetzte Konnotationen von Begriffen zu Verwirrung führen und im Laufe der Handlung einer Entschlüsselung zugeführt werden.

Autoren mit Migrationshintergrund greifen in ihren Texten mitunter Stolpersteine des Deutschen als Zweitsprache auf. So thematisiert Zehra Çirak in ihrem Gedicht *deutsche sprache gute sprache* (1987; → KAPITEL 6, ABBILDUNG 17) die verwirrende Verwendung von Pronomen. Das Prinzip der Häufung eines grammatischen Phänomens findet sich auch in der Literatur von Autoren ohne Migrationshintergrund. In *Erklärung* (1964) von Peter Bichsel dient die Verwendung des Konjunktivs dazu, nicht über die Form und ihre Funktion zu sprechen, sondern der Form Bedeutung zuzuweisen und diese gleichzeitig wieder infrage zu stellen.

Werke, die grammatische Phänomene nutzen

Peter Bichsel: Erklärung (1964)
Am Morgen lag Schnee. Man hätte sich freuen können.
Man hätte Schneehütten bauen können oder Schneemänner, man hätte sie als Wächter vor das Haus getürmt.
Der Schnee ist tröstlich, das ist alles, was er ist – und er halte warm, sagt man, wenn man sich in ihn eingrabe.
Aber er dringt in die Schuhe, blockiert die Autos, bringt Eisenbahnen zum Entgleisen und macht entlegene Dörfer einsam.

8.2 Aufgabenformate

Jede Literatur vermittelt Wortschatz und Grammatik im Kontext der Handlung. Unterstützt wird dies durch das Erfassen und Arbeiten mit Chunks, also Wörtern, die zusammen eine sinnvolle Einheit bil-

Arbeit mit Chunks

den (→ KAPITEL 6.5). Das können Satzglieder, ganze Sätze, Ellipsen oder auch Floskeln sein. Da es einfacher ist, ein Wort nicht isoliert, sondern im Kontext zu lernen, wird heute empfohlen, sich Vokabeln nicht nur als Wort mit ergänzenden grammatischen Information (*mit + Dativ* oder *Mensch, der, -en*) und der Übersetzung zu merken, sondern sie sich anhand eines Beispielsatzes einzuprägen. Wird dieser nicht vorgegeben, sondern vom Lernenden selbst formuliert, so ist das Verfahren noch effektiver, weil nicht nur Input geliefert, sondern auch Output gefordert wird. Dabei müssen nicht immer ganze Sätze verfasst werden, es reicht auch sich statt *ohne + Akkusativ* ein Beispiel wie *ohne mich* oder den Buchtitel *Nicht ohne meine Tochter* zu merken, um sich zu merken, dass *ohne* den Akkusativ verlangt.

Im Umgang mit Literatur ist es also sinnvoll, solche Chunks aus dem literarischen Text aufzugreifen und sie entweder direkt zu lernen oder einer Analyse zuzuführen, um daran die grammatische Struktur zu erkennen. In besonderer Weise eignen sich Texte mit wiederkehrenden Sprachmustern oder solche, die mit Floskeln, Routinen und Chunks spielen.

Generatives Schreiben

Eng damit verbunden sind generative Schreibaufgaben, die Lernende auffordern, Lernwege jeweils neu zu generieren, in dem sie nach Mustern schreiben, mit deren Hilfe sie sich Regeln bewusst machen und aneignen können. Eine weit verbreitete Form des generativen Schreibens ist das Verfassen von Analogtexten. So kann der Satz *Wenn ich fröhlich bin, fühle ich mich wie ein Känguru, das in seinem Beutel sitzt* genutzt werden, um weitere Sätze nach diesem Vorbild zu generieren. In Sätzen wie: *Wenn ich traurig bin, fühle ich mich wie ein Igel, der Hunger hat* (vgl. Belke 2003, S. 236) formulieren Schreibende ihre Assoziationen zu einem Gemütszustand und schleifen dabei gleichzeitig Konditional- und Relativsätze ein.

Zum generativen Schreiben eignen sich daher Texte mit wiederkehrenden Satzmustern wie Kinderverse, Gedichte, Lieder, Märchen, Fabeln und kinderliterarische Texte, in denen z. B. Aussagen über ein Mädchen auf einen Jungen übertragen werden oder positive Gefühle in negative verwandelt werden.

Schreiben zu literarischen Werken

Weitere Schreibaufgaben sind das Verfassen von:
- Paralleltexten, bei denen die Lernenden eine Szene oder den ganzen Text in eine andere Zeit, eine andere Region oder auch eine andere Sprache übertragen;
- Kettentexten, bei denen eine Person einen Satz oder Gedanken aufschreibt, der dann von einer weiteren Person entweder ergänzt oder kommentiert wird;

- Echotexten, bei denen die Lernenden einer Figur, einer Szene oder einem Gedanken ein Echo zuwerfen und z. B. eine Aussage kommentieren, um das Gelesene zu spiegeln oder auch zu kommentieren. Dies kann innerhalb der Textsorte der Vorlage oder aber durch einen Textsortenwechsel erfolgen.

Diese Aufgaben lassen sich auch mündlich durchführen. Hinzu kommen genuin mündliche Aufgaben wie das Führen literarischer Gespräche (vgl. Härle / Steinbrenner 2004). Dabei handelt es sich um eine Gruppendiskussion, die unmittelbar nach der Lektüre oder der Rezeption eines Films, Hörspiels oder Theaterstücks einsetzt. Zunächst findet eine Blitzlichtrunde statt, in der sich alle frei äußern können und ggf. eine vorläufige Bewertung des Werks abgeben. Im zweiten Teil wird das Werk ausführlicher diskutiert. Die Lehrperson übernimmt die partizipierende Leitung des Gesprächs, das heißt, sie moderiert das Gespräch und gibt – sofern dies nötig ist – Impulse oder Hilfestellungen. Obwohl sie selbst auch Gesprächsteilnehmerin ist, hält sie sich vor allem am Anfang des Gesprächs mit eigenen Beiträgen zurück und konzentriert sich auf die Moderation, um nicht durch „eigene interpretative Beiträge die rezeptive Produktivität der SchülerInnen" (Steinbrenner / Wiprächtiger-Geppert 2006) zu behindern. Denn diese sollen Fragestellungen entwickeln, die ihnen selbst als Herausforderung bzw. als Problem erscheinen. Die Entfaltung von Textbedeutung findet in Form von Realitätsbezügen, subjektiven Erfahrungen etc. statt. Es geht also zunächst nicht um eine Interpretation, sondern um die Entfaltung des Textsinns im gemeinsamen Gesprächsprozess und die Ausbildung eines interpretierenden Blicks im Sinne des hermeneutischen Zirkels. Um Sinnhypothesen zu überprüfen, bewegt sich das Gespräch in Pendelbewegungen von einzelnen Beobachtungen zum Gesamteindruck und von diesem wieder zurück. Die dritte Phase beinhaltet die Bündelung und Strukturierung von unterschiedlichen Aspekten mit dem Ziel, das Gespräch zu vertiefen und Redundanz(en) zu vermeiden. In einer Abschlussrunde ziehen die Lernenden ein vorläufiges Resümee aus dem Gespräch.

Damit sich auch Lernende, die noch am Anfang stehen oder Schwierigkeiten in der Zielsprache haben, an den literarischen Gesprächen beteiligen können, ist es hilfreich, Karten mit Redemitteln (wie *Ich denke, dass ..., Mir gefällt / nicht, wie ..., Die Figur wirkt als ob sie ...*) zur Verfügung zu stellen, die bei literarischen Gesprächen immer wieder zum Einsatz kommen, bis die Lernenden in der Lage sind, sich auch ohne diese Hilfsmittel zu beteiligen.

Natürlich lassen sich alle in →KAPITEL 7 genannten produktiven Verfahren auch für die Spracharbeit nutzen, in besonderer Weise eignen sich sprachintensive Verfahren wie der Umgang mit Lücken- oder Schnipseltexten, die zunächst zur Rezeption genutzt und später von den Lernenden selbst hergestellt werden, indem sie ein Gedicht als Lückentext mitbringen und ihren Mitlernenden präsentieren.

Szenisches Interpretieren Szenisches Interpretieren (vgl. Scheller 1998) geht einen Schritt weiter, denn es verlangt Körpereinsatz und fordert die Lernenden auf, Standbilder zu entwickeln, sich wie eine literarische Figur zu bewegen, nonverbal zu kommunizieren oder eine Rollenbiografie zu schreiben. Dabei ist oft weniger das Ergebnis als der Prozess sprachintensiv zu gestalten, denn die Lernenden müssen sich, wenn sie in Gruppen arbeiten, darüber verständigen, wie sie z. B. ihr Standbild gestalten, und sie werden sich abschließend über die Qualität ihrer Interpretation unterhalten. Szenisches Interpretieren dokumentiert vor allem das Textverstehen und initiiert eine Deutung, über die man sich dann weiter verständigen kann. Solche Verfahren werden häufig eingesetzt, um den Sprachgebrauch und damit implizites Sprachlernen zu fördern. Soll allerdings auch eine Entfaltung der Sprachkompetenz erfolgen, so ist darauf zu achten, dass über das szenische Interpretieren gesprochen und dabei auch theaterspezifische Fachsprache vermittelt wird und dass in der szenischen Interpretation überhaupt Sprache zum Einsatz kommt, sei es, dass eine besonders elaborierte Sprachvarietät gefordert und mit den Lernenden erarbeitet wird, sei es, dass an der Artikulation gearbeitet wird.

Aufbrechen alltagssprachlicher Routinen Literatur greift Sprache nicht nur auf, sondern verwendet sie gegen alltagssprachliche Routinen oder bricht diese durch einen verfremdeten Gebrauch auf – wie z. B. expressionistische Gedichte, in denen der Mensch häufig zum Objekt wird, Gegenstände dagegen zum Subjekt, und Naturgewalten oder ‚menschliche' Gewalten wie Krieg und Großstadt personalisiert werden. Anhand *Die Dämmerung* (1911) von Alfred Lichtenstein lassen sich solche Merkmale expressionistischer Lyrik dadurch erarbeiten, dass das Gedicht als Lückentext präsentiert und mit weiteren produktiven Verfahren verbunden wird: Eliminiert man im ersten Vers die Präposition „mit", ergänzen Lernende erfahrungsgemäß „an". Die Konfrontation mit der Originalfassung verdeutlicht dann die Personalisierung des Teichs, denn im Deutschen spielt man *mit* einer Person (oder Sache), während „an" den Ort angibt. Außerdem verweist die Sprachverwendung auf die Einsamkeit des Jungen, die man – nachdem die Originalfassung geklärt ist – durch eine Aufgabe wie: „Ergänze den

Vers: Er spielt mit einem Teich, weil ..." ermitteln kann. Die Hinweise auf den Krieg (das Laufen auf langen Krücken, das Kriechen von zwei Lahmen auf dem Feld oder dass sich ein grauer Clown die Stiefel anzieht) lassen sich durch szenische Darstellungen bewusst machen.

Alfred Lichtenstein: Die Dämmerung (1911)
Ein dicker Junge spielt mit einem Teich.
Der Wind hat sich in einem Baum gefangen.
Der Himmel sieht verbummelt aus und bleich,
Als wäre ihm die Schminke ausgegangen.

Auf langen Krücken schief herabgebückt
Und schwatzend kriechen auf dem Feld zwei Lahme.
Ein blonder Dichter wird vielleicht verrückt.
Ein Pferdchen stolpert über eine Dame.

An einem Fenster klebt ein fetter Mann.
Ein Jüngling will ein weiches Weib besuchen.
Ein grauer Clown zieht sich die Stiefel an.
Ein Kinderwagen schreit und Hunde fluchen.

8.3 Lesen fördern mit DaZ-Schülern

Spezifische Lesefördermodelle für DaZ-Lernende liegen im Unterschied zu Sprachfördermodellen nur wenige vor. In der Regel wird auf vorhandene Ansätze zurückgegriffen wie in dem Projekt „Modulare Sprachförderung an Hauptschulen" (vgl. Berkemeier/Bohl/Funke 2008). Es nutzt im Baustein Lesen das Leseverstehenskonzept „Reciprocal Teaching" von Annemarie S. Palincsar und sieht abschnittsweises Lesen und die Bearbeitung im Gruppengespräch vor. Folgende vier Schritte werden wiederholt:

Leseförderung mit Hauptschülern

- Fragen zum Gelesenen formulieren,
- zusammenfassen,
- klären von einzelnen Wörtern und Textpartien sowie
- voraussagen, wie es weitergehen könnte (vgl. Berkemeier/Bohl/Funke 2008, S. 3).

Sinnvoll erscheint der Einstieg über das Formulieren von Fragen, wobei DaZ-Schüler – zumal in gemischten Gruppen mit DaM-Schülern – erfahrungsgemäß ihre Fragen zurückhalten, um ihr Nichtverstehen nicht öffentlich werden zu lassen. Deshalb ist es wichtig, auch das Formulieren von Fragen zu üben. Die Zusammenfassung erfolgt unter Umständen zu früh, denn solange einzelne Wörter und Textpartien unklar sind, ist es sehr schwer, das Gelesene zusammenzufassen.

Leseförderung mit literarischen Texten im DaZ-Unterricht

Der Ansatz der DaZ-Didaktikerin Antje Dohrn zur „Leseförderung mit literarischen Texten im DaZ-Unterricht" ist sehr breit angelegt und beschreibt Voraussetzungen und Bedingungen für einen DaZ-Unterricht auf der Grundlage von Literatur (vgl. Dohrn 2007, S. 234ff.). Im Zentrum steht die Vermittlung von Lesestrategien, die sich vom globalen über das selektive zum detailgenauen Lesen bewegen, um gerade im Umgang mit literarischen Texten textanalytisches Verstehen zu erreichen – etwa durch das Charakterisieren der Figuren, das Benennen und Analysieren von Sprache und Form sowie das Benennen von Stilmitteln in Verbindung mit dem Inhalt. Dohrns Unterrichtsvorschläge basieren auf dem Verfahren REGULESE (vgl. Dohrn 2007, S. 89), das ebenfalls Phasen vor, während und nach der Lektüre vorsieht.

REGULESE: Vor, während und nach der Lektüre

- Vor der Lektüre wird die Aufgabenstellung gesichert, das persönliche Ziel, der Weg zur Erreichung und die Wahl der Methode werden geklärt.
- Während der Lektüre kommen sieben „Detektivmethoden" zum Einsatz: 1. Überschrift beachten, 2. bildlich vorstellen, 3. Umgang mit Textschwierigkeiten, 4. Verstehen überprüfen, 5. Wichtiges unterstreichen, 6. Zusammenfassen, 7. Behalten überprüfen.
- Nach der Lektüre wird überprüft, ob die persönlichen Ziele erreicht wurden, welche Gründe den Erfolg/Misserfolg bedingt haben und was beim nächsten Mal besser gemacht werden kann.

Antje Dohrns Realisierung des REGULESE-Verfahrens durch die Formulierung von Aufgaben zu ausgewählten Texten zeigt neben der Orientierung an Lesestrategien eine Fokussierung auf Sprache durch Aufgaben zum Wortschatz, besonders im Blick auf ähnlich klingende Wörter oder Homophone, und seltener auch zur Syntax. Punktuell werden Stammformen von Verben geübt, genaues Verstehen durch Paraphrasierungen gesichert, Gegensätze (zu Adjektiven) gesucht und Multiple-Choice-Aufgaben erledigt. Auch wenn diese sprachfokussierte Herangehensweise als sinnvoll zu betrachten ist, wird sie DaZ-Schülern nur bedingt gerecht. Denn, so hält Antje Dohrn nach ihrer ersten Erprobung fest, obwohl die Fehlerzahl insgesamt sinkt, machen DaZ-Schüler nach wie vor „ihre individuellen DaZ-spezifischen Fehler" (Dohrn 2007, S. 173). Diese müssen wohl in einem expliziten DaZ-Unterricht bearbeitet werden.

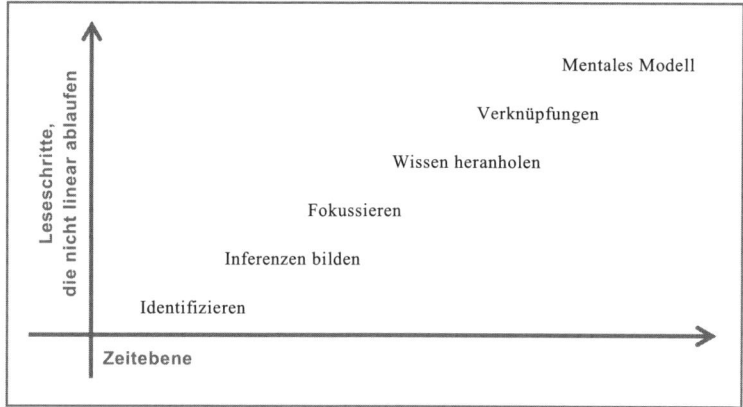

Abbildung 23: DESI-Leseprozessmodell (nach Willenberg 2007)

Bislang gibt es kaum Lesefördermodelle, die sich tatsächlich auch auf literarische Texte beziehen. Das Leseprozessmodell der DESI-Studie (Deutsch-Englisch-Schülerleistungen-International) von Heiner Willenberg (→ ABBILDUNG 23) erhebt den Anspruch, auf Sach- und literarische Texte gleichermaßen anwendbar zu sein. Auch wenn es literarische Kompetenzen nicht differenziert abbildet, werden immerhin auf den drei oberen Ebenen literaturunterrichtsspezifische Aspekte in den Blick genommen: In der Phase „Wissen heranholen" spielt Wissen über Texte mit Konzepten wie Metapher, Komik etc. eine Rolle. In der Phase der Verknüpfungen werden Textstellen mit dem Ziel „Motive etc. aufzufinden" verknüpft Die Erarbeitung eines abschließenden mentalen Modells schließt die im Literaturunterricht übliche Beschäftigung mit Figuren, Zeit, Ort, Motiven ein. Im Unterschied zu literarisch akzentuierten Modellen bezieht DESI aber auch die Ebene der Identifikation der Lexik, also die vergleichsweise schlichte Dekodierung von Wörtern und Wortgruppen ein. Damit dieses Leseprozessmodell auch als Rahmen für das Lesen in Deutsch als Zweitsprache eingesetzt werden kann, muss in allen Phasen konsequent auf Deutsch als Zweitsprache fokussiert werden, es sollten möglichst auch bereits interkulturelle Bezüge hergestellt werden:

- Auf der Ebene des Identifizierens sollten nicht nur Inhalts-, sondern auch Strukturwörter dekodiert, Bezüge im Satz geklärt und Textbausteine identifiziert werden;
- Zur Bildung von Inferenzen und mentalen Modellen sollten Formulierungshilfen angeboten werden;

Das DESI-Leseprozessmodell aus DaZ-Perspektive

- bei der Fokussierung und dem Öffnen von Schemata gilt es neben sprachlichen auch interkulturelle Bezüge herzustellen.

8.4 Literatur im Fremdsprachenunterricht

Anders als im erstsprachlichen Deutschunterricht, der nach wie vor auf den zwei Säulen Sprache und Literatur steht, ergänzt um Medien als eigenständigen oder integrativ zu behandelnden Bereich, haben sich im Fremdsprachenunterricht drei Säulen etabliert: Sprache, Literatur und Landeskunde bzw. Kultur (→ KAPITEL 9). Allerdings wird der Fremdsprachenunterricht, der sich am Gemeinsamen Europäischen Referenzrahmen für Fremdsprachen (vgl. GER 2001, → KAPITEL 3) orientiert, nicht entlang dieser drei Säulen, sondern entlang der sprachlichen Fertigkeiten (Verstehen: Hören und Lesen, Sprechen: am Gespräch teilnehmen und zusammenhängend sprechen sowie Schreiben) konzipiert. Unterschieden werden die Niveaustufen elementare (A1 und A2), selbstständige (B1 und B2) und kompetente Sprachverwendung (C1 und C2). Dabei liegt der Fokus ganz deutlich im sprachlichen Bereich, die anderen Bereiche werden – leider nicht immer konsequent – integriert. So kann eine Person auf B1-Niveau mündlich „eine Geschichte erzählen oder die Handlung eines Buches oder Films wiedergeben und (ihre) Reaktionen beschreiben", auf B2-Niveau kann sie „zeitgenössische, literarische Prosatexte" lesen und verstehen. Auf C1-Niveau kann sie „Spielfilme" und „literarische Texte" rezipieren und „Stilunterschiede" wahrnehmen. Erst auf C2-Niveau kann sie „literarische Werke" mühelos lesen und verstehen und sich schreibend damit auseinandersetzen. Dabei deutet der gewählte Terminus „Werk" auf C2-Niveau gegenüber „Text" auf C1-Niveau auf eine anspruchsvollere Literaturauswahl hin (GER 2001).

Niveaustufen im Fremdsprachenunterricht

Berücksichtigt man, dass etwa in Baden-Württemberg „von den sechs Niveaustufen im schulischen Fremdsprachenunterricht bis zum Abitur die ersten vier Stufen erreicht (werden)" (BW-Kultusministerium 2004, S. 3), so zeigt sich, wie gering der Spielraum für den Umgang mit Literatur in einem so beschriebenen Fremdsprachenunterricht ist. Gründe dafür sind ein Verständnis von Literatur als einer sprachlich anspruchsvollen Textsorte, die eine hohe Rezeptionskompetenz voraussetzt, und die Annahme, dass eine (schreibende) Auseinandersetzung mit Literatur zusätzlich an eine hohe Textanalyse- und Sprachproduktionskompetenz gebunden ist. Dass es auch anders geht, wurde bereits ausgeführt. So werden im modernen Fremdspra-

Literatur nicht erst auf B2-Niveau

chenunterricht literarische Texte bereits im Anfangsunterricht zur Sprachvermittlung, Sprachreflexion und als Vorlage für eigene Sprachproduktionen genutzt.

Ein Beispiel für Sprachvermittlung in Verbindung mit Literatur liefert Matthias Augustin (vgl. Augustin 2000), der die Bearbeitung des Spielfilms *Lola rennt* (1998) von Tom Tykwer im DaF-Unterricht in Korea mit Wortschatz- und Strukturarbeit verbindet. Er präsentiert *Rola rön* mit koreanischen Untertiteln verzögert und lässt die Lernenden mehrfach Vermutungen über den Fortgang (auch unter Verwendung der Erstsprache) äußern, übt dabei Vergangenheitsformen, Vergleiche zu formulieren und den Konjunktiv zu verwenden. Außerdem thematisiert er Berlin als Ort der Handlung unter landeskundlichen Aspekten und bearbeitet das Genre bereits vor Zeigen des Films, indem er typische Sprachmittel für einen, wie er meint, „Action- oder Gangsterfilm" sammeln lässt.

Lola rennt im DaF-Unterricht in Korea

Natürlich ließe sich kritisch anmerken, dass hier das literarische Werk für das Sprachlernen funktionalisiert und eine solche Bearbeitung der Vorlage literarisch nicht gerecht wird. Gleichzeitig zeigt der Versuch aber, dass ein kulturwissenschaftlich orientierter Umgang mit Literatur dafür geeignet ist, auch sprachlich und literarisch anspruchsvolle Literatur im frühen Fremdsprachenunterricht zu behandeln.

Kulturwissenschaftlicher Umgang mit Literatur

Der Gemeinsame Europäische Referenzrahmen schließt ein solches Vorgehen keinesfalls aus. Die Kritik am GER zielt jedoch darauf, dass innerhalb des GER Alltagsdiskurse dominieren, interpretative, ästhetische und interkulturelle Fähigkeiten weitgehend fehlen und Reflexionsfähigkeit und Bewusstheit erst auf den obersten Niveaustufen relevant sind (vgl. Krumm 2003). Dies korreliert mit dem skizzierten elitären Verständnis von Literatur, das den Umgang mit Literatur nicht nur im Fremdsprachenunterricht eher behindert als fördert. Die Abkehr von der Literatur wird oft mit der ihr unterstellten mangelnden Verwertbarkeit begründet. Dagegen plädiert etwa Berufspädagoge Hilmar Grundmann (vgl. Grundmann 2005) für den Umgang mit Literatur auch und gerade an berufsbildenden Schulen: Die Kammern und Ausbildungsbetriebe fordern einerseits vom berufsschulischen Unterricht völlig zu Recht die Förderung von Schlüsselqualifikationen wie z. B. Team- oder Kooperationsfähigkeit und anderen sozialen Kompetenzen, diffamieren aber andererseits genau jene Inhalte als überflüssigen Luxus, die diese Schlüsselqualifikation nachhaltig fördern: poetische Texte. Das gilt ganz sicher auch für den Fremdsprachenunterricht.

Fragen und Anregungen

- Formulieren Sie zu *Erklärung* von Peter Bichsel Aufgaben zum sprachlichen und literarischen Lernen. Welche Möglichkeiten bietet der Text für szenische Interpretationen?
- Übersetzen Sie den Text in eine Fremdsprache Ihrer Wahl – womit haben sie besondere Schwierigkeiten und warum? Wie lassen sich diese lösen?
- Formulieren Sie zu jedem Schritt des DESI-Leseprozessmodells eine Aufgabe zu einem in diesem Kapitel genannten literarischen Text. Welche Aufgaben fallen besonders leicht und warum?
- Gelten die „Detektivmethoden" der REGULESE-Leseförderung (1. Überschrift beachten, 2. bildlich vorstellen, 3. Umgang mit Textschwierigkeiten, 4. Verstehen überprüfen, 5. Wichtiges unterstreichen, 6. Zusammenfassen, 7. Behalten überprüfen) speziell für literarische Texte oder sind sie auch für pragmatische Texte anwendbar?

Lektüreempfehlungen

- Gerlind Belke: **Mehrsprachigkeit im Deutschunterricht**, Baltmannsweiler 2003. *Das Buch enthält grundsätzliche Überlegungen und sehr viele Beispiele für den Umgang mit „Mehrsprachigkeit im Deutschunterricht". Dabei liegt der Fokus auf Kindern und Jugendlichen in Deutschland, die mit mehreren Sprachen aufwachsen. Doch viele der Aufgaben und Anregungen lassen sich auf den DaF-Unterricht im Ausland übertragen.*

- Lothar Bredella u. a. (Hg.): **Literaturdidaktik im Dialog**, Tübingen 2004. *Dieser Sammelband enthält viele interessante Beiträge zum Umgang mit Literatur im Fremdsprachenunterricht, unter anderem auch einen Beitrag von Carola Surkamp zu Spielfilmen als Beitrag zu einer kulturwissenschaftlichen Filmdidaktik, in dem wichtige Grundzüge für einen kulturwissenschaftlichen Umgang nicht nur mit Filmen dargelegt werden.*

- Emer O'Sullivan / Dietmar Rösler: **Deutsch als Fremdsprache mit Kinder- und Jugendliteratur.** Themenheft der Zeitschrift Fremdsprache Deutsch, Heft 27, 2002. *Das Themenheft der Zeitschrift*

„Fremdsprache Deutsch" befasst sich mit Kinder- und Jugendliteratur im DaF-Unterricht und enthält neben praktischen Beispielen auch grundsätzliche Überlegungen zur Arbeit mit kinderliterarischen Werken.

- **Gerard Westhoff: Fertigkeit Lesen** (Fernstudieneinheit 17), Berlin u. a. 2007. *Lesen wird in der Fernstudieneinheit, die bereits 1997 erstmals erschienen ist, als interaktiver und konstruktiver Prozess von Wahrnehmen, Hypothesen bilden, Wahrnehmen, Hypothesen prüfen, Wahrnehmen usw. verstanden. Sie enthält Beispiele zur Entfaltung der Lesekompetenz in der Fremdsprache über das Lesen vieler einfacher, authentischer Texte, bei dem die Lernenden Erfahrungen mit Buchstabenkombinationen, Satzverläufen und Wortkombinationen sammeln und lernen, „aufgrund von gewissen Indizien im Text auf unterschiedlichen Textebenen Voraussagen zu machen" (Westhoff 2007, S. 59).*

9 Lernbereich Landeskunde

Abbildung 24: Plakat aus der Serie *ich-spreche-deutsch-de*: Hadnet Tedfai Moderatorin, Journalistin und DJane

Die Plakataktion „ich-spreche-deutsch.de" wirbt im Internet, in Zeitschriften, auf Litfasssäulen und im Kino mit mehr oder weniger bekannten, öffentlich agierenden Personen mit Migrationshintergrund für die deutsche Sprache. Es sind gut, aber nicht ‚typisch deutsch' aussehende Männer und Frauen mit ‚ausländischen Namen', die dafür werben, sich auf die deutsche Sprache einzulassen und diese zu lernen und zu sprechen. Ihre Berufe deuten auf eine erfolgreiche gesellschaftliche Partizipation hin. Die Bilder sollen motivieren, sich auch auf diesen Weg zu machen und mit dem Erlernen der deutschen Sprache anzufangen. Die herausgestreckte Zunge mit den Farben schwarz-rot-gold der deutschen Flagge, die alle Abgebildeten zeigen, signalisiert eine lockere Art, mit der deutschen Sprache umzugehen. Das Motiv erinnert an das berühmte Foto von Albert Einstein mit herausgestreckter Zunge und bringt die abgebildeten Menschen dadurch in Verbindung mit einem weltweit anerkannten Deutschen, der durch seine Relativitätstheorie die Relativität von Zeit und Raum entdeckt hat. Auf diese Weise stellt die Plakataktion Menschen mit Migrationshintergrund – im Gegensatz zu manchem eher negativen Medienbericht – als wichtige, selbstbestimmte Menschen dar und wirkt so einer engen Vorstellung von Deutschsein entgegen.

Indem nur die Zunge und nicht etwa der ganze Körper der Porträtierten deutsch beflaggt ist, wird gleichzeitig deutlich, dass die deutsche Sprache buchstäblich ‚auf der Zunge' bleibt: Sie ist ein Instrument, das nicht unbedingt alles andere – den Kopf, die Gedanken, die Mentalität, die Kultur und was immer man da noch assoziiert – beherrschen muss.

Solche Überlegungen sind auch Gegenstand der Landeskunde, denn sie betreffen die Politik, Geschichte, Wirtschaft, Bildungssysteme und das Leben im heutigen Deutschland und deutschsprachigem Raum. So stellen sich folgende Fragen: Welche landeskundlichen Informationen sind relevant? Wie sind sie im Fremdsprachenunterricht verankert? In welchem Verhältnis stehen Landeskunde, Sprache und Literatur? Welche Rolle spielt Landeskunde für DaZ-Lernende, die im deutschsprachigen Raum leben?

9.1 **D-A-CH-L als Lerngegenstand**
9.2 **Integrative Landeskunde**
9.3 **Kultur/en studieren?**
9.4 **Landeskunde und DaZ**

9.1 D-A-CH-L als Lerngegenstand

Im Fremdsprachunterricht versteht man unter Landeskunde die Vermittlung von kulturellen und materiellen Hintergrundinformationen über das Land beziehungsweise die Region, deren Sprache erlernt wird. Dazu gehören vor allem das gegenwärtige Leben und die mögliche Perspektive, die DaF-Lernende im deutschsprachigen Raum oder im Kontakt mit Deutschsprachigen haben.

Landeskunde ist ein Lernbereich, der im Bereich DaZ bislang fast gar keine Rolle spielt. In DaF- und anderen Fachdidaktiken wird die Bedeutung von Landeskunde sehr unterschiedlich bewertet: Im Nachkriegsdeutschland stand die Informationsvermittlung über das Land im Mittelpunkt. Der faktische Ansatz definierte Landeskunde als eigenständigen Bereich, der aufgrund seines Vollständigkeits- und Objektivitätsanspruchs nur für Fortgeschrittene angeboten wurde. Er beschränkte sich auf Institutionen, Staaten und die ‚hohe' Kultur und war in der Regel von der restlichen Sprachvermittlung abgekoppelt. Faktischer Ansatz (um 1960)

Ein Jahrzehnt später wurde im Zuge des kommunikativen Ansatzes (→ KAPITEL 5.2) eine informations- und handlungsbezogene ‚Leutekunde' praktiziert, die sprachdidaktisch begründet und integriert behandelt wird. Aufgrund des Alltagsbezugs wurde sie bereits im Anfängerunterricht praktiziert, indem z. B. Alltagssituationen behandelt werden. Kommunikativer Ansatz (um 1970)

Eine entscheidende Wende brachten die ABCD-Thesen von 1990: A steht für Österreich (Austria), B für die Bundesrepublik Deutschland, C für die Schweiz (Confederation Helvetica) und D für die DDR. Gemäß diesen Thesen ist Landeskunde kein eigenes Fach, vielmehr sollen kulturelle Informationen sowie die Sensibilisierung für Fremdes mit der Sprachvermittlung kombiniert werden. Außerdem werden der gesamte deutschsprachige Raum und damit auch die phonologische, lexikalische und morpho-syntaktische Vielfalt der deutschen Sprache berücksichtigt. Es sollen authentische, auch gesellschaftskritische Materialien aus allen deutschsprachigen Regionen verwendet und die Lernenden an der Themen- und Materialauswahl beteiligt werden. Die Lernenden sollen fortan ihren eigenen Zugang finden und nicht auf die Vermittlung des Bildes durch die Lehrperson angewiesen sein (vgl. ABCD-Thesen 1990). ABCD-Thesen (1990)

Die ABCD-Thesen waren grundlegend für das heute noch gültige D-A-CH- bzw. D-A-CH-L-Prinzip. Dabei steht D für Deutschland, A für Österreich, CH für die Schweiz und L für Liechtenstein; allerdings finden sich auch andere deutschsprachige Regionen wie Südtirol unter diesem D-A-CH wieder. Das D-A-CH(L)-Prinzip verfolgt eine dreifache Integration: D-A-CH(L)-Prinzip

a) von deutschsprachigen Ländern in ihrer Vielfalt,
b) von Lernenden in Planung und Ablauf,
c) von Sprachunterricht und Landeskunde (vgl. Hackl 2001).

In jüngeren Publikationen wird auch eine Verbindung zwischen Literatur und Landeskunde unter dem D-A-CH-L gesehen.

Der interkulturelle Ansatz macht seit 1990 das Verstehen der fremden Kultur im Vergleich zur eigenen zum integralen Bestandteil des DaF-Unterrichts und entwickelt im Bereich der Landeskunde neben kulturkontrastiven Ansätzen auch das *Tübinger Modell* einer integrativen Landeskunde mit interdisziplinärer Ausrichtung (vgl. Mog/Althaus 1992). Das Tübinger Modell betont die Authentizität gegenüber aus didaktischen Gründen ausgewählten Inhalten, fordert das Ermöglichen eigener Erfahrungen mit den Ländern (und nicht nur der Landeskunde) sowie Veränderungen der Lehrerrolle, der Arbeits- und Evaluationsformen im Rahmen einer „erlebten Landeskunde" (vgl. Wicke 1995). Dabei spielt interkulturelles Lernen eine wachsende Rolle. Konkret bedeutet dies, (Alltags-)Kultur im deutschsprachigen Sprachraum als Lernmedien (Bilder, Filme, Internet etc.) zu nutzen sowie interkulturelle Begegnungen vor Ort oder im Internet zu ermöglichen und zu evaluieren.

Rainer Veeck und Ludwig Linsmayer haben zu Beginn des neuen Jahrtausends die vorhandenen Landeskundekonzepte in einer Matrix zusammengetragen; sie unterscheiden zwischen sprachgebundenen und realitätsorientierten Ansätzen, die wiederum zielkulturell oder adressatenspezifisch-interkulturell sein können (Veeck/Linsmayer 2001, S. 1163; → ABBILDUNG 25):

Es ist klar, dass damit für eine adressatenspezifische und gegen eine zielkulturelle Landeskunde argumentiert wird. Aber warum sollte eine zielsprachliche und „deutschlandkundliche" Landeskunde nicht adressatenspezifisch sein? Kritisch zu fragen wäre auch, was genau unter dem kommunikations- beziehungsweise problemorientierten interkulturellen Ansatz verstanden wird.

	sprachgebunden und kommunikationsorientiert	realitäts- und problemorientiert
zielkulturorientiert	zielsprachlich	deutschlandkundlich
adressatenspezifisch	interkulturell	interkulturell

Abbildung 25: Landeskundekonzepte (in Anlehnung an Veeck/Linsmayer 2001, S. 1163)

Kritiker dieser Einteilungen wie Werner Hess verwerfen ein auf Kommunikation konzentriertes Landeskunde-Konzept, das weitgehend ohne Faktenwissen auskommen muss, weil ein solches Konzept eben nur im Rahmen einer kognitiven statt kommunikativen Landeskunde vermittelt würde (vgl. Hess 2004). Er plädiert für eine informationsorientierte Landeskunde, die aus dem Schatten der philologischen DaF-Didaktik heraustritt und eine (kognitive) Analyse- und Verstehenskompetenz in einem sehr viel größeren curricularen Bezugsrahmen anstrebt. Konkret bedeutete das, DaF-Lehrkräfte nicht nur philologisch, sondern auch landeskundlich bezogen auf Kultur, Gesellschaft, Geschichte, Politik, Wirtschaft etc. im D-A-CH(L)-Raum auszubilden.

Informationsorientierte Landeskunde (2001)

Um dies zumindest in Ansätzen zu realisieren, werden seit Ende des 20. Jahrhunderts in vielen Teilen der Welt german- oder european studies-Studiengänge gegründet, die das Primat der philologischen Ausrichtung des DaF durch eine Verstärkung der landeskundlichen Anteile (meist auf Kosten der Literatur) durchsetzen, nicht zuletzt, um für die Absolventen Berufsfelder außerhalb des Lehramts oder Übersetzungstätigkeiten zu ermöglichen.

German studies als D-A-CH-L-Studien

9.2 Integrative Landeskunde

Das Tübinger Modell, das D-A-CH-Konzept und die erlebte Landeskunde aus den 1990er-Jahren sind bereits explizit oder implizit integrative Ansätze, konzentrieren sich aber lediglich darauf, den Lernbereich Sprache in die Landeskunde zu integrieren oder umgekehrt. Das Konzept der chinesischen DaF-Didaktikerin Li Yuan ist dagegen umfassender angelegt und hat interkulturelle Handlungskompetenz zum Ziel.

Ihr Bild vom ‚Rettungsring' (→ ABBILDUNG 26) zeigt, was sie darunter versteht: Sie geht vom Kompetenzmodell des Psychologen Albert Bandura aus, nach dem sich Handlungskompetenz durch das Zusammenwirken von Sach-, Methoden-, Sozial- und Selbstkompetenz entwickelt. Sozial- und Selbstkompetenz fasst Li Yuan zusammen und formuliert zu jedem der drei Felder interkulturelle Fähigkeiten, über deren Auswahl sicher zu diskutieren wäre.

Handlungskompetenz basiert auf Sach-, Methoden-, Sozial- und Selbstkompetenz

Interessant erscheint vor allem, dass sie die Fachkompetenz D-A-CH-landeskundlich formuliert und dabei einen engen Bezug zum Land der Adressaten – in diesem Fall China – herstellt. Unter der Fachkompetenz „Wissen über die deutschsprachigen Länder in Bezug auf China" versteht sie nicht das Akkumulieren isolierter Fak-

Sensibilisierung statt Expertentum

ten oder Informationen, sondern einen dynamischen Lernprozess, bei dem Studierende sowohl Wissen über die Zielsprachenkultur als auch über die eigene Kultur erwerben. Dabei sollen sie sich mit dem Bild von Deutschland, Österreich und der Schweiz in China und auch umgekehrt mit dem Chinabild in Deutschland, Österreich und der Schweiz auseinandersetzen. Es geht Li nicht darum, Studierende zu Experten in Geografie, Geschichte, Politologie usw. auszubilden, sondern in Anlehnung an die ABCD-Thesen ihre „Sensibilisierung sowie die Entwicklung von Fähigkeiten, Strategien und Fertigkeiten im Umgang mit fremden Kulturen" zu erreichen (Li 2007, S. 228). Deshalb setzt sie im Bereich der Methodenkompetenz auf einen autonomen Wissenserwerb, der die Lernendenorientierung ernst nimmt, und Reflexionsfähigkeit, damit das erworbene Wissen auch kritisch betrachtet wird.

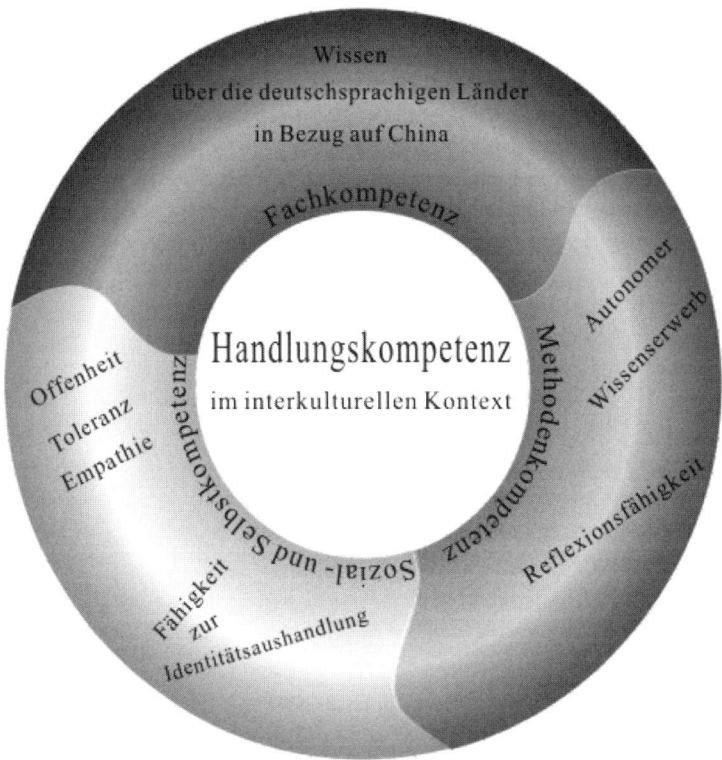

Abbildung 26: Interkulturelle Handlungskompetenz (Li 2007, S. 228)

Unter Sozial- und Selbstkompetenz fasst sie Offenheit, Toleranz, Empathie und die Fähigkeit zur Identitätsaushandlung. Offenheit ist eine Haltung und setzt eine entsprechende Bereitschaft der Lernenden voraus, die im Unterricht nur schwer zu vermitteln, sicher aber zu stärken und zumindest punktuell auch einzufordern ist. Toleranz gilt allerdings schon bei Johann Wolfgang von Goethe nur als „eine vorübergehende Gesinnung", die „zur Anerkennung führen (muss). Dulden heißt beleidigen" (Schrimpf/von Einem 1967, S. 385). Der Begriff Akzeptanz ist deshalb gebräuchlicher.

Toleranz oder Akzeptanz?

Die beiden letzten Aspekte erinnern an die im interkulturellen Kontext oft genannten Schlüsselqualifikationen nach Lothar Krappmann: Rollendistanz (die eigene Position verlassen und mit Abstand betrachten), Empathie (sich in die Position anderer hineinversetzen), Ambiguitätstoleranz (widersprüchliche Anforderungen und Erwartungen aushalten), Identitätsbewusstsein und -darstellung (die eigene Position erkennen und anderen gegenüber darstellen). Auch diese lassen sich gut im Prozess der Auseinandersetzung mit Stereotypen ausbilden und entwickeln, wie es Li Yuan vorschlägt. Zu berücksichtigen ist, dass diese Schlüsselqualifikationen in Verbindung zueinander stehen: Ohne Rollendistanz ist Empathie nur bedingt möglich, Ambiguitätstoleranz erwächst in Verbindung mit Selbst- und Fremdwahrnehmung und damit mit Empathie. Identitätsbewusstsein, das die Umwelt nicht ausblendet, gilt als anspruchsvolle Schlüsselqualifikation und kann ohne die vorher genannten nicht ausgebildet werden.

Schlüsselqualifikationen

9.3 Kultur/en studieren?

Kann man Kultur/en studieren oder anders gefragt: was genau meint Kulturstudien? Um diese Frage zu beantworten ist zunächst zu klären, was Kultur überhaupt ist. Der Fremdsprachdidaktiker Claus Altmayer untersucht Konzepte von Kultur im Kontext von Deutsch als Fremd- und Zweitsprache und unterscheidet
- normative Konzepte, die Kultur als Prozess verstehen,
- klassisch-ethnologische Konzepte, die Kultur als homogene Ganzheiten betrachten, sowie
- hermeneutische und sozialkonstruktivistische Konzepte, die Kultur als Bedeutung und geteiltes Wissen ansehen (vgl. Altmayer 2010, S. 1402).

Der Kulturbegriff hat sich in der Fremdsprachdidaktik von einem traditionellen (auf Hochkultur fixierten) über den erweiterten (alle

Lebensbereiche umfassenden) zu einem offenen (an der Alltags- und Hochkultur orientierten) Kulturbegriff entwickelt (vgl. Kretzenbacher 1992). Damit ist zwar eine Öffnung des Gegenstandsbereichs erreicht, aber Kultur wird (nur) zu einem Gegenstandsbereich innerhalb der Landeskunde, eine normativ-wertende Sicht auf den je ausgewählten Bereich innerhalb einer oder auch im Vergleich zwischen Kulturen bleibt erhalten.

Sektoraler (normativ-wertender) Kulturbegriff

Kultur als Prozess zu verstehen hat aus europäischer Perspektive immer noch den negativen Beigeschmack eines eurozentrischen Überlegenheitsgefühls, nach dem sich alle Kulturen nach europäischem Vorbild oder im Sinne einer (europäisch verstandenen) Zivilisation zu entwickeln hätten. Stattdessen ist Kultur ein universelles Phänomen, das nicht ein-, sondern mehrdimensional zu denken ist. Kultur ist nicht statisch, sondern dynamisch in dem Sinne, dass sie sich nicht zuletzt im Austausch mit anderen Kulturen entwickelt.

Kultur als dynamischer Prozess

Klassisch-ethnologische Konzepte fanden über Autoren wie den amerikanischen Kulturanthropologen Edward Hall, den niederländischen Sozialanthropologen Geert Hofstede oder den deutschen Psychologen Alexander Thomas auch in den verschiedenen Fremdsprachenwissenschaften Einzug. Geert Hofstede benennt folgende fünf Dimensionen nationaler Kulturen (vgl. Hofstede 2006): Machtdistanz, Individualismus versus Kollektivismus, Maskulinität versus Feminität, Unsicherheitsvermeidung versus Ambiguität, langfristige versus kurzfristige Orientierung. Ihre dichotomische Gegenüberstellung unterstützt das Verständnis von in sich abgeschlossenen Kulturen, die sich eindeutig zuordnen lassen und damit auch vor dem Hintergrund einer eurozentrischen Dominanzkultur bewertbar seien. Doch schon innerhalb einer „nationalen Kultur" können durchaus unterschiedliche Ausprägungen z. B. von Maskulinität und Feminität vorkommen, sodass die genannten Dimensionen vor dem Hintergrund ihrer Eignung nicht nur zur Beschreibung nationaler Kulturen, sondern auch zur Beschreibung kultureller Orientierungen von Menschen innerhalb einer Gruppe geprüft werden können.

Fünf Dimensionen nationaler Kulturen

In Deutsch als Fremdsprache wird vor allem die Kulturstandardtheorie von Alexander Thomas polarisierend diskutiert. Thomas definiert folgende Merkmale: Kulturstandards sind Arten des Wahrnehmens, Denkens, Wertens und Handelns, die von der Mehrzahl der Mitglieder einer bestimmten Kultur für sich und andere als normal, typisch und verbindlich angesehen werden. Sie steuern, regulieren und beurteilen eigenes und fremdes Verhalten, besitzen Regulationsfunktion für den Umgang mit Situationen und Personen, wobei die

Kulturstandardtheorie

Toleranzbereiche individuell und gruppenspezifisch variieren können. Verhaltensweisen, die sich außerhalb der bereichsspezifischen Grenzen bewegen, werden von der sozialen Umwelt abgelehnt und sanktioniert. (Thomas 2005, S. 25) Diese vorsichtige, gegenüber intrakultureller Heterogenität sensible Definition zeigt eine wichtige Entwicklung auch innerhalb des Verständnisses von Kultur als Ganzheit, die allerdings in der Umsetzung solcher Ansätze nicht immer in gleicher Weise reflektiert wird.

Die berechtigte Kritik bezieht sich allerdings auf das dahinterstehende Verständnis von Kultur als monolithischer Block, das die Heterogenität und Widersprüchlichkeit moderner Gesellschaften, vor allem auch von Einwanderungsgesellschaften, nicht berücksichtigt und die im Kontext der Globalisierung zunehmenden Vermischungen kultureller Orientierungen weitgehend ignoriert. Vor allem mit Blick auf Individuen wird die Gefahr von Kulturalisierung und Ethnisierung benannt, nämlich wenn Menschen einseitig und stereotypisch auf eine bestimmte Kultur festgelegt werden. In Abgrenzung dazu wird Kultur zu einem für eine Nation, Gesellschaft, Organisation oder Gruppe typischen Orientierungssystem, das aus spezifischen Symbolen (z. B. Sprache, Gestik, Mimik, Kleidung, Begrüßungsritualen) gebildet und tradiert wird und das Wahrnehmen, Denken und Handeln sowie die Werte aller Mitglieder beeinflusst. Kulturen existieren in einem solchen Verständnis gerade *nicht* als monolithische Blöcke, sondern zeigen intrakulturelle Heterogenität sowie interkulturelle Überlappungen mit und transkulturelle Übergänge zu anderen Kulturen, die Grenzen verschieben, verhärten oder auch auflösen können. Dabei spielt das Herrschaftsverhältnis zwischen Kulturen vor dem Hintergrund einer regional oder auch global existierenden Dominanzkultur eine Rolle.

<small>Gefahr der Kulturalisierung</small>

<small>Kultur als Orientierungssystem</small>

<small>Dominanzkultur</small>

Aufgrund der Kritik an der Homogenisierung von Kultur und beeinflusst durch Theorietraditionen, die von Phänomenologie und Hermeneutik bis zu Symbolischem Interaktionismus und Sozialkonstruktivismus reichen, gehen aktuelle kulturwissenschaftliche Forschungsansätze davon aus, „dass die (soziale) Wirklichkeit nicht unmittelbar gegeben, sondern in Akten diskursiver Deutung und Sinnzuschreibung von den Akteuren selbst erst konstituiert wird, dass demnach die Aufgabe kultur- und sozialwissenschaftlicher Forschung vorrangig darin besteht, diese sinnkonstituierenden Akte in einem nicht etwa kausal erklärenden, sondern im verstehenden Zugriff zu rekonstruieren" (Altmayer 2010, S. 1404). Claus Altmayer selbst orientiert sich an einem Begriff von Kultur, der „nicht in einem

<small>Konstruktivistische Ansätze</small>

<small>Altmayers kulturelle Deutungsmuster</small>

Set mehr oder weniger gleichförmiger Verhaltensweisen oder Mentalitäten besteht, sondern uns mit einem Fundus an (kollektivem) Wissen versorgt, das uns in die Lage versetzt, der Welt um uns herum, aber auch unserem eigenen Leben Sinn und unserem Handeln Orientierung zu geben". Die im kulturellen Gedächtnis gespeicherten Einzelelemente nennt er kulturelle Deutungsmuster, auf die Menschen in ihrem Sprachgebrauch zurückgreifen, sie bei Gesprächspartnern oder den Adressaten von Texten oder Medienangeboten aller Art in der Regel implizit und selbstverständlich als allgemein bekannt und akzeptiert voraussetzen. Diese kulturellen Deutungsmuster, „die wir im Deutschen verwenden, gilt es zu rekonstruieren, um sie auf die Ebene des Expliziten zu heben, sie sichtbar und damit auch lernbar zu machen" (Altmayer 2010, S. 1404).

Auch hier ist kritisch zu fragen, wie weit die subjektive Komponente trägt, wenn nun doch wieder eine Wir-Gruppe konstruiert wird. Sobald wir/ich versuche/n, dieses Wir zu fassen, besteht wieder die Gefahr der Homogenisierung und Vereinnahmung. Denn Menschen, die die deutsche Sprache gebrauchen, sind eine heterogene Gruppe: Menschen mit Deutsch als Erstsprache (in verschiedenen deutschsprachigen Ländern und Regionen) oder Menschen mit Deutsch als Fremd- oder Zweitsprache (in unterschiedlichen Lernkontexten). Weitere Unterscheidungsmerkmale könnten das Geschlecht, die Generation, die Bildungsbiografie, der soziale Status usw. sein.

Fachliche Akzentuierung des Kulturbegriffs

Dennoch leisten Claus Altmayers kulturelle Deutungsmuster eine Neuorientierung, denn sie binden Kultur an den Sprachgebrauch und akzentuieren den Bezug zum Fremdsprachenlehren und -lernen auf diese Weise sehr viel deutlicher als allgemeinere Kulturbegriffe. Außerdem wird aus dem Nomen „Kultur" das Adjektiv „kulturell", was durch die Anbindung an ein Nomen – in diesem Fall „Deutungsmuster" – eine Dimension neben anderen anspricht. Schließlich fordert Altmayer eine forschungsorientierte Sicht, die nicht bereits weiß oder normativ festlegt, was Kultur ist, sondern eben kulturelle Deutungsmuster erforschen will. Damit ist der Weg von einem normativen zu einem deskriptiven Kulturbegriff geebnet.

Deskriptiver Kulturbegriff

Konsequenzen für die Fremdsprachdidaktik

Folgt man dieser Entwicklung, so geht es im Bereich DaZ/DaF weniger darum, den Bereich Landeskunde aufzuwerten oder auszubauen, sondern vielmehr um eine kulturwissenschaftliche Akzentuierung der Fremdsprachdidaktiken, und zwar bezogen auf alle drei Lernbereiche: Sprache, die in sehr vielen Konzepten nach wie vor im Zentrum steht, Literatur mit ihrem besonderen Verhältnis zu Kultur/en, die auch eine

Fundgrube für kulturelle Deutungsmuster darstellt, und natürlich Landeskunde, die nicht in Kulturstudien aufgeht, sondern genau wie Sprache und Literatur einer kulturwissenschaftlichen Betrachtung und Vermittlung zugeführt wird, indem etwa historische oder zeitgenössische Dokumente, Wirtschaftsberichte oder die Kommunikation am Arbeitsplatz im D-A-CH-L-Raum oder in internationalen Unternehmen hinsichtlich ihrer kulturellen Deutungsmuster untersucht werden.

9.4 Landeskunde und DaZ

Schulen im Inland arbeiten ebenso wie Auslandsschulen in allen Fächern mit Lehrwerken, die für Muttersprachler eines Landes oder innerhalb Deutschlands eines Bundeslandes entwickelt oder zugelassen wurden. Landeskunde ist dort nicht an den Deutschunterricht gebunden, sondern findet statt in Fächern wie Sachkunde (früher Heimatkunde) in der Grundschule oder Geschichte, Geografie, Sozialkunde, Wirtschaft in der Sekundarstufe, wo heute zunehmend in sozialwissenschaftlichen Fächerverbünden wie EWG (für Erdkunde, Wirtschaft, Geschichte) unterrichtet wird. Diese Fächer orientieren sich genau wie der Deutschunterricht in der Regel weitgehend unreflektiert nicht nur an der deutschen Sprache, sondern eben auch an Deutschland und konstruieren dieses Land als homogene Gesellschaft. Das zeigt sich etwa daran, dass Menschen mit Migrationshintergrund – wenn überhaupt – in eigens unter dem Aspekt konzipierten Lektionen vorkommen, nicht aber als genuiner Teil der deutschen Einwanderungsgesellschaft.

Landeskunde und Schule

Hinweise auf andere deutschsprachige Länder oder die Vielfalt der deutschen Sprache im D-A-CH-L-Raum sind eher selten und könnten zumal im Deutschunterricht durchaus systematischer integriert werden – und zwar nicht wegen der DaZ-Schüler, sondern um den Sprachraum als Erweiterung oder auch als Alternative zu nationalen Zuschnitten für alle Schüler erfahrbar zu machen.

Entscheidender scheint aber zu sein, dass DaZ-Schüler häufig als Angehörige einer nicht-deutschen (Herkunfts-)Kultur wahrgenommen und punktuell auch stigmatisiert werden, ohne zu reflektieren, dass sie – sofern sie andere kulturelle Deutungsmuster mitbringen – die kulturellen Deutungsmuster erst erwerben müssen, die sie brauchen, um am deutschen Bildungssystem erfolgreich partizipieren zu können. Stattdessen werden die kulturellen Deutungsmuster häufig vo-

Erwerb kultureller Deutungsmuster in der Schule?

rausgesetzt oder wenn überhaupt implizit vermittelt. Nicht zuletzt dies muss als Grund dafür angesehen werden, dass der soziale und kulturelle Hintergrund in Deutschland in dramatischer Weise den Bildungserfolg beeinflusst, die Schule also nicht in der Lage ist, diesbezügliche Unterschiede auszugleichen und den Kindern neben den fachlichen auch die sprachlichen und kulturellen Kompetenzen zu vermitteln, die sie in der deutschen Schule brauchen.

Lehrkräfte erzählen häufig von Kindern und Jugendlichen mit Migrationshintergrund, die sich nicht „benehmen können", weil sie Erwachsene im direkten Gespräch nicht ansehen. Der Grund kann darin liegen, dass sie in ihren Familien gelernt haben, Erwachsenen auf diese Art Respekt zu zeigen. Auf Deutsche wirkt ein solches Verhalten aber unsicher, abweisend oder sogar ‚falsch' (im Sinne von „etwas zu verbergen haben"). Nun gibt es natürlich sehr viele Möglichkeiten, auf eine solche Situation zu reagieren. Man kann sie zu Ungunsten (als unangemessenes Benehmen) oder auch zu Gunsten (als erklärbares Verhalten) des Kinder ignorieren; beides bürdet die Herausforderungen, in der deutschen Schule erwünschte und Erfolg versprechende Verhaltensweisen zu erwerben, dem Kind auf. Man kann solche Kommunikationssituationen aber auch kulturkontrastiv oder multiperspektivisch thematisieren, um mit allen Kindern über kulturell geprägte Verhaltens- und Reaktionsweisen auf Verhalten zu sprechen.

Kulturwissenschaftliche Orientierung im Unterricht

Die Grundlage dafür ist eine kulturwissenschaftliche Orientierung auch des Deutschunterrichts und der Fächer, die landeskundliche Akzente setzen – und das sind in der Schule im Prinzip alle Fächer, die vielleicht durch die DaZ-Kinder und -Jugendlichen ausgelöst werden, aber für alle Kinder und Jugendlichen gleichermaßen relevant sind.

Fragen und Anregungen

- Erläutern Sie das D-A-CH-L-Prinzip. Untersuchen Sie DaF-Lehrwerke nach D-A-CH-L-Ansätzen. Sollten Sie nur wenig finden, überlegen Sie, woran das liegt und an welches Thema man dieses Prinzip andocken könnte. Spielen Sie es an einem Thema durch.

- Beschreiben Sie die Entwicklung vom normativen zum deskriptiven Kulturbegriff. Claus Altmayer kritisiert zu Recht, dass entgegen theoretischer Überlegungen das Prinzip der Homogenisierung und Abgrenzbarkeit von Kultur/en in der Praxis nach wie vor dominiert. Ändert eine kulturwissenschaftliche Perspektive daran etwas?

FRAGEN UND LEKTÜREEMPFEHLUNGEN

- Beschreiben Sie zunächst Ihre und anschließend eine andere Kultur entlang der fünf Dimensionen von Geert Hofstede. Welche erscheinen Ihnen sinnvoll und welche nicht? Gibt es Unterschiede beim Vorgang des Beschreibens der eigenen und der anderen Kultur? Wenn ja: Wie erklären Sie sich diese?
- Stellen Sie sich eine multiethnische, d. h. also eine ganz ‚normale' Klasse in einer deutschsprachigen Schule vor. Sie behandeln Begrüßungs- und Abschiedsformeln. Worauf ist unter landeskundlichen, worauf ist unter kulturwissenschaftlichen Aspekten zu achten?

Lektüreempfehlungen

- **Doris Bachmann-Medick: Cultural Turns. Neuorientierungen in den Kulturwissenschaften**, Reinbek bei Hamburg 2006. *Beschreibt einen Paradigmenwechsel im Verständnis und im Umgang mit Kultur, der die Forschungsperspektive von allgemeingültigen Erklärungsmodellen menschlichen Verhaltens auf die Ebene der symbolischen Ordnungen und subjektiven Sinnzuschreibungen verschiebt. Die Autorin verdeutlicht kulturwissenschaftliche Ansätze, die davon ausgehen, dass Wirklichkeit nicht unmittelbar gegeben ist, sondern von den Akteuren konstituiert wird.*
- **Markus Biechele / Alicia Padrós: Didaktik der Landeskunde**, Berlin 2003. *Diese Fernstudieneinheit liefert grundlegende theoretische, aber auch viele praktische Beispiele zur Umsetzung einer aktuellen Landeskundedidaktik in Deutsch als Fremdsprache.*
- **Ruth Esser / Hans-Jürgen Krumm (Hg.): Bausteine für Babylon: Sprache, Kultur, Kulturwissenschaftliche Aspekte des Deutschen als Fremd- und Zweitsprache**. Festschrift für Hans Barkowski zum 60. Geburtstag, München 2007. *Der Sammelband unternimmt den Versuch, Sprache und Kultur zusammenzubringen und kulturwissenschaftliche Aspekte des Deutschen als Fremd- und Zweitsprache fassbar zu gestalten. Vor allem der Baustein Kultur gibt einen kritischen Einblick in kulturkontrastive Konstrukte wie die japanische Lehr- / Lernkultur und einen Überblick über komplementäre Kulturbegriffe.*
- **Yuan Li: Integrative Landeskunde**, München 2007. *In der Landeskundedidaktik werden immer wieder erhebliche Defizite in der*

Ausdifferenzierung nach unterschiedlichen Lernkonstellationen benannt. Yuan Li plädiert konsequent für eine Teilnehmer- und Situationsbezogenheit. Sie entwickelt für eine spezifische Lernkonstellation im DaF-Unterricht im Ausland – im Modellstudiengang German Studies an der Zhejiang Universität in China – nach regionalen Grundlagenstudien ein integratives landeskundliches Konzept und evaluiert es anhand des Einsatzes von Werbung in der Lehre.

10 Interkulturelle Kompetenz

Abbildung 27: Bild aus *Die Kinder vom Meer* (Jaume Escala / Carme Solé Vendrell, 1991/94)

INTERKULTURELLE KOMPETENZ

Im Bilderbuch „Die Kinder vom Meer" von Jaume Escala und Carme Solé Vendrell erzählt ein Mann „mit blauen Augen" einem dunkeläugigen Jungen Märchen aus einem Märchenbuch. Der Junge lebt mit seinen Geschwistern in einer Hütte am Meer. Während in den Märchen von Prinzessinnen, Schlössern, Drachen und anderen Fabelwesen die Rede ist, überträgt der Junge diese Bilder auf sein reales Leben, sodass das Märchenschloss zum realen Gefängnis wird, in dem sein Bruder einsitzt, und die Prinzessin zu einer Prostituierten. Hier prallen zwei Welten aufeinander – die Märchenwelt und die reale Welt, die Welt der schöngeistigen Literatur, die ein Mann aus dem Norden mitbringt, und die Armut im Süden, die das Leben des Jungen und seiner Geschwister prägt. Der Junge nimmt am Ende das Buch und wirft es ins Feuer, damit er und seine Geschwister ein bisschen Wärme verspüren. Bildhaft gesprochen verbrennen die Märchen, aber sie spenden zumindest für kurze Zeit die erhoffte Wärme.

Interkulturell ist der Text durch die Inszenierung des Aufeinandertreffens dieser beiden Welten geprägt, durch ihre kurze Verschmelzung und das Wiederauseinandergehen aufgrund der Unvereinbarkeit zwischen dem Traum vom Glück und der Realität.

Der Junge lässt sich nicht einlullen von den Märchen, sondern hält – obwohl er das Kind und sein Gegenüber der Erwachsene ist – seine Realität dagegen. So bringt er den Mann zum Aufgeben, denn dieser erkennt offensichtlich, dass die Märchen – über das Spenden von ein wenig Wärme hinaus – für den Jungen keinen Sinn haben. Der Hinweis auf die hellen beziehungsweise dunklen Augen macht das Gespräch auch zu einem Nord-Süd-Dialog und wirft die Frage auf, welche Lösungen denn die Länder der nördlichen für die der südlichen Hemisphäre bereithalten.

All diese Aspekte sind auch relevant, wenn es um interkulturelle Kompetenz geht, denn dabei geht es nicht nur um Dialoge zwischen Menschen unterschiedlicher kultureller Orientierung, sondern auch um Fragen des Miteinander in Einwanderungsgesellschaften, im Zeitalter der Globalisierung und unter dem Primat einer Dominanzkultur, die immer noch eurozentrisch geprägt ist.

10.1 Phasenmodelle interkultureller Kompetenz
10.2 Dimensionen interkultureller Kompetenz
10.3 Interkulturelle Kommunikation
10.4 Inter- und Transkulturalität

10.1 Phasenmodelle interkultureller Kompetenz

Der Sprachwissenschaftler Noam Chomsky versteht Kompetenz als theoretisch rekonstruiertes Regelsystem, das empirisch vorfindliches Sprachverhalten (Performanz) erzeugt. Kommunizierende sind also in jedem Fall kompetent, auch wenn sie sich des Regelsystems nicht bewusst sein sollten, das sie in ihrem Sprachverhalten zeigen. Übertragen auf Kultur könnte dies bedeuten, dass man kulturelle Äußerungs- oder Deutungsformen, die in der Kommunikation zum Ausdruck kommen, rekonstruiert, um die dahinter verborgene kulturelle, eventuell auch die interkulturelle Kompetenz zu ermitteln. Eine weitergehende Frage ist, ob Performanz im sprachlichen und (inter-)kulturellen Bereich entfaltet werden kann, indem man in Bildungsprozessen an der entsprechenden Kompetenz arbeitet, z. B. den erreichten Stand bewusst macht und daran anknüpfend Impulse zur Weiterentwicklung gibt. Um dies zu realisieren, muss man nicht nur wissen, welche Kompetenz sich in dem Verhalten manifestiert und dieses erzeugt, sondern auch, wie sich die jeweilige Kompetenz entwickelt.

Chomskys Verständnis von Performanz und Kompetenz

Für die verschiedenen Formen des Spracherwerbs einschließlich des Schriftspracherwerbs sind deshalb Phasenmodelle vorgelegt worden (→ KAPITEL 3, ASB BUDDE/RIEGLER/WIPRÄCHTIGER-GEPPERT), die Phasen der (schrift-)sprachlichen Entwicklung durch Struktur- und Hypothesenbildung unterschiedlicher Komplexität kennzeichnen. Auch im Bereich der literarischen Sozialisation gibt es Ansätze für Phasenmodelle zum (erstsprachlichen) Literaturerwerb (→ ASB LEUBNER/SAUPE/RICHTER), die wie Erich Schön drei Phasen der Identifikation ausmachen:

Phasenmodelle zum Sprach- und Literaturerwerb

Drei Phasen der Identifikation:

- Die Phase der Substitution, in der Protagonisten und Objekte der fiktionalen Welt in die reale Welt treten, ist eine Voraussetzung für eine affektive Beziehung zu einem Protagonisten und ein „Indikator für die Fähigkeit zur subjektiven Illusionsbildung" (Schön 1995, S. 106); sie findet sich bei Kindern im Vorschulalter, manchmal auch noch im Grundschulalter.

Substitution

- Die Phase der Projektion, in der der Protagonist zur „Hohlfigur für sein eigenes Selbst" wird (Schön 1995, S. 108), findet sich vor allem bei 13-/14-Jährigen aufgrund großer Diskrepanz zwischen den realen Handlungsmöglichkeiten und -bedürfnissen sowie der Erwartung einer „selbstdisziplinierenden Einordnung in das gesellschaftliche System; die für das Kind bis dahin so wichtigen körperlichen Fähigkeiten werden nun zugunsten abstrakterer sozialer Kompetenzen eher abgewertet" (Schön 1995, S. 110).

Projektion

Empathie

- Die Phase der Empathie als die Fähigkeit zum Umgang mit den Grenzen eigener und fremder Identität basiert auf der Erfahrung fremder innerer Zustände, der Identifikation und Interpretation beobachtbarer (äußerer) und nicht beobachtbarer (innerer) Merkmale. Empathie ist nicht Übernahme des objektiven Zustands, sondern „Konstruktionsarbeit des Empathie-Subjekts" (Schön 1995, S. 110). Empathie wird im Jugendalter – von Mädchen in der Regel früher als von Jungen – erreicht.

Modelle Interkultureller Progression

Für den Bereich der interkulturellen Kompetenz gibt es mehrere Versuche, Phasen- oder Progressionsmodelle zu entwickeln, die allerdings in der Regel theoretische Konstrukte darstellen und noch nicht empirisch überprüft wurden. Ein erstes Modell legte der Schulpädagoge Eduard Kiel bereits 1996 vor, indem er eine Entwicklung interkultureller Kompetenz über folgende sechs Stufen modellierte: 1. Kulturelle Sensibilisierung, 2. Methoden der Kulturanalyse, 3. Analyse der eigenen Kultur, 4. Analyse einer Zielkultur, 5. Entwicklung kultureller Regeln einer Zielkultur, 6. Überprüfen der entwickelten Regeln in einer Zielkultur (vgl. Kiel 1996). Aktueller ist das Stufenmodell von Arnd Witte (→ ABBILDUNG 28).

Das Modell von Kiel ist der Dichotomie von eigener und fremder Kultur verpflichtet, das Modell von Witte ist dagegen problemorientiert, indem es auf Grenzerfahrungen und Stereotypen hinweist; es schafft vor allem durch den Hinweis auf eine subjektive Interkultur Übergänge zwischen Kulturen oder etwas Subjektiv Neues.

Stufe 9 – Integration interkultureller Konstrukte in eigenes Alltagsdenken und -handeln

Stufe 8 – Herausbildung einer je subjektiven Interkultur

Stufe 7 – Relativierung eigenkultureller Deutungsmuster

Stufe 6 – Bewusstmachung der Kulturabhängigkeit von Denken und Handeln

Stufe 5 – Interkulturelle Grenzerfahrung

Stufe 4 – Bewusstmachung von Stereotypen

Stufe 3 – Lebensweltliche Anknüpfungspunkte

Stufe 2 – Erster intensiver Fremdsprachenkontakt

Stufe 1 – Ignoranz gegenüber der Andersheit der fremden Sprache u. Kultur

Abbildung 28: Stufen interkultureller Progression von Arnd Witte (Witte 2009, S. 55–63)

PHASENMODELLE INTERKULTURELLER KOMPETENZ

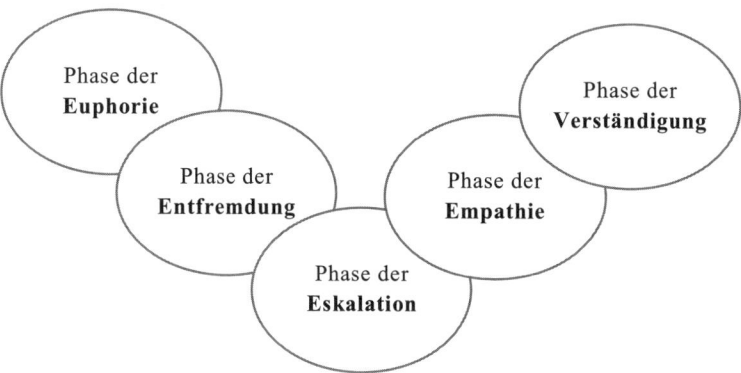

Abbildung 29: Kulturschock als Prozess (vgl. Wagner 1996, S. 19; Rösch 2004)

Ein Modell, das Kulturschock als Prozess versteht (vgl. Wagner 1996; Rösch 2004), greift die mit dem interkulturellen Lernen verbundene Irritation noch deutlicher auf und beschwört die Gefahr der Eskalation (→ ABBILDUNG 29).

Das von Wolf Wagner verwendete Schaubild, in dem die Entwicklung von einer hohen über eine niedrige wieder zu einer hohen Kulturkompetenz verläuft, wurde hier modifiziert im Sinne einer Unterscheidung von monokultureller und interkultureller Kompetenz. Erstere bezieht sich im Wesentlichen auf die eigene Kultur oder auf andere Kulturen, die aus der eigenen heraus betrachtet werden. Interkulturelle Kompetenz basiert darüber hinaus auf der Reflexion des interdependenten Verhältnisses zwischen den beteiligten Kulturen, der Auseinandersetzung mit kultur- und statusbedingten Unterschieden und Gemeinsamkeiten, wozu auch gehört, dass kulturelle Äußerungsformen nicht als nationale oder ethnische Lebensform zu werten sind.

Insofern führt das U-förmige Modell von einer hohen monokulturellen, universalistischen Kompetenz (der Phase der Euphorie) über die Phase der Entfremdung, durch die Erfahrung, dass eigene kulturelle Muster nur bedingt Gültigkeit haben, zunächst zum Tiefpunkt einer niedrigen Kulturkompetenz (der Phase der Eskalation) und schließlich über die Phase der Empathie wieder zu einer hohen Kulturkompetenz beziehungsweise zu einer interkulturellen Kompetenz (der Phase der Verständigung).

Marginalien:
Kulturschock als Prozess

Eskalation als Wendepunkt von der mono- zur interkulturellen Akzentuierung

10.2 Dimensionen interkultureller Kompetenz

Dimensionen und Niveaustufen

Seit dem PISA-Schock wird in Deutschland zunehmend daran gearbeitet, etwa die Lesekompetenz differenziert zu erfassen, das heißt, in Teildimensionen aufzugliedern und dafür Niveaustufen festzuhalten. Gerade in diesem Bereich gibt es neben eindimensionalen Lesemodellen wie dem DESI-Leseprozessmodell (→ KAPITEL 8.3) auch mehrdimensionale Lesekompetenzmodelle wie das in den PISA-Studien verwendete (→ ABBILDUNG 30).

Innerhalb der drei Subskalen (Informationen ermitteln, Textbezogenes Interpretieren, Reflektieren und Bewerten) werden jeweils fünf

Niveaustufen \ Dimensionen	Oberflächliches Verständnis einfacher Texte	Herstellen einfacher Verknüpfungen	Integration von Textelementen	Detailliertes Verständnis komplexer Texte	Flexible Nutzung unvertrauter, komplexer Texte
Informationen ermitteln	Deutlich erkennbare Informationen	Einfache Verknüpfungen, begrenzte Zahl von ablenkenden Infos	Umgang mit konkurrierenden und Erschließen indirekter Infos, Integration von Textelementen	Eingebettete Infos bei unvertrauten Texten nutzen, Umgang mit Mehrdeutigkeiten, Sprachnuancen, Elementen, die im Widerspruch zu eigenen Erwartungen stehen	Elemente, die im starken Widerspruch zu eigenen Erwartungen stehen, komplexe, lange und unvertraute Texte
Textbezogenes Interpretieren		Bedeutung einzelner Elemente durch simple Schlussfolgerung erschließen, Hauptgedanken identifizieren bei vertrauten Texten	Genaues Verständnis von Texten mittleren Komplexitätsgrads	Genaues Verständnis relativ langer, komplexer Texte	Angemessene Interpretation feiner sprachlicher Nuancen
Reflektieren und Bewerten	Offensichtliche Verbindungen zwischen Gelesenem und Alltagswissen	Bei vertrauten Texten: Beurteilung unter Bezugnahme auf persönliche Erfahrungen und Einstellungen	Nutzung spezifischen Wissens zur Beurteilung	Beurteilung komplexer Texte im Rückgriff auf externes Wissen	Einbettung des Gelesenen in das Vorwissen und Beurteilung

Abbildung 30: Dimensionen und Niveaustufen im PISA-Lesekompetenzmodell (vgl. Artelt/Schlagmüller 2004, S. 188)

Kompetenzstufen unterschieden. Dadurch lässt sich abbilden, dass etwa ein Leser bezogen auf Informationen ermitteln eine hohe und bezogen auf Reflektieren und Bewerten eine niedrige Kompetenzstufe erreicht.

Im Bereich des interkulturellen Lernens werden Versuche unternommen, z. B. in Anlehnung an den pragmatisch-funktionalen Kompetenzbegriff (→ KAPITEL 9) ebenfalls so etwas wie Dimensionen festzuhalten, die kognitiven, affektiven und sozialen Kapazitäten, die Personen benötigen, um komplexe Anforderungen in beruflichen und alltäglichen Situationen zu erfüllen, also auf das interkulturelle Lernen zu übertragen. Der Kommunikationswissenschaftler Jürgen Bolten sieht in interkultureller Kompetenz einen „anwendungsbezogenen Spezialfall allgemeiner Handlungskompetenz" (Bolten 2003, S. 157) (als Interdependenzverhältnis aus Personal-, Sozial-, Fach- und Methodenkompetenz), die um die Transferfähigkeit auf bestimmte interkulturelle Kontexte ergänzt wird und eine affektive, kognitive und verhaltensbezogene Dimension enthält. In den Fachdidaktiken herrscht Einigkeit darüber, dass ein solcher Kompetenzbegriff erst sinnvoll wird, wenn er für die jeweiligen fachlichen Belange ausformuliert wird. Um diesen Kompetenzbegriff für interkulturelle Kompetenz zu realisieren, müsste also formuliert werden, welche Sach-, Methoden, Sozial- und Selbstkompetenz im Umgang mit Kultur/en gemeint sind.

Sach-, Methoden-, Sozial- und Personalkompetenz im Umgang mit Kultur/en

Während ein solcher Kompetenzbegriff vom Ende des Lernprozesses her gedacht wird, betont der kognitionspsychologische Kompetenzbegriff nach Franz Weinert die Erlern- und damit auch Vermittelbarkeit sowie die situative und damit auch fachliche Einbindung, deshalb wurde er für die Formulierung der deutschen Bildungsstandards verwendet (vgl. Klieme u. a. 2006). Kompetenz wird demnach verstanden als bei Individuen verfügbare oder von ihnen erlernbare kognitive Fähigkeiten und Fertigkeiten, bestimmte Probleme zu lösen, sowie die damit verbundenen motivationalen, volitionalen und sozialen Bereitschaften und Fähigkeiten, die Problemlösungen in variablen Situationen erfolgreich und verantwortungsvoll nutzen zu können. Durch den Hinweis auf Fähigkeiten und Fertigkeiten sind die Bereiche Wissen und Können angesprochen, diese werden ergänzt durch (motivationale, volitionale und soziale) Bereitschaften, sich auf bestimmte Probleme auch tatsächlich einzulassen. Damit ist eine individuelle, aber auch ethisch-politische Dimension von Kompetenz umrissen, die im Kontext interkulturellen Lernens sehr bedeutsam ist. Übertragen auf interkulturelle Kompetenz ließe sich also formulieren: Interkulturelle Kompetenz meint verfügbare oder erlernbare kognitive Fähigkeiten und Fertigkeiten, die das Ziel haben, interkulturelle

Kognitionspsychologisches Kompetenzmodell

Kommunikation zu gestalten, sowie die damit verbundenen motivationalen, volitionalen und sozialen Bereitschaften und Fähigkeiten zur erfolgreichen und verantwortungsvollen Teilhabe an und Gestaltung von interkultureller Kommunikation.

Michael Byram „fünf savoirs"

Der Fremdsprachdidaktiker Michael Byram formuliert folgende „fünf savoirs": Wissen, Einstellungen, Verstehen unter Nutzung kulturellen Wissens, Fähigkeit zur Organisation von Erkenntnisgewinn und Interaktion in einer zunächst fremden Umgebung sowie die kritische Beurteilung der Eigen- und Fremdkultur (vgl. Byram 1997). Auch wenn die Begrifflichkeiten nicht identisch sind, werden ähnlich wie im kognitionspsychologischen Modell Fähigkeiten (wie Wissen und Verstehen unter Nutzung kulturellen Wissens), Fertigkeiten (wie die Organisation von Erkenntnisgewinn und Interaktion in einer zunächst fremden Umgebung) und schließlich Bereitschaften (wie Einstellungen und die kritische Beurteilung der Eigen- und Fremdkultur) benannt und damit für interkulturelles Lernen spezifiziert.

Kompetenzmodell der pädagogischen Psychologie

Im Bereich der pädagogischen Psychologie unterscheiden Heinz Mandl, Helmut Friedrich und Aemilian Hron zwischen deklarativem Wissen, Problemlösungswissen sowie prozeduralem und metakognitivem Wissen, das je fachspezifisch auszuformulieren ist (vgl. Mandl/Friedrich/Hron 1986). Hier wird – im Unterschied zu den anderen Kompetenzbegriffen – zusätzlich zum deklarativem und Problemlösungswissen auch der Prozess der (prozeduralen) Routinebildung berücksichtigt, der für das Lernen nicht nur von Sprachen eine große Rolle spielt, und vor allem der Bereich des metakognitiven Wissens, der auf die Bewusstheit und damit das reflexive Durchdringen von bereits erreichtem oder noch anzustrebenden Wissen verweist. Problematisch an diesem Kompetenzbegriff ist, dass er auf vier Wissensfelder rekurriert, während sich in der Didaktik die Unterscheidung zwischen Wissen und Können durchgesetzt hat (wobei deklaratives und eventuell auch Problemlösungswissen unter „Wissen" zu fassen wäre, prozedurales und eventuell auch Problemlösungswissen unter „Können"). In Anlehnung an den Kompetenzbegriff der pädagogischen Psychologie gewinnt in der Didaktik die Bewusstheit als weitere Komponente zu Wissen und Können an Bedeutung (vgl. Ossner 2006).

Sprachbewusstheit

Da der Begriff der Bewusstheit auch in der Sprachdidaktik eine zentrale Rolle spielt, ist er hier von besonderer Bedeutung: Sprachbewusstheit meint die Sensibilität für Sprache/n, ihre Formen, Strukturen, Funktionen sowie ihren Gebrauch. Es gibt Versuche, zwischen impliziter Sprachbewusstheit und explizitem Sprachbewusstsein zu unterscheiden, oder zwischen unbewusstem Sprachbesitz, gelebter, aber nicht explizit formulierbarer Sprachbewusstheit und expliziter Sprachbewusstheit. Helga Andresen und Reinold Funke geben die Vorstellung von verschiedenen homogenen Fähigkeitsdimensionen auf. Sie betrachten sowohl Sprachwissen als auch Sprachbewusstheit gleichermaßen als Komponenten metasprachlicher Leistung, bei der Sprache aus der Komplexität der Sprechsituation herausgelöst und unabhängig von den Bedingungen der aktuellen Situation zum Gegenstand des Denkens gemacht wird (vgl. Andresen/Funke 2003, S. 445). Im Zentrum von Sprachbewusstheit steht demnach die kognitive, reflexive und auf den Gebrauch einer metasprachlichen Begrifflichkeit basierende Beschäftigung mit Sprache/n, ihren Formen, Strukturen, Funktionen, ihrem Gebrauch und im Kontext von Sprachlernen auch mit ihrem Erwerb und ihrer Vermittlung.

Übertragen auf Kultur/en bedeutet Kulturbewusstheit dann die kognitive, reflexive und auf den Gebrauch einer metasprachlichen Begrifflichkeit basierende Beschäftigung mit Kultur/en, ihren Formen, Strukturen, Funktionen, ihren Äußerungsformen und Deutungsmustern und im Kontext von Unterricht auch mit ihrem Erwerb und ihrer Vermittlung. Nach diesem Vorbild lässt sich interkulturelle Kompetenz in den Dimensionen Wissen, Können und Bewusstheit fassen: Es geht um Wissen über Kultur/en und kulturelle Interdependenzen, um das Wahrnehmen und in Beziehung setzen können von (inter-)kulturellen Phänomenen sowie um die Bewusstheit über die (inter-)kulturelle Dimension von Identität und Ethnizität.

Kultur- bzw. interkulturelle Bewusstheit

10.3 Interkulturelle Kommunikation

Die Interkulturelle Didaktik setzte in den 1980er-Jahren ein und wird von manchen Fremdsprachdidaktikern als Teil oder auch als Weiterentwicklung der kommunikativen Didaktik gesehen (→ KAPITEL 5.2). Dahinter steht das Primat der Sprache gegenüber dem (Inter-)Kulturellen, das heißt, die Sprache soll „gegenüber vagen, affektiv besetzten interkulturellen Konzepten in den Mittelpunkt unterrichtlicher Bemühungen" gestellt werden (Edmondson/House 2006, S. 121). Andere Fremdsprachdidaktiker verstehen dagegen fremdsprachliches auch als fremdkulturelles und später interkulturelles Lernen und plädieren dafür, die Fähigkeit zu interkultureller Kommunikation und damit auch das bessere Verstehen seiner selbst durch Fremdverstehen auszubilden (vgl. Huneke/Steinig 2005, S. 177).

Interkulturelle Sprachdidaktik

Jörg Roche erklärt „interkulturelles Kommunikationsverständnis" zu einer sprachlichen Fertigkeit innerhalb des kommunikativen An-

INTERKULTURELLE KOMPETENZ

Interkulturelle Kommunikation als fünfte sprachliche Fertigkeit

satzes, der die Grammatik, das Lesen und Schreiben neu entdeckt. Er schlägt folgendes „vierphasiges Ablaufkonzept für die Einführung neuer sprachlicher und kultureller Strukturen" vor (Roche 2001, S. 110, 174f.):

- Aktivierung des Vorwissens zu einem Thema;
- Differenzierung a) thematisch durch die Vorgabe einer bestimmten Perspektive zum Thema, die eine Auseinandersetzung mit dem Thema provoziert, und b) strukturell durch die Behandlung des Wortschatzes, der Grammatik und von Lernstrategien für den vertieften Umgang mit dem Thema;
- Expansion durch die Einführung einer neuen Perspektive, die die Diskussion auf eine höhere Ebene bringt;
- Integration durch die Gegenüberstellung der erarbeiteten mit einer deutlich kontroversen Perspektive.

In allen Phasen ist darauf zu achten, die Lernenden (fremd)sprachlich nicht zu überfordern, notwendige Sprachmittel zur Verfügung zu stellen und die erreichte (Fremd-)Sprachkompetenz zu verfeinern. Über die (inter)kulturelle Dimension wird nichts ausgesagt, sie ergibt sich lediglich durch die ausgewählten Materialien, in denen Klischees (*Deutsche lieben Zäune*) oder Kulturbegegnungen (*Zehndollarschein verschmilzt mit einem Zwanzigmarkschein*) aufgegriffen werden.

Stattdessen lässt sich interkultureller Kommunikation auch fassen als:

- Kommunikation zwischen Angehörigen verschiedener Kulturen im nationalen oder internationalen Kontext oder zwischen Erst- und Zweitsprachsprechenden einer Sprache.
- Kommunikation über andere Kulturen und Globalisierungsthemen.

Entscheidend ist, dass interkulturelle Kommunikation nicht an die Anwesenheit von Menschen unterschiedlicher Kulturen gebunden wird. Sie kann auch eintreten, wenn Sprachbeherrschende und Sprachlernende kommunizieren (was häufig ein Dominanzverhältnis widerspiegelt), wenn man in Abwesenheit der entsprechenden Gruppe über diese spricht oder wenn Globalisierungsthemen wie Migrationen, Multiethnizität, Mehrsprachigkeit etc. erörtert werden, in denen kulturelle Deutungsmuster bezogen auf die eigene oder andere Kulturen zum Ausdruck gebracht werden.

Interkulturelle Kommunikation in den Medien

Interkulturelle Kommunikation lässt sich vor diesem Hintergrund nicht auf Alltagsdiskurse beschränken, sondern findet auch in beruflichen Situationen und in den Medien statt, weshalb Talkshows oder andere öffentliche Gespräche genauso zur interkulturellen Kommunikation gehören wie Werbung oder Spielfilme (hier besonders interkulturelle Gespräche in Filmen wie *Lost in Translation* (2003) von Sofia Coppola, in dem zwei Nordamerikaner in Tokio vor der japanischen Kulisse zu ihren eignen Werten finden).

10.4 Inter- und Transkulturalität

Die interkulturelle Germanistik konstituierte sich Anfang der 1980er-Jahre (vgl. Wierlacher 1985) und betrachtet deutsche Literatur aus fremdkultureller Perspektive. Sie konzentriert sich auf Texte, „in denen die fremde Kultur mit anwesend ist und mitgedacht werden muss und dadurch in ihrer Andersheit und Unterschiedlichkeit Ausdruck gewinnt" (Nayhauss 2004, S. 74). Auch wenn sich die fremdsprachliche Literaturdidaktik von einer Didaktik des Fremdverstehens (vgl. Bredella 1995) zu einer Didaktik des interkulturellen Verstehens entwickelt hat, bleibt die Dichotomie des Fremden und des Eigenen weitgehend erhalten: Das Einnehmen der „Innenperspektive" auf dem Weg zum Fremdverstehen wird durch die Berücksichtigung einer oder mehrerer „Außenperspektiven" als eigene Sichtweise auf das Fremde sowie durch eigene Beurteilungen des Fremden nur erweitert (vgl. Bredella 2002, S. 16f.). So kann aus Empathie, bei der eigene Beurteilungsmaßstäbe ausgeblendet werden, unter expliziter Berücksichtigung eigener Beurteilungsmaßstäbe Sympathie werden (vgl. Bredella 2007, S. 39).

<small>Interkulturelle Germanistik</small>

Der Deutschdidaktiker Werner Wintersteiner hält diesen Ansatz in Anlehnung an Wolfgang Welschs (vgl. Welsch 1995) Konzept von Transkulturalität für „naiv", weil er die Vorstellung von der Existenz klar unterschiedener, in sich homogener Kulturen transportiert. Das Konzept der Transkulturalität entwirft demgegenüber nicht ein Bild der Isolierung und des Konflikts zwischen Kulturen, sondern eines der Verflechtung, Durchmischung und Gemeinsamkeit, sodass die Bedeutung der Nationalstaatlichkeit oder der Muttersprache für die kulturelle Formation schwindet (vgl. Wintersteiner 2010, S. 42).

<small>Transkulturalität</small>

Der Literaturwissenschaftler Norbert Mecklenburg hält dagegen: Auch wenn er einräumt, dass sich Kultur nicht nur aus Differenzen zu anderen, sondern auch aus Überlappungen, Übergängen und intrakultureller Heterogenität bestimmt, sieht er die Notwendigkeit, sie zur Reflexion aus ihrem multi-, inter- oder transkulturellen Geflecht herauszuheben. Er plädiert für die Verwendung beider Begriffe innerhalb eines Konzepts (vgl. Mecklenburg 2008):

<small>Inter- und Transkulturalität innerhalb eines Konzepts</small>

- Interkulturalität basiert auf den Begriffen Differenz und Alterität bzw. Diversität und Heterogenität und tritt so der Gefahr schematischer Dichotomisierungen entgegen. Problematisch sind dabei die

Kulturalisierung vor allem diskriminierter Gruppen sowie das Verfestigen von Kulturunterschieden im Kontext einer ‚Multi-Kulti-Idylle'. Das Konzept liefert aber gleichzeitig die Grundlage für die Reflexion von Kultur/en, insbesondere bezogen auf Status- und Machtaspekte; zudem unterstützt es das Fokussieren auf kulturelle Interdependenzen und multiple Identitäten.

- Transkulturalität basiert auf den Begriffen Dialogizität, Hybridität, Synkretismus etc. Das Konzept birgt die Gefahr der Idealisierung des Hybriden und der Ignoranz gegenüber dominanzkulturellen, universalistischen Aspekten, die aus der Perspektive von Minderheiten oder diskriminierten Gruppen allzu leicht einfach Assimilation an die Dominanzkultur bedeuten kann. Gleichzeitig wird auf die Dynamik von und Interaktion zwischen Kultur/en fokussiert, und die kulturverbindende oder -übergreifende Identitätsbildung wird in den Blick genommen, um sie ggf. auch kritisch zu reflektieren.

Die Vorsilben „inter" und „trans"

Anders formuliert konnotiert die Vorsilbe „inter" das Zwischen, das Gegenseitige und bezieht sich in der Regel auf Unterschiede, Ähnlichkeiten, Beziehungen, Prozess, Austausch und Konflikte. Die Vorsilbe „trans" meint dagegen quer hindurch, über etwas hinaus, oder jenseits und konnotiert damit Übergang und Bewegung. Sie bezieht sich auf etwas Kulturübergreifendes, Universelles oder auf etwas über eine Kultur Hinausgehendes, einen Transfer. Bleibt der Transfer einseitig ist er transkulturell, wird er wechselseitig ist er interkulturell.

Der Diskurs im Bereich der Landeskunde

Ein ähnlicher Diskurs um Inter- oder Transkulturalität wird auch im Bereich der Landeskunde geführt. Dort geht es ebenfalls nicht mehr nur um die Beschäftigung mit dem Verhältnis, den Gemeinsamkeiten und Unterschieden zwischen Herkunfts- und Zielkultur der Lernenden (vgl. Krumm 1992), sondern auch um die Fähigkeit, eigenkulturelle Konzepte zu reaktivieren, die Fähigkeit zur Vermittlung zwischen eigener und fremder Kultur, mit den aus verschiedenen Lebenswelten resultierenden Erwartungen und Verhaltensweisen umgehen und zwischen ihnen kommunikativ vermitteln zu können sowie um die Fähigkeit zur Perspektivenübernahme beziehungsweise Empathie (vgl. Schinschke in: Zeuner 1997).

Fragen und Anregungen

- Klären Sie die Begriffe multi-, trans- und interkulturell. Was verändert sich mit diesen differenzierten Begriffen im Vergleich zu einer kulturwissenschaftlichen Orientierung, wie sie im Kontext des Bereichs Landeskunde favorisiert wird?

FRAGEN UND LEKTÜREEMPFEHLUNGEN

- Vergleichen Sie die interkulturellen Kompetenzmodelle auf theoretischer und auf praktischer Ebene. Mit welchem würden Sie ihr zukünftiges Praxisfeld gestalten wollen und warum?
- Welche Begriffe sind für die Analyse und Gestaltung interkultureller Kommunikation relevant?
- Analysieren Sie die Linde-Werbung (→ ABBILDUNG 31) aus interkultureller Perspektive. Achten Sie auf den Bildaufbau, die Farben, den Slogan und auch den Fließtext oben rechts:

„Ideen, die Märkte schaffen. Die Zeichen in unserem Arbeitsgebiet Kältetechnik stehen auf Wachstum. Weil wir uns seit Jahren strategisch in den Emerging Markets Asiens positionieren. Aus gutem Grund, denn mit der Anhebung des Lebensstandards wird der Lebensmittelhandel neu geordnet. Folge: Die großen internationalen Handelsketten expandieren in die aufstrebenden Märkte. Damit steigt die Nachfrage nach Kühl- und Tiefkühlmöbeln zur Präsentation und Lagerung von Lebensmitteln. Dabei sind wir oft erste Wahl. Weil wir unsere Kunden vor Ort mit einem Lächeln empfangen. Wir informieren Sie gerne."

Abbildung 31: Linde-Werbung (2003)

Lektüreempfehlungen

- Michael Byram / Adelheid Hu (Hg.): Interkulturelle Kompetenz und fremdsprachliches Lernen. Modelle, Empirie, Evaluation, Tübingen 2008. *Dieser Sammelband gibt den Stand der empirischen Forschung zur interkulturellen Kompetenz in der Fremdsprachdidaktik wieder. Die Texte sind in Englisch oder Deutsch.*

- Dagmar Kumbier / Friedmann Schulz von Thun: Interkulturelle Kommunikation: Methoden, Modelle, Beispiele, Reinbek bei Hamburg 2006. *Auf der Basis des weit verbreiteten ‚4-Ohren-Modells'* (→ KAPITEL 12, ABBILDUNG 37) *von Friedemann Schulz von Thun, das die Sach-, Beziehungs-, Appell- und Selbstkundgabeebene beinhaltet, wurde hier ein Modell für die Interkulturelle Kommunikation entworfen, das sicher diskussionswürdig ist, aber viele Beispiele zu Formen und Problemen interkultureller Kommunikation enthält.*

- Anja Scherpinski: Ausbildung interkultureller Kompetenz im Fremdsprachenunterricht, Saarbrücken 2008. *Die Arbeit untersucht den Zusammenhang zwischen rezeptionsästhetischem und interkulturellem Verstehen, wobei aktuelle literaturtheoretische Modelle und didaktische Ansätze analysiert und in einem praktischen Unterrichtsbeispiel zusammengefasst werden. Sie richtet sich insbesondere an Fremdsprachenlehrer und Studierende der Fremdsprachendidaktik.*

- Jürgen Straub / Arne Weidemann / Doris Weidemann (Hg.): Handbuch interkulturelle Kommunikation und Kompetenz. Grundbegriffe – Theorien – Anwendungsfelder, Stuttgart / Weimar 2007. *Das Handbuch definiert Grundbegriffe wie Differenz, Identität, Verstehen, Konflikt und erörtert die wichtigsten Theorien aus Linguistik, Soziologie, Psychologie und anderen Disziplinen. Im Mittelpunkt stehen aktuelle Themen.*

11 Mehrsprachigkeit

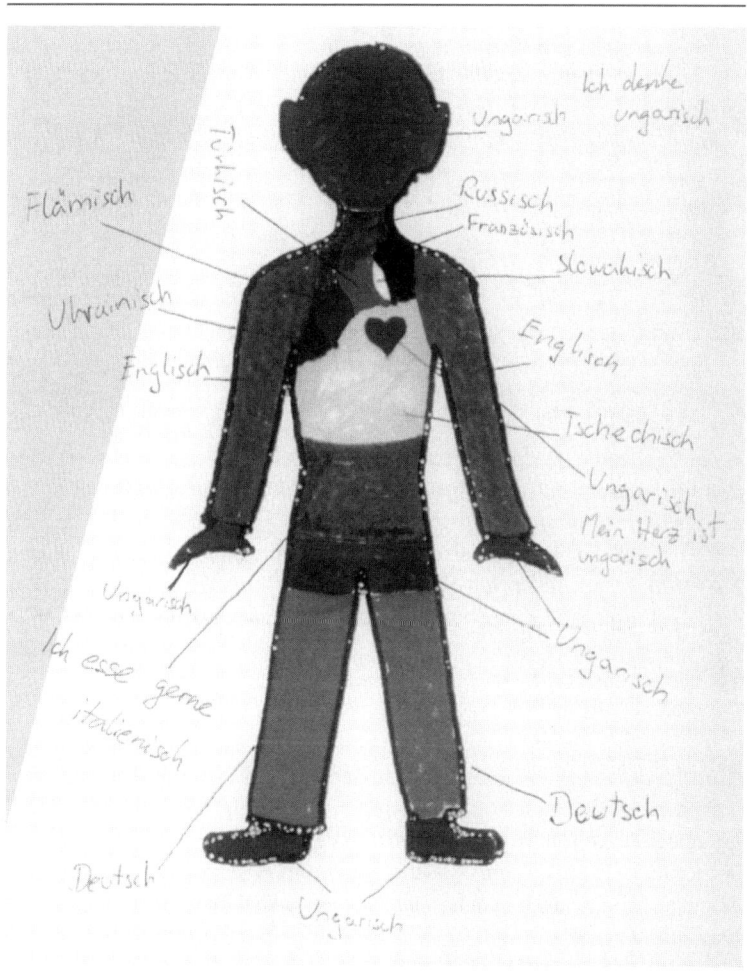

„Mein Herz ist ungarisch. Die wichtigsten Teile meines Körpers sind ungarisch. Mein Bauch ist italienisch, weil ich gerne italienisch esse. Meine Beine sind deutsch, weil ich in deutschem Sprachgebiet lebe. Meine Ärme sind englisch, weil ich zum arbeiten im späteren Leben english brauchen werde."

Abbildung 32: „Mein Herz ist ungarisch ..." (Krumm 2001, S. 89)

MEHRSPRACHIGKEIT

Dieses Bild von der Anordnung der Sprachen im eigenen Körper stammt aus einer Untersuchung von Hans-Jürgen Krumm zur lebendigen Mehrsprachigkeit und ziert auch die hessische Handreichung „Das Europäische Portfolio der Sprachen" (Bildungshaus 2009, S. 1). Darin findet sich folgende Aufforderung zum Ausfüllen des Umrisses: „Male deine Sprachen in die Figur und nimm für jede Sprache eine andere Farbe. Erläutere deine Zuordnung. Male den Umriss so aus, dass man sieht, welche Bedeutung deine verschiedenen Sprachen für dich haben und welche Gefühle du mit ihnen verbindest. Dies kannst du mit der Wahl der Farbe, mit der Größe der Fläche und mit der Zuordnung zu bestimmten Körperregionen ausdrücken."
Es geht also darum, sich die emotionale und auch die funktionale Beziehung zu den eigenen Sprachen für das eigene Leben bewusst zu machen. Die weiteren Schülermaterialien thematisieren die Sprachen in der Familie und im Freundeskreis, bevor eine Selbsteinschätzung des Hörverstehens erfolgt und schließlich überlegt wird, „wie ich meine Sprachkenntnisse verbessern möchte". Die Kinder werden in vier Sprachen (Englisch, Deutsch, Französisch und Türkisch) aufgefordert, zu formulieren, was sie besser machen möchten, wie und in welchem Zeitraum sie das erreichen möchten. Interessant ist, dass neben den großen europäischen Sprachen auch Türkisch als die Sprache, die die größte Einwanderergruppe in den Westeuropäischen Ländern spricht, aufgenommen wurde. Obgleich angemahnt werden kann, dass andere große Sprachgruppen wie in Deutschland die russische oder in Frankreich die arabische ignoriert wurden, zeigt sich eine Akzeptanz gegenüber den in die verschiedenen Ländern mitgebrachten Sprachen, die nicht zu den Amtssprachen der Europäischen Union gehören.

Mehrsprachigkeit ist im Plural zu denken, deshalb werden zunächst verschiedene Formen von Mehrsprachigkeit aufgezeigt, wobei Mehrsprachigkeit unter Migrationsbedingungen eine wichtige Rolle spielt. Außerdem ist zu fragen: Welche Konzepte einer zweisprachigen Bildung existieren und welche Rolle spielt dabei die Vermittlung von DaZ bzw. DaF?

11.1 Formen von Mehrsprachigkeit
11.2 Prinzipien zweisprachiger Erziehung
11.3 Mehrsprachigkeit in Bildungseinrichtungen
11.4 Mehrsprachigkeitsdidaktik

11.1 Formen von Mehrsprachigkeit

Mehrsprachigkeit bezieht sich auf Menschen, die von Anbeginn oder im Laufe ihres Lebens zwei oder mehr Sprachen erwerben. Doppelter oder bilingualer Erstspracherwerb meint, dass Kinder von Geburt an mit zwei Sprachen aufwachsen und im Unterschied zum einsprachigen einen zweisprachigen Erstspracherwerb erleben. Erwerben Kinder im Alter von drei bis sieben Jahren eine weitere Sprache, so setzt ein früher Zweitspracherwerb mit dieser Sprache ein. Bei späterem Erwerb spricht man von Zweitspracherwerb von Kindern, Jugendlichen oder Erwachsenen (vgl. Klein 1999, S. 43ff., → KAPITEL 1)

Doppelspracherwerb und Zweitspracherwerb

Mehrsprachige haben in der Regel eine dominante Sprache, wobei diese im Laufe des Lebens wechseln kann, je nach der Bedeutung, die die einzelnen Sprachen für den Sprechenden in bestimmten Lebensabschnitten einnehmen (vgl. Oksaar 2003). Menschen sind also meist nicht parallel, sondern funktional mehrsprachig, das heißt, sie können bestimmte Sprachdomänen in der einen und andere in einer anderen Sprache ausdrücken. Wer z. B. in der Familie türkisch und in der Schule deutsch spricht, bildet Türkisch als Familien- und Deutsch als Schulsprache aus.

Parallele und funktionale Mehrsprachigkeit

Der Spracherwerbsforscher Ernst Apeltauer unterscheidet zwischen balanciert Zweisprachigen, die beide Sprachen in etwa gleich gut beherrschen, Bilingualen mit dominanter Erst- bzw. dominanter Zweitsprache und Monolingualen am Anfang ihres Zweitspracherwerbs (vgl. Apeltauer 1997, S. 18). Balancierte Zweisprachigkeit wird in der Regel durch entsprechende Bildungsangebote (wie die Staatliche Europaschule Berlin) erreicht und setzt voraus, dass beide Sprachen bezogen auf alle Fertigkeiten (Hören, Sprechen, Lesen, Schreiben) gleich ausgebildet sind. Werden Kinder, die bereits beim Eintritt in das deutsche Bildungssystem balanciert zwei- oder mehrsprachig sind, einsprachig beschult, verlieren sie in der Regel ihre balancierte Zweisprachigkeit und erfahren eine subtraktive Zweisprachigkeit beziehungsweise einen Sprachwechsel oder werden – in der Terminologie von Ernst Apeltauer – zu „Bilingualen mit dominanter Zweitsprache Deutsch" (Apeltauer 1997, S. 19).

Balancierte oder subtraktive Zweisprachigkeit

Zweisprachigkeit mit dominanter Erst- oder Zweitsprache lässt sich auch als asymmetrische Zweisprachigkeit bezeichnen (vgl. z. B. Montanari 2010). Eine einsprachig deutsche Schulbildung unterstützt bei nicht-deutscher Erstsprache die Ausbildung von Zweisprachigkeit mit der dominanten Zweitsprache Deutsch. Wenn dies allerdings misslingt, bedeutet das nicht einfach, dass die betroffenen Kinder

Asymmetrische Zweisprachigkeit

und Jugendlichen zweisprachig mit ihrer dominanten Erstsprache sind, sondern dass sie unter ungünstigen Bedingungen auch diese Sprache nicht auf bildungssprachlichem Niveau ausbilden können und Gefahr laufen, doppelt halbsprachig zu werden.

Monolinguale am Anfang des Zweitspracherwerbs

Monolinguale auf dem Weg zur Zweisprachigkeit, die sich in einem für sie zweitsprachlichen Bildungssystem – z. B. in einer deutschen Auslandsschule oder als Kinder und Jugendliche mit einer nicht-deutschen Erstsprache im deutschen Bildungssystem – befinden, brauchen Unterstützung beim Erwerb der Zweitsprache und beim Lernen in der Zweitsprache, die sinnvollerweise in alle Fächer integriert ist. Hier könnten einschlägige Erfahrungen und Ansätze aus Auslandsschulen für die Situation im Inland genutzt werden, damit auch DaZ-Kinder und -Jugendliche im deutschsprachigen Inland bereits während ihres Zweitspracherwerbs erfolgreich am Bildungsangebot partizipieren können.

Individuelle und gesellschaftliche Mehrsprachigkeit

Außerdem ist zwischen individueller und gesellschaftlicher Mehrsprachigkeit zu unterscheiden: Deutschland versteht sich als einsprachige Gesellschaft, ist de facto aber bereits eine mehrsprachige geworden, was sich an nicht-deutschsprachigen Informationsblättern, mehrsprachigen Ge- und Verbotsschildern oder an türkischen, arabischen, russischen und anderen nicht-deutschen Schriftzügen im Straßenbild genauso zeigt, wie an der Aufnahme der türkischen Sprache in das europäische Sprachenportfolio. Ähnliches gilt für Österreich. Die Schweiz pflegt dagegen eine gesellschaftliche Mehrsprachigkeit, wobei die jeweiligen Sprachregionen allerdings eher einsprachig gestaltet sind. In Südtirol hat die deutsche Sprachgruppe einen langen Kampf geführt, damit ihre Sprache der italienischen Amtssprache gleichgestellt wird. Entsprechend sind dort öffentliche Verlautbarungen Deutsch und Italienisch und der Erwerb beider Sprachen wird durch Bildungsmaßnahmen unterstützt. In den meisten

Diglossie

Regionen, in denen Sprachminderheiten leben, herrscht eine Diglossie, denn beide Sprachen werden in unterschiedlichen gesellschaftlichen Funktionsbereichen verwendet. Brauchen nur die Minderheitenangehörigen die dominante Amtssprache für ihren beruflichen Erfolg, spricht man von einseitiger Diglossie mit unzureichendem Bilingualismus. In Deutschland und vielen anderen Einwanderungsgesellschaften trifft diese Situation für die eingewanderten Sprachminderheiten zu.

Mehrsprachigkeit in der Europäischen Union

Gesellschaftliche Mehrsprachigkeit ohne Diglossie existiert nur selten, denn sie setzt die gleichberechtigte Verwendung mehrerer Sprachen voraus. Die Europäische Union versucht, dieses Prinzip zu realisieren und zeigt doch, wie schwierig es sich gestaltet. In der EU sind 23 Sprachen als offizielle Amtssprachen anerkannt, mit denen alle Gremien der EU kontaktiert werden können. Davon werden nur Englisch, Französisch und Deutsch als interne Arbeitssprachen zur Verständigung zwischen den Mitarbeitern der europäischen Institutionen verwendet. Je nach Institution hat sich von diesen drei Arbeitssprachen jeweils eine Arbeitssprache als vorherrschend herausgebildet. Im Europäischen Parlament können Redebeiträge in jeder Amtssprache gehalten werden, die simultan übersetzt werden. Die Abgeordneten sprechen meist in ihrer Landessprache, während Beamte und geladene Experten häufig Englisch oder Französisch verwenden. Das zeigt, dass sich auch hier nur einige Sprachen durchzusetzen beginnen.

11.2 Prinzipien zweisprachiger Erziehung

Es lassen sich verschiedene Prinzipien einer zwei- oder mehrsprachigen Erziehung unterscheiden (vgl. Rosa 2007, S. 121). Das bekannteste Prinzip ist „Eine Sprache eine Person", das vor allem in binationalen Familien praktiziert wird. Dabei sprechen Vater und Mutter mit dem Kind konsequent in ihrer jeweiligen Erstsprache und erwarten auch, dass das Kind ihnen gegenüber diese Sprache verwendet. Wird dies Prinzip im Kindergarten oder anderen Bildungseinrichtungen praktiziert, muss gewährleistet sein, dass zumindest phasenweise zwei Pädagogen in der Gruppe sind und die Kinder zu beiden Sprachen etwa gleich viel Zugang erfahren.

Das Prinzip „Eine Sprache-eine Person"

Da dies oft nur schwer zu realisieren ist, gibt es für Bildungseinrichtungen das Prinzip „Eine Situation eine Sprache", bei dem etwa während des gemeinsamen Essens immer die eine und bei Spaziergängen die andere Sprache verwendet wird. In der Schule kann sich dies auch auf Unterrichtsfächer beziehen, die entweder ausschließlich oder in Epochen einsprachig unterrichtet werden. Entscheidend für den Erfolg ist die Qualität des sprachlichen Inputs und der Sprachvermittlung, vor allem bei älteren Lernenden.

„Eine Situation eine Sprache"

Beide Varianten entsprechen einer koordinierten Sprachförderung, da beide Sprachen unverbunden nebeneinander erworben werden. In der Regel wird diese Variante im vorschulischen Bereich gewählt, während im schulischen Bereich eine kombinierte Förderung vorgezogen wird. Dabei geht es darum, beide Sprachen miteinander zu verbinden und als Einheit zu vermitteln. Diese Form

Kombiniert-zweisprachige Erziehung

Alphabetisierung in zwei Sprachen der Sprachförderung kommt auch bei der Alphabetisierung von Minderheitenkindern zum Einsatz. In Programmen, die sich (auch) an Kinder der Mehrheit richten, wird in aller Regel zunächst in der dominanten Sprache des Kindes und erst danach in seiner Zweitsprache alphabetisiert. Dagegen plädieren Programme für Minderheitenkinder für eine kombinierte Alphabetisierung, bei der von Anfang an beide Sprachen in den Blick genommen werden und der Weg von gleich lautenden und gleich geschriebenen Buchstaben über Interferenzbuchstaben bis zu (Schrift-)Sprachvergleichen führt. Die Grundoperationen werden in der Erstsprache eingeführt und sofort auf die Zweitsprache übertragen. Über Schlüsselthemen wird eine enge Verbindung zwischen Erst- und Zweitsprachunterricht geschaffen, die sicher stellt, dass beide Sprachen gleichberechtigt vorkommen und nicht die eine der anderen untergeordnet wird.

11.3 Mehrsprachigkeit in Bildungseinrichtungen

→ ABBILDUNG 33 zeigt, welche Typen von mehrsprachigen Bildungsprogrammen sich unterscheiden lassen.

Typ	Zielgruppe	Unterrichtssprache	Ziel
Einsprachige Erziehung „Submersion"	Sprachmehrheit Sprachminderheit	Landessprache (= L1) Landessprache (= L2)	Landessprache Assimilation
L2-Förderung	Sprachminderheit	L2 (z. T. L1-Einbeziehung)	L2-Kompetenz
Translinguale Erziehung	Sprachminderheit	L1 → Landessprache	Sprachwechsel
Minderheiten-sprachen-erziehung	Sprachminderheit	L1 dominiert	L1-Spracherhalt
Bilinguale Erziehung	Sprachminderheit	L1 + L2 (Dominanz variabel)	Spracherhalt/ Zweisprachigkeit
Ein-Weg- Immersion	Sprachmehrheit	L1 + L2 (eher paritätisch)	Zweisprachigkeit (eher parallel)
Zwei-Wege-Immersion	Mehrheit + Minderheit	L1 + L2 (eher asymmetrisch)	Zweisprachigkeit (eher asymmetrisch)

Abbildung 33: Zweisprachige Bildungsprogramme

Submersion bedeutet im Unterschied zu Immersion, dass die Lernenden nicht einfach in die zweite Sprache „eintauchen" und diese ungesteuert erwerben, sondern dass sie darin – aufgrund ungünstiger externer Faktoren – unterzugehen drohen. Findet Immersion als ungesteuerter Spracherwerb, bei dem die Lernenden ohne systematische Vermittlung in die Zielsprache eintauchen, mit der Sprachmehrheit statt, scheint sie sehr gut zu klappen – wie nicht zuletzt durch Erfolge an deutschen Auslandsschulen, die nach diesem Programm arbeiten, deutlich wird. In der Inlandssituation sind Zwei-Wege-Immersionsprogramme von Bedeutung, die sich an zwei Sprachgruppen richten. Sie sind eher selten, zeigen aber – wie die Staatliche Europaschule in Berlin (SESB) – dass sie funktionieren. Dort werden bilinguale Gruppen gebildet und die Kinder lernen von Anfang an ihre mitgebrachte und die Partnersprache. Dabei ist „keine Sprache [...] als Partnersprache prinzipiell ausgeschlossen. Eine realistische Chance [...] haben jedoch nur solche Sprachen, die von genügend schulpflichtigen Kindern in Berlin als Muttersprache gesprochen werden und die von deutschsprachigen Eltern als Partnersprache angenommen werden." (May 2003, S. 88) Aus diesem Grund gibt es zwar zwei englisch-deutsche, aber nur eine türkisch-deutsche Europaschule in Berlin. Doch das Konzept funktioniert mit allen neun vertretenen Sprachkombinationen.

Immersion und Submersion

Die Staatliche Europaschule Berlin (SESB)

Im Bildungskontext ist es sinnvoll, folgende Typen von Mehrsprachigkeit zu unterscheiden:
- retrospektive (lebensweltliche) Mehrsprachigkeit,
- prospektive Mehrsprachigkeit (womit das institutionelle Erlernen von Sprachen gemeint ist) sowie
- retrospektiv-prospektive Mehrsprachigkeit als Mischung beider Mehrsprachigkeitstypen, die vorliegt, wenn eine Person mit Migrationshintergrund, die bereits retrospektiv mehrsprachig ist, nun in der Schule eine neue Fremdsprache lernt (vgl. Königs in: Schmenk 2005).

Typen von Mehrsprachigkeit

Kinder oder Jugendliche, die im Ausland Deutsch als Fremdsprache lernen, werden ebenso prospektiv zweisprachig wie einsprachige, aber nicht deutschsprachige Kinder, die eine deutsche Auslandsschule besuchen; der Grad der Sprachbeherrschung im Deutschen wird sich am Ende der Schulzeit allerdings sicher gravierend unterscheiden. Entscheidend ist, dass die Zweisprachigkeit ein Bildungsziel ist und entsprechende Bildungsbemühungen mit sich bringt.

In einsprachig deutschen Schulen werden die retrospektiv mehrsprachigen Schüler beziehungsweise ihre mehrsprachigen Voraussetzungen in den Planungen schulischer Mehrsprachigkeitsförderung in der Regel nicht berücksichtigt. Das führt zu dem absurden Ergebnis, dass lebensweltlich mehrsprachige Schüler an „einer monolingualen Norm gemessen zu ‚Weniger'-Sprachigen, sprachlich Defizitären herabgestuft [werden], ihre vorhandene Mehrsprachigkeit als gesellschaftlich irrelevant bis unerwünscht negiert und gleichzeitig mit schulischen Mehrsprachigkeitsprogrammen für eine ‚bessere', gesellschaftlich erwünschte Mehrsprachigkeit konfrontiert" wird (Riemer 2004, S. 202). Kinder mit nicht-deutschen Familiensprachen werden im Zuge einer linguizistischen ‚Gleichbehandlung' spätestens bei Schuleintritt mit Deutsch als einziger Unterrichtssprache konfrontiert und müssen – wie ihre Mitschüler mit deutscher Erstsprache auch – bereits im Grundschulalter eine Fremdsprache lernen, unabhängig davon, wie gut sie ihre beiden Sprachen beherrschen. Vermutlich wäre es sinnvoller, sie würden statt Fremdsprachenunterricht systematischen Unterricht in ihrer ‚schwachen' Sprache erhalten, um ihre mitgebrachte Mehrsprachigkeit weiter zu entwickeln.

Jenseits einer Unterwerfung unter die Dominanzsprache Englisch könnte frühe Mehrsprachigkeit im deutschen Bildungssystem auf diese Art bedeuten, dass alle Kinder im Grundschulalter eine zweite Sprache neben Deutsch lernen. Diese zweite Sprache könnte sich dann entweder an der Grenzregion orientieren (wie Französisch in der Rheinschiene, Dänisch in Schleswig-Holstein oder Polnisch in der entsprechenden Grenzregion), oder sie könnte die Sprachen der Minderheiten aufgreifen (Türkisch, Russisch etc.), für Kinder mit Migrationshintergrund und rudimentären Deutschkenntnissen könnte DaZ-Unterricht an die Stelle von Fremdsprachenunterricht treten. Ab Klasse fünf könnten dann alle Kinder gemeinsam mit Englisch beginnen.

Dass solche Überlegungen des Begegnungssprachenkonzepts (vgl. Thürmann/Otten 1994) in keinem Bundesland in die Praxis umgesetzt worden sind, zeigt, welch hohe Bedeutung dem Prestige einer Sprache bei der Sprachwahl und den Anstrengungen, sie schulisch zu bilden, zugemessen wird: Es offenbart den Unterschied zwischen Elite- und Minderheitenzweisprachigkeit. Letztere verläuft oft konflikthaft und wird durch das Festhalten an einem einsprachigen, die Minderheitensprachen weitgehend ausklammernden Bildungssystem nicht als additive, sondern als subtraktive Mehrsprachigkeit bis hin zum angestrebten Sprachwechsel von der Herkunfts- zur Amtssprache realisiert. In Auslandsschulen oder in manchen Schulen mit hohen Minderheitenanteilen wird die nicht-deutsche Herkunftssprache zumindest so lange einbezogen, bis das Niveau in der deutschen Sprache ausreicht, um sie als einzige Bildungssprache zu verwenden. Statt einer solchen Übergangsmehrsprachigkeit fordert etwa die Philologin Sigrid Luchtenberg eine Erhaltungsmehrsprachigkeit für sprachliche Minderheiten (vgl. Luchtenberg 1998).

<small>Erhaltungsmehrsprachigkeit</small>

Für den Deutschunterricht hat Ingelore Oomen-Welke das Konzept einer „Kultur der Mehrsprachigkeit" entwickelt (vgl. Oomen-Welke 1997) und in zahlreichen Beiträgen auch immer wieder exemplifiziert, wie es in der Unterrichtspraxis umgesetzt werden kann. Für den Fremdsprachenunterricht zeigt Adelheid Hu, wie sich die mehrsprachigen Voraussetzungen von Kindern mit Migrationshintergrund in den Planungen schulischer Mehrsprachigkeitsförderung berücksichtigen lassen (vgl. Hu 2003).

<small>Integrative Mehrsprachigkeit</small>

Gemeinsam ist diesen Konzepten, dass sie die Abgrenzungen und Ausschließungstendenzen zwischen einzelnen Sprachen auflösen und über einzelsprachliche Grenzen hinweg das Sprachenlernen selbst verstärkt zum Thema machen, damit Lernende von ihren jeweiligen Sprachlernerfahrungen und Sprachkompetenzen profitieren können. Einen theoretischen Zugang liefern Konzepte wie Language Awareness (vgl. Luchtenberg 2001), die sprachenübergreifende Reflexionen ermöglichen und für die Weiterentwicklung vorhandener Sprachkompetenz sowie das Erlernen jeder neuen Sprache relevant sind. Hier sind auch Entwicklungen zur Etablierung eines Lernbereichs oder Faches „Mehrsprachigkeit" denkbar, das Sprachlernen aus der Enge einzelsprachlich ausgerichteter Fächer herauslöst und anstelle einer Sprache mehrere (vorhandene) Sprachen sowie das Sprachenlernen selbst zum Gegenstand des Unterrichts macht (vgl. Gnutzmann in: Schmenk 2005).

<small>Language Awareness</small>

Mit dem Begriff „Quersprachigkeit" reagieren Gudula und Günther List darauf, dass lebensweltliche Sprachpraxen von Individuen und Gruppen quer durch die gesellschaftlichen Sprachsysteme hindurch gehen und transkulturelle Vielfalt, ja bisweilen auf den ersten Blick ‚befremdliche' Mischungen erzeugen (vgl. List/List 2001). Quersprachigkeit steht quer zur eingeübten Erwartung, Menschen seien im Grunde einsprachige oder parallel mehrsprachige Wesen. Das Konzept sucht vom multiplen Sprachgebrauch her die Annäherung an ein im pragmatischen Sinn verändertes Verständnis von Sprache. Dabei stehen nicht Perfektion und Beherrschung von Sprache im Vordergrund, sondern der schlichte Sachverhalt, dass Menschen immer nur in einzelnen Räumen ihrer Sprache/n zu Hause sind. Kommunikative Möglichkeiten verdanken sich dem pluralisti-

<small>Quersprachigkeit</small>

schen Umgang mit situations- und adressatengerechten sprachlichen Registern. Im Gegensatz zur Mehrsprachigkeit handelt es sich um ein Konzept, das das Spiel mit Sprache/n aus jeweils persönlicher (Sprachbenutzer-)Sicht betont und sich mit lebensweltlicher wie mit schulisch zu fördernder Mehrsprachigkeit oder Konstrukten wie Sprachbewusstheit gut vereinbaren lässt. Da es das kombinatorische Vermögen multiplen Sprachgebrauchs nutzt, liefert es eine Grundlage für integrative Mehrsprachigkeit.

Multipler Sprachgebrauch in lebendiger Mehrsprachigkeit

Das Kind vom Kapitelauftaktbild (→ ABBILDUNG 32) liefert ein Beispiel für gelebte Mehr- beziehungsweise Quersprachigkeit: Es nennt Ungarisch als seine dominante und emotional wichtigste Sprache, Deutsch dagegen als bodenständige, von ihm erwartete Sprache, Italienisch, was es vermutlich nur rudimentär oder gar nicht spricht, als Sprache seiner Lieblingsspeisen und schließlich Englisch als die Sprache der beruflichen Zukunft. Flämisch, Türkisch, Russisch etc. sind Sprachen, die es vielleicht nur hört oder im Laufe seines Lebens gehört hat, Französisch wird vielleicht als Fremdsprache in der Schule angeboten. Diese Sprachen tangieren das Kind offensichtlich nur marginal, während Tschechisch ihm deutlich näher zu sein scheint, denn es ist relativ nah am Herzen angesiedelt. Im Unterricht könnten also italienische Gerichte in der Originalsprache behandelt werden, sodass Pluralformen wie *Pizzas*, *Spaghettis* oder *Espressos* als germanozentrische Verunglimpfung entschlüsselt werden könnten. Man könnte prüfen, ob das Tschechische und das Ungarische verwandte Sprachen sind und käme vielleicht auf Gemeinsamkeiten des Ungarischen und des Türkischen.

11.4 Mehrsprachigkeitsdidaktik

Hinter der Vorstellung einer Mehrsprachigkeitsdidaktik steht die Überlegung, dass jeder Fachunterricht einerseits die Chancen der mitgebrachten Mehrsprachigkeit nutzen und andererseits mehr Sprache/n in allen Fächern realisieren sollte – und zwar als Lerngegenstand im gemeinsamen Unterricht:

Mehr Sprache/n im Fachunterricht

Literaturunterricht

- Im Literaturunterricht können originalsprachliche Gedichte oder Kurzprosatexte behandelt werden, um sich der Sprache und Literatur der Herkunfts- oder auch anderer Länder zu nähern. Motiv- oder themengleiche Literatur aus unterschiedlichen Sprachräumen kann vergleichend betrachtet werden. Texte der deutschsprachigen Migrationsliteratur eignen sich darüber hinaus für Fragen der

Multiethnizität, Trans- oder Interkulturalität, Multi- oder Interlingualität als Thema und ästhetische Gestaltungsmittel.
- Im landessprachlichen Unterricht lässt sich mit pragmatischen Texten ähnlich verfahren, hinzu kommen Sprachvergleiche und eine Sprachreflexion, die Ethnolekt, Code-Switching und andere Formen der gesprochenen Sprache in den Blick nimmt. Auch im Fremdsprachenunterricht können verschiedene Formen der zu lernenden Sprache – einschließlich Pidgin, Kreol- oder anderen Mischsprachen – aufgegriffen und interkulturelle Themen wie zum Beispiel das Leben von Minderheiten in den entsprechenden Sprachräumen behandelt werden (vgl. Colombo-Scheffoldt u. a. 2008; Dirim/Gülender 2002). Sprachunterricht
- In Mathematik und den naturwissenschaftlichen Fächern können Aufgaben, Grafiken, Erklärungsansätze oder Rechenwege aus den Herkunfts- oder anderen Ländern mit denen in Deutschland verglichen werden. Mathematik
- In Geschichte und den sozialwissenschaftlichen Fächern sollten Migration und Globalisierung in all ihren Erscheinungsformen und ihren Folgen für das Zusammenleben in multiethnischen Gesellschaften zu einem zentralen Thema werden. Dabei sollten die Herkunftsländer nicht nur als Entsendeländer in den Blick genommen werden, sondern auch Erkenntnisse und Sichtweisen in den Erstsprachen der Schüler über Fragen der Migration und Globalisierung einbezogen werden. Geschichte

Das Aufgreifen der anderen Sprachen in der Inlandssituation bringt die Mehrsprachigen, die diese Sprachen sprechen, in die Rolle derjenigen, die etwas können, was andere nicht können, befreit sie also aus der Herabstufung als ‚Weniger-Sprachige'. Des Weiteren geht es für alle Schüler darum, die Lerninhalte zu internationalisieren und für interkulturelles Lernen zu nutzen. Im DaF-Unterricht bedeutet Mehrsprachigkeitsdidaktik, Bezüge zur Erstsprache oder anderen Fremdsprachen der Lernenden herzustellen, ohne in die traditionelle Grammatik-Übersetzungsmethode (→ KAPITEL 2.1) zurückzufallen. DaF-Unterricht

Im schulischen Kontext ist es z. B. möglich, die Inhalte im DaF-Unterricht mit dem erstsprachlichen Unterricht zu verzahnen. Eine andere Möglichkeit ist, die in DaF behandelten Sprachphänomene im Bereich Wortschatz, Grammatik und vor allem auch Pragmatik im erstsprachlichen Unterricht aufzugreifen und in Rollenspielen oder anderen produktiven Phasen Rollenhandeln in beiden Sprachen (und Kulturen) zu erproben und zu reflektieren. So kann ein neues Thema des DaF-Unterrichts – etwa die Zeitformen oder Höflichkeitsformen – Anlass zur Wiederholung dieser Sprachthemen im Erstsprachunterricht sein. Umgekehrt ist auch möglich, dass Themen, die im erstsprachlichen Unterricht alters- und klassenstufengemäß behandelt worden sind, im DaF-Unterricht ebenfalls zu behandeln. Das hat für Lernende den Vorteil, dass sie ihr verfügbares Wissen unmittelbar einbringen und für Deutsch nutzen können. Sie können sich dadurch auf die deutschen Sprachmittel konzentrieren und eventuell auch sprachliche und kulturelle Unterschiede in der Betrachtung desselben Themas anstellen. Interessant ist in diesem Zusammenhang ein Vergleich der Lehr- und Lernmethoden, die in den jeweiligen Fächern praktiziert werden.

Fragen und Anregungen

- Klären Sie die den Unterschied zwischen additiver und subtraktiver Mehrsprachigkeit sowie koordinierter und kombinierter Sprachförderung.
- Welche Besonderheiten verbergen sich hinter dem Begriff Quersprachigkeit und wie kann man in Bildungsprozessen darauf reagieren?
- James Cummins Schwellen- oder Interdependenzhypothese (vgl. Cummins 1999 und → KAPITEL 2) beschreibt folgende „Schwellen" der bilingualen Entwicklung: 1. Semilingualismus (niedrige Kompetenz in beiden Sprachen), 2. dominante Zweisprachigkeit (hohe Kompetenz in einer Sprache), 3. hohe Kompetenz in beiden Sprachen. Überlegen Sie sich, welche Förderung auf welcher Schwelle sinnvoll ist. Vergleichen Sie diese Schwellen mit den Formen der Zweisprachigkeit, die Ernst Apeltauer formuliert hat (vgl. Apeltauer 1997).
- Folgende Probleme treten immer wieder auf. Erklären Sie die Hintergründe und beraten Sie eine Pädagogin hinsichtlich möglicher Reaktionen.
  - Ein zweisprachiges Kind will seiner Mutter über einen Ausflug des Kindergartens berichten, aber ihm fehlen die Worte in der Muttersprache.
  - Ein deutscher Schüler mit Frühenglisch schreibt *grüün* und behauptet, das so gelernt zu haben.
  - Kinder mischen ihre Sprachen, im Umgang mit Gleichsprachigen und auch mit Einsprachigen.
  - Kinder verweigern eine Sprache, meist die Sprache, die nicht die Umgebungssprache ist.

- Ordnen Sie Ihre eigene Mehrsprachigkeit in die Formen von Zweisprachigkeit ein. Was müsste passieren, damit Sie Ihre Mehrsprachigkeit entfalten?
- Stellen Sie sich vor, sie könnten eine zweisprachige Bildungseinrichtung eröffnen. An welchem Modell würden Sie sich orientieren und warum?

Lektüreempfehlungen

- Simona Colombo-Scheffoldt/Peter Fenn/Stefan Jeuk/Joachim Schäfer (Hg.): Ausländisch für Deutsche. Sprachen der Kinder – Sprachen im Klassenzimmer, Freiburg 2008. *Das Buch informiert über verschiedene Familiensprachen wie Albanisch, Italienisch, Kroatisch, Russisch u. a., aber auch über wichtige Schulsprachen wie Englisch und Französisch. Neben zwölf Sprachporträts liefert es grundlegende Informationen zu Sprachverwandtschaften, zum Zweitspracherwerb und zur europäischen Sprachenpolitik.*
- Elke Montanari: Kindliche Mehrsprachigkeit – Determination und Genus, Münster 2010. *Nach einem Überblick über die aktuelle Forschungssituation zur mehrsprachigen Aneignung sowie zu Determination und Genus in Deutsch, Albanisch, Englisch, Kroatisch, Kurdisch, Pandjabi, Polnisch, Romanes, Serbisch, Sizilianisch und Türkisch werden über einhundert Erzählungen und Diskurse von 17 Kindern aus einer funktional-pragmatischen Perspektive analysiert. Dabei zeigt sich, dass scheinbare Fehler auf ein noch kindliches Wissen über die Welt zurückgeführt werden können.*
- Raffaele De Rosa: Lesen und Schreiben bei mehrsprachigen Kindern. Theoretische und praktische Ansätze mit konkreten Beispielen, Bern u. a. 2007. *Der Germanist De Rosa hat selbst mehrsprachige Kinder und vielfältige Erfahrungen mit einschlägigen Fortbildungen. Das Buch verbindet Theorie und Praxis und unterstützt Pädagogen bei der Arbeit mit mehrsprachigen Kindern und Jugendlichen.*
- Basil Schader: Sprachenvielfalt als Chance, Zürich 2000. *Dieses Handbuch zeigt, wie Lehrkräfte Sprachenvielfalt als Chance wahrnehmen und dieses Potenzial aktivieren können. Es enthält zahlreiche Beispiele und eine Fülle spannender Anlässe kooperativen, sprachfördernden Lernens, die Lehrpersonen den Blick öffnen helfen auf die vielfältigen sprachlichen und kulturellen Hintergründe.*

12 Sprechen und Zuhören

Abbildung 34: Ein iranischer Vater betrachtet mit seinen Kindern ein Wimmel-Bilderbuch
(Foto Jürgen Junker-Rösch)

Ein iranischer Vater bespricht mit seinen Kindern ein Wimmel-Bilderbuch – in deutscher Sprache. Während die ältere Tochter aufmerksam zuhört, bringt sich der jüngere Sohn aktiv ein und benennt, was er entdeckt hat. Das Buch wird zum Medium eines Gesprächs zwischen Vater und Kindern, bei dem es auch um körperliche Nähe und intellektuelle Zuwendung geht. Denn um die Kinder in das Gespräch einzubinden, muss sich der Vater auf sie einlassen, ihre Interessen aufgreifen oder wecken und sie aktiv am Gespräch beteiligen, damit sie körperlich und kognitiv dabei bleiben.

In der schulischen Situation ist die Herausforderung um ein vielfaches größer, weil die Gruppe größer ist und deshalb eine viel komplexere Gruppendynamik entsteht. Dennoch haben sich solche Formen des intimen Vorlesens beziehungsweise Besprechens von Büchern oder Themen in allen Bildungsstufen etabliert. Im Kindergarten sind Morgenkreise vor allem am Montag sehr beliebt – dabei muss es nicht immer um Erlebnisse außerhalb des Kindergartens gehen, es kann auch um die Planung oder Nachbereitung des Tages, eines Ausflugs oder anderer kindergartenspezifischer Aktivitäten gehen. In der Grundschule finden regelmäßig Sitz- oder auch Stehkreise statt, oft in der Einstiegsphase des Unterrichts. Hinzu kommen neben auswendig vorgetragenen Gedichten auch Rollenspiele sowie Inszenierungen zu literarischen Texten, in denen freies Sprechen praktiziert und von den Anderen Zuhören gefordert wird. In den Sekundarstufen werden diese Formen um Diskussionen, Gesprächsrunden und auch frei gehaltene Vorträge beziehungsweise mediengestützte Präsentationen erweitert.

In der Regel liegt der Fokus solcher Aktivitäten auf dem Sprechen, während das Zuhören einfach stattfindet. Mittlerweile wird dem Zuhören in Verbindung mit Sprechen mehr Aufmerksamkeit gewidmet, weil offensichtlich geworden ist, dass auch dies trainiert und entfaltet werden muss. Bleibt zu klären, wie Sprechen und Zuhören zusammenhängen und wie diese beiden Bereiche im DaZ- und DaF-Unterricht zu fördern sind, welche Besonderheiten mündliche Produktionen von Kindern und Jugendlichen mit Migrationshintergrund aufweisen und wie diese zu entfalten sind.

12.1 **Sprachliche Grundfertigkeiten**
12.2 **Mündlichkeit**
12.3 **Kommunikationsmodelle**
12.4 **Hören, Zuhören, Hörverstehen**

12.1 Sprachliche Grundfertigkeiten

Die sprachlichen Grundfertigkeiten, Sprechen, Hören, Lesen, Schreiben, lassen sich wie in → ABBILDUNG 35 systematisieren.

Rezeption und Produktion

	rezeptiv	produktiv
mündlich realisierte Sprache	HÖREN	SPRECHEN
schriftlich realisierte Sprache	LESEN	SCHREIBEN

Abbildung 35: Sprachliche Grundfertigkeiten

Die Strukturierung des Unterrichts entlang dieser sprachlichen Fertigkeiten ist in der Fremdsprachdidaktik spätestens seit der kommunikativen Wende (→ KAPITEL 5.2) üblich. Im landessprachlichen Unterricht wurde diese Strukturierung in ähnlicher Weise erst im Rahmen der Reform der Curricula berücksichtigt, die als Reaktion auf die PISA-Ergebnisse 2000 erfolgte. Zwar wurde seit der kommunikativen Wende mündliche Kommunikation auch im landessprachlichen Unterricht stärker in den Blick genommen und über die Beurteilung der ‚Mitarbeit' hinaus benotungsrelevant. Allerdings waren Sprechen und (Zu-)Hören keine eigenständigen Kompetenzbereiche und wurden somit erst jüngst als Lerngegenstand etabliert.

Mündliche Kommunikation ist mehr als ‚Mitarbeit'

Im Fremdsprachenunterricht ist der Prozess der Etablierung aller sprachlichen Fertigkeiten als Lerngegenstand so weit fortgeschritten, dass inzwischen über eine integrative statt additive Vermittlung der sprachlichen Fertigkeiten Lesen, Hörverstehen, Sprechen und Schreiben diskutiert wird. Im landessprachlichen Unterricht geht es dagegen noch darum, die bislang vernachlässigten Bereiche der mündlich realisierten Sprache zu etablieren und dafür Sorge zu tragen, dass nicht nur gehört und gesprochen wird, sondern die mündliche Sprachkompetenz der Schüler entfaltet wird, damit sie in bestimmten Situationen erfolgreich kommunizieren können. Durchgesetzt hat sich aber auch hier bereits eine Verbindung zwischen mündlich oder schriftlich realisierter Sprache – vor allem im Bereich der mündlichen Sprachproduktion. Die entsprechenden Einträge in den Bildungsstandards der Kultusministerkonferenz lauten: Sprechen und Zuhören, Schreiben, Lesen – mit Texten und Medien umgehen, die „im Sinne eines integrativen Deutschunterrichts aufeinander bezogen" werden müssen (KMK 2003, S. 3). Unter Sprechen und Zuhören finden sich folgende Anforderungen für den Deutschunterricht:

Integration statt Addition

Zuhören und Sprachen in den Bildungsstandards

- Für die Grundschule: zu anderen sprechen, verstehend zuhören, Gespräche führen, szenisch spielen, über Lernen sprechen (vgl. KMK 2005).
- Für den Hauptschul- und den Mittleren Bildungsabschluss (Sekundarstufe I): zu anderen, mit anderen, vor anderen sprechen, Hörverstehen entwickeln (vgl. KMK 2003).

Sprechen steht gegenüber Hören im Vordergrund und wird für den Bereich der Grundschule immerhin durch den Hinweis auf szenisches Spielen mit einem literaturdidaktischen und damit einem fachspezifischen Ansatz verbunden. Für die Sekundarstufe I bleiben die Angaben dagegen völlig allgemein, an die Stelle von Sprachhandlungen (verstehend zuhören, Gespräche führen etc.) und inhaltsbezogenes Sprechen (über Lernen sprechen) tritt das auf Adressaten bezogene Sprechen und ein nicht weiter differenzierter Hinweis auf Hörverstehen entwickeln.

Hör- und Hör-/Sehverstehen und Sprechen im Fremdsprachenunterricht

Vergleicht man diese Formulierungen mit den Bildungsstandards für die erste Fremdsprache in der Sekundarstufe I (vgl. KMK 2004; → ABBILDUNG 36), so fallen zunächst die enge Orientierung am Gemeinsamen Europäischen Referenzrahmen (→ KAPITEL 3.3) und der integrative Ansatz auf. Darüber hinaus sind der Hinweis auf Sehverstehen (gemeint ist der Umgang mit Bildern oder multimodalen Materialien, der für den Deutschunterricht unter Lesen zu finden ist) und die Verbindung mit sprachlichen Mitteln als Grundlage zur Ausbildung der genannten kommunikativen Fertigkeiten bezeichnend. Deutlich wird, dass dem verstehenden Hören auch im Kontext der Arbeit mit Medien in der Fremdsprache ein größeres Gewicht verliehen wird und die genannten Sprachbereiche alle sprachlichen Fertigkeiten in gleicher Weise betreffen.

Im Hinblick auf Schüler mit Deutsch als Zweitsprache im gemeinsamen Deutschunterricht ist zu empfehlen, auch den Bereich der

Kommunikative Fertigkeiten	Verfügung über die sprachlichen Mittel
Hör- und Hör-/Sehverstehen Leseverstehen Sprechen – an Gesprächen teilnehmen – zusammenhängendes Sprechen Schreiben Sprachmittlung	Wortschatz Grammatik Aussprache und Intonation Orthografie

Abbildung 36: Bildungsstandards für die erste Fremdsprache in der Sekundarstufe I (KMK 2004)

Mündlichkeit als Bereich des sprachlichen Lernens zu fassen. Die wenigen Ergebnisse, die zu mündlichen Sprachproduktionen in der Schule vorliegen, bestätigen dies (vgl. Ahrenholz 2008b, S. 176ff.):

- Im Bereich der Aussprache fallen kontrastive Aspekte vor allem bei Lernenden auf, die in der Erstsprache alphabetisiert sind.
- Im Bereich der Morphologie finden sich normwidrige Verbflexionen (z. B. *ich fahrt zug*), Nominalflexionen im Bereich der Pluralformen und des Genus (z. B. *die Mensch*) und des Kasus, wobei hier für den bestimmten Artikel, die Erwerbsfolge Nominativ, Akkusativ und Dativ dominant zu sein scheint. Bei Personalpronomen zeigt sich eine frühe Unterscheidung phonetisch deutlich differenter Formen wie bei *mir* und *mich*) und im frühen Erwerb bereits Genitivattribute (z. B. *die pferds bein*). Ein offensichtlich schwieriger Bereich ist die Adjektivflexion.
- Im Bereich der Lexik zeigen sich Besonderheiten im Wortschatzerwerb hinsichtlich des Gebrauchs von Inhalts- und Funktionswörtern wie Präpositionen, Konjunktionen und Modalpartikeln sowie der Bedeutungsentwicklung und Begriffsbildung.
- Im Bereich der Syntax wird deutlich, dass Kinder die Wortstellungsregeln schneller erwerben als Erwachsene; Rechtsherausstellungen (z. B. *Dann ist es so pinkeln gegangn – am Zaun.*), Frageformulierungen und spezifische Formen der Negation (z. B. *er nicht kaufen*) kommen häufig vor.
- Im Bereich der Pragmatik sind Kinder mit Migrationshintergrund zwar weniger kompetent als Kinder ohne Migrationshintergrund, aber sie sind deutlich kompetenter als ihre Mütter aus ‚Mütterkursen'.
- Das diskursive Wissen von Kindern mit Migrationshintergrund beim Erzählen, Beschreiben, Berichten, Erörtern, Erklären, Argumentieren verdeutlicht das Fehlen lexikalischer Mittel, Schwierigkeiten mit Verweisen und der Kohärenzbildung aufgrund von Abweichungen in der Genus- und Kasusmarkierung z. B. bei Pronomen und eine große Diskrepanz zwischen mündlicher und schriftlicher Kompetenz zugunsten des Schriftlichen.

Damit sind auch die Bereiche genannt, die im Unterricht zu vermitteln sind.

12.2 Mündlichkeit

Mündlichkeit ist nicht einfach eine Sprache auf dem Weg zur Schriftlichkeit, sondern bleibt als eigenständige Kommunikationsform erhalten. Sie kann – genau wie die Schriftlichkeit – sehr unterschiedliche Formen annehmen und auf verschiedenen Niveaus entfaltet werden. Auch wenn z. B. Vorträge als konzeptuell schriftlich gelten, sind sie eine mündliche Kommunikationsform, die zur Publikation nicht einfach transkribiert werden kann, sondern in eine schriftliche Fassung transferiert werden muss. Ähnliches gilt für SMS, die als konzeptuell mündlich gelten, obwohl es sich um schriftliche Texte handelt. Denn trotz der Verwendung von Emoticons als nonverbale Kommunikationsmittel bleibt eine SMS ein schriftlicher Text, der nur Versatzstücke mündlicher Kommunikation in die schriftliche Kommunikation integriert.

Dialekte, Soziolekte und Ethnolekte als mündliche Kommunikationsformen

Außerdem gibt es Sprachvarietäten, die fast ausschließlich mündlich gepflegt werden, wie Dialekte, Soziolekte und Ethnolekte, die in der Regel als wörtliche Rede verschriftet werden. Gerade unter dem D-A-CH-L-Prinzip (→ KAPITEL 9) sind solche Formen von mündlicher Sprache sehr interessant. In Regionen mit starker dialektaler Einfärbung wie etwa in Südtirol müssen DaZ-Lehrkräfte dafür Sorge tragen, dass die Lernenden nicht nur die (österreichische) Hochsprache, sondern auch die in der Region gesprochene Sprache mindestens verstehen und vielleicht auch sprechen lernen, um in diesem Umfeld erfolgreich kommunizieren zu können.

Grundlage für die Förderung von Mündlichkeit sind das Verständnis für Verfahren und Verhaltensweisen zwischenmenschlicher Kommunikation und der zur Steuerung sprachlicher Interaktion eingesetzten Zeichen und Signale. Neben Zwei-Personen-Dialogen sind Gruppengespräche und das Sprechen vor einer Gruppe in den Blick zu nehmen. Das Sprechen und Zuhören in Gesprächen kann kontextgebunden oder kontextunabhängig sein, wobei die Spanne des dekontextualisierten Sprachgebrauchs vom Erzählen eigener Erlebnisse über Symbol- und Rollenspiele, szenisches Spiel und Theater bis hin zum altersentsprechenden Philosophieren, Erörtern, Diskutieren und Streiten reicht. Dabei ist zwischenmenschliche Kommunikation immer in soziales Verhalten eingebettet und setzt die Fähigkeit voraus, sich in die Perspektive des Kommunikationspartners zu versetzen und auf diesen zu reagieren.

Kontextgebundenes und kontextunabhängiges Sprechen und Zuhören

Hören

Hören und Sprechen sind eng miteinander verbunden und müssen doch auch je spezifisch geübt werden: Beim Hören laufen ähnliche Verstehensprozesse ab wie beim Lesen (→ KAPITEL 13), das heißt, Hörverstehen ist sowohl daten- als auch wissensbasiert. Wird das Vorwissen bereits *vor* dem Anhören einer Nachricht, eines Hörspiels oder dem Betrachten eines Films geklärt, haben es die Zweit- und

Fremdsprachlernende leichter, sich dem Inhalt zu nähern und ihn mit ihrem Vorwissen zu verbinden. Zu Übungszwecken schlagen die Sprachdidaktiker Hans-Werner Huneke und Wolfgang Steinig vor, den Schwierigkeitsgrad dem erreichten Sprachstand anzupassen und im Laufe des Lernprozesses zu steigern (vgl. Huneke/Steinig 2005, S. 190). Denkbar ist auch eine sprachliche (Vor-)Entlastung (zu) schwieriger Texte, was im Fremdsprachenunterricht weit verbreitet ist und immer wieder auch für den Zweitsprachunterricht gefordert wird. Weniger bekannt ist im Bereich Deutsch als Zweitsprache das Zerlegen der Hörverstehensfertigkeiten durch Diskriminationsübungen (*Beet – Bett, Blatt – platt*), durch das Heraushören des Wortanfangs, der Wortgrenze und der Wortbetonung sowie durch Intonationsübungen für Anfänger. (Solche Intonationsübungen werden auch mit einsprachigen Grundschülern gemacht, etwa um Zusammen- und Getrenntschreibungen oder Satzschlusszeichen zu erkennen.) Hinzu kommt die Vermittlung von Strategien wie das Nutzen von Kontextinformationen, die Konzentration auf Verstandenes oder auch das individuelle Heraushören einzelner Wörter oder Wortgruppen, deren Bedeutung unklar und anschließend zu klären ist.

Hörverstehensfertigkeiten

Bezogen auf Sprechen empfehlen Hans-Werner Huneke und Wolfgang Steinig die Gestaltung von Übungen, die die Lernenden von der Aussprache und Intonation über sprachliche Mittel und Routinen zum Umgang mit verschiedenen Textsorten (erzählen, berichten, diskutieren etc.) führen (vgl. Huneke/Steinig 2005, S. 130ff.). Auch hier lassen sich Teilprozesse des Sprechens und der Steuerung trainieren und automatisieren, vorausgesetzt, Sprechen findet in anregenden Lernsituationen statt, die Stress reduzieren und eine hohe Fehlertoleranz aufweisen. Die Kommunikationssituationen sollten möglichst authentisch sein und immer wieder eine Kommunikation mit Zielsprachsprechern ermöglichen – sei es face-to-face oder mediengestützt. Diese Vorschläge beziehen sich auf den Fremdsprachenunterricht und weniger auf Deutsch als Zweitsprache. Denn DaZ-Kinder und Jugendliche sind seltener gehemmt, Deutsch zu sprechen und haben oft selbst eine extrem hohe ‚Fehlertoleranz', nicht zuletzt weil sie (und manchmal auch ihre Lehrer) sich ihrer Fehler gar nicht bewusst sind. Sie kommunizieren im Vergleich zu DaF-Lernenden im Ausland häufig mit Zielsprachensprechern, ohne dass dies immer den gewünschten Effekt des Spracherwerbs hat.

Sprechen

Für die DaZ-Lernenden ist deshalb vielmehr zu empfehlen, dass sie sich etwa anhand von Videoaufnahmen mit ihrem Kommunikationsverhalten auseinandersetzen und dieses durch Rollenspiele und andere Sprachübungen entfalten, vielleicht zunächst in außerhalb der gemischten Regelklasse geführten, externen, homogenen Sprachlerngruppen. Hilfreich kann dabei sein, auf die bekannten Formen der Sprachproduktionssteuerung (vgl. Huneke / Steinig 2005) zurückzugreifen: Neben der Reproduktion etwa von auswendig Gelerntem gibt es die Reiz-Steuerung, die nur das Was ins Auge fasst, die Schema-Steuerung, die das Was und das Wie regelt, und schließlich die Ad-Hoc-Steuerung, die die Sprachproduktion plant und als bewussten Vorgang steuert. Wie schon beim Hören können diese Formen isoliert oder integriert herangezogen werden, um Sprachverhalten und Sprachäußerungen zu analysieren und zu planen.

Sprachproduktionssteuerung

Der Grundschulpädagoge Horst Bartnitzky stellt einen Katalog von Lernumgebungen zur „Entwicklung der mündlichen Sprachkompetenz" (Bartnitzky 2009, S. 54) vor, die sich auch im DaF- und DaZ-Unterricht nicht nur mit Grundschulkindern realisieren lassen. Zentral ist die Etablierung von festen, ritualisiert gestalteten Gesprächszeiten: etwa der Montags- oder auch Freitagskreis, Gesprächskreise zu Beginn oder zum Ende einer Stunde, eines Tages oder auch einer Unterrichtseinheit, Erzählrunden und literarische Gespräche, Lern- oder Beratungsgespräche, Klassenratssitzungen. Hinzu kommen die Festlegung und Einhaltung von Gesprächsregeln, die Vermittlung und Einübung von Redemitteln (anhand von Rede- und Erzählkarten) sowie die Reflexion über Gespräche. Denn sprechen lernt man durch sprechen. Da Sprechen nie inhaltsfrei ist, sind die Themen so zu wählen, dass sie für die Lernenden interessant und gesprächstauglich sind. Sach- und literarische Medien, aber auch die Gespräche selbst eignen sich als Vorlage beziehungsweise Gesprächsanlass. In einem DaZ-Feriencamp wurde z. B. täglich über einen von den Jugendlichen ausgewählten Zeitungsbericht gesprochen. Zur Unterstützung konnten die Jugendlichen Redekarten nutzen, die im Laufe des Camps immer seltener herangezogen werden mussten, weil sie bereits in den Sprachschatz integriert waren.

Mündliche Sprachkompetenz durch regelmäßige Gespräche

Die Lehrperson übernimmt in solchen Gesprächen eine partizipierende Moderatorenrolle, das heißt, sie setzt Impulse, organisiert und strukturiert das Gespräch. Im Laufe der Zeit kann diese Rolle auch an einen Schüler oder eine Schülerin übergehen. Im Fremdsprachenunterricht wird für freie Gesprächssituationen häufig geraten, eine entspannte Atmosphäre zu schaffen, nicht direkt zu korrigieren, um die Lernenden nicht zu demotivieren – kurz eine Lernumgebung zu gestalten, in der das Lernen nicht fassbar wird. Doch warum sollten Korrekturen demotivierend wirken? Wenn Sprechen ein Lernbereich

Gespräche moderieren

ist, dann sind auch solche Gespräche Unterricht und damit Lernzeit. Das bedeutet, dass die Lernenden ihre bereits erreichte Kompetenz nicht nur zeigen, sondern auch entfalten, indem die Lehrperson auch sprachliche Mittel zur Verfügung stellt, eventuell sogar vermittelt und ihren Gebrauch einfordert.

12.3 Kommunikationsmodelle

Frühe Kommunikationsmodelle sind Sender-Empfänger-Modelle wie das von Stuart Hall (1970) oder das Organonmodell von Karl Bühler (1965), das neben dem Sender und Empfänger auch den Sachverhalt in den Blick nimmt. Jörg Aufermann differenzierte in seinem Modell von 1971 bereits zwischen dem Zeichenvorrat des Kommunikators und dem des Rezipienten sowie dem gemeinsamen Zeichenvorrat beider Kommunikationspartner. Der Kommunikator enkodiert und liefert Signale, die der Rezipient dekodiert, um sie auf der Grundlage seines Zeichenvorrats zu interpretieren. Je größer der gemeinsame Zeichenvorrat in der gemeinsamen Sprache ist – so könnte man ergänzen –, desto leichter fällt die Kommunikation. Für Lehrpersonen bedeutet das schlicht, dass sie den Zeichenvorrat ihrer Schüler antizipieren müssen, um eine sinnvolle Kommunikation zu ermöglichen.

Sender- und Empfängermodelle

Zwischenmenschliches Sprechen ist allerdings mehr als Nachrichtenübermittlung; Sprechen ist Sprachhandeln und ermöglicht, die Handlung der Gesprächspartner zu beeinflussen sowie die eigene Handlungsweise an den Erwartungen der anderen auszurichten. Darauf verweisen die Sprechakttheorie von John R. Searle (in Weiterentwicklung der Überlegungen von John L. Austin) sowie die psycholinguistischen Modelle von Paul Watzlawick und Friedemann Schulz von Thun:

Sprechen als Sprachhandeln

- Ein Sprechakt besteht nach John R. Searle (vgl. Searle 1969) aus einem Äußerungsakt und einem propositionalen Akt. Der Äußerungsakt entspricht den Regeln der Phonologie und Grammatik und wird deshalb als phonetischer und phatischer Akt bezeichnet. Der propositionale Akt setzt sich zusammen aus dem Referenzakt (bei dem sich Sprecher auf Objekte der Welt beziehen) und dem Prädikationsakt (bei dem Sprecher diesen Objekten eine Eigenschaft zuordnen), aus einem illokutionären Akt (als Aufforderung zum Vollzug einer konventionellen Handlung durch Fragen, Bitten, Drohung etc.) und aus einem perlokutionären Akt (zum Erzie-

Sprechakttheorie

SPRECHEN UND ZUHÖREN

len einer Wirkung, die über den illokutionären Akt hinausgeht, wie Überzeugen, Umstimmen, Verärgern, Verunsichern, Kränken, Trösten etc.). Seit der Sprechakttheorie wissen wir, dass mit einer Äußerung sehr viel mehr zum Ausdruck gebracht wird als das direkt Gesagte.

Fünf Grundregeln menschlicher Kommunikation
- Paul Watzlawik hat fünf Grundregeln der menschlichen Kommunikation aufgestellt (vgl. Watzlawick 1969): 1. Man kann nicht nicht kommunizieren, 2. Jede Kommunikation hat einen Inhalts- und einen Beziehungsaspekt, 3. Kommunikation ist immer Ursache und Wirkung (Interpunktion von Ereignisfolgen), 4. Menschliche Kommunikation bedient sich analoger und digitaler Modalitäten, 5. Kommunikation ist symmetrisch oder komplementär. Diese Grundregeln bringen die Beziehungsebene ins Spiel und begreifen Kommunikation nicht mehr nur als Sender-Empfänger-Modell sondern als wechselseitigen Prozess von Ursache und Wirkung, an dem beide Kommunikationspartner partizipieren.

Vier-Ohren-Modell
- Das Vier-Ohren-Modell des Kommunikationspsychologen Friedemann Schulz von Thun (1981) fügt dies in einem populären Bild zusammen (→ ABBILDUNG 37) und unterscheidet sowohl beim Sprecher als auch beim Hörer zwischen Sachebene, Selbstkundgabe sowie der Beziehungs- und Appellseite, die bei jeder Äußerung zum Tragen kommen. Dabei entspricht „Selbstkundgabe" in etwa dem Prädikationssakt als Teil des propositonalen Akts in der Sprechakttheorie. Betont wird, dass das Gesagte nicht unbedingt dem Gehörten entsprechen muss.

Die Kenntnis dieser Modelle für die Entfaltung von Sprechen und Zuhören im Fremd- und Zweitsprachunterricht lässt sich für die Pla-

Abbildung 37: Friedemann Schulz von Thun: Vier-Ohren-Modell (1981)

nung und die Auswertung von Kommunikation im Unterricht nutzen. In Gesprächen ist nicht nur zu fragen, was die Personen gesagt und gehört haben (Sachebene), sondern auch, welche Beziehungen zum Ausdruck gebracht oder wahrgenommen wurden (Beziehungsebene), was der Sprecher erreichen wollte und was den Hörer erreicht hat (Appellseite), schließlich auch, wie sich der Sprecher dargestellt und wie dies auf den Hörer gewirkt hat beziehungsweise sich dieser in seiner z. B. nonverbalen Reaktion inszeniert hat (Selbstkundgabe).

Die vier Seiten lassen sich in Übungen und Auswertungen auch einzeln betrachten. Sinnvoll sind Beobachtungsaufgaben, in denen sich Lernende den einzelnen Seiten bezogen auf die Sprache, das Nonverbale und eventuell auf das Parasprachliche auf Sprecher- und Hörerseite zuwenden. Interessant sind dabei auch Kultur-, Gender-, Alters- oder Statusaspekte sowie Gruppenbildungsprozesse, um die Lernenden für die kommunikative Situation zu sensibilisieren. Es ist einfacher, von beobachteten Gesprächen zu Gesprächen überzugehen, an denen die Lernenden aktiv beteiligt sind, um ihr eigenes Kommunikationsverhalten in den Blick zu nehmen und zu entfalten.

Beobachtungsaufgaben

12.4 Hören, Zuhören, Hörverstehen

Im Englischen unterscheidet man zwischen *hear* als hören, *listen* als zuhören und *attend* als verstehendes Zuhören. Letzteres entspricht im Kontext von DaF nicht zufällig dem Hörverstehen, denn im Fremdsprachenunterricht geht es in aller Regel nicht einfach um Hören oder Zuhören, sondern um verstehendes Zuhören. Während man beim Hören von Musik, Sprache oder anderen Geräuschen nicht unbedingt aktiv beteiligt sein muss, erfordert Zuhören sehr wohl aktive Beteiligung und zielt im Gegensatz zum Lesen darauf, etwas Flüchtiges wahrzunehmen. Beim verstehenden Zuhören greifen genau wie beim Lesen Bottom-up- und Top-down-Prozesse (vgl. Spiegel 2009, S. 191; → KAPITEL 13.1).

Die Linguistin Carmen Spiegel unterscheidet vier verschiedene Ebenen des verstehenden Zuhörens: Das akustische Erfassen und das kognitive Behalten einfacher Informationen (etwa einer Adresse), die gemeinsam zur einfachen Ebene des Zuhörens gehören. Begreifendes Zuhören basiert auf einer Verknüpfung mit dem Vorwissen des Zuhörenden, der etwa bei der Postleitzahl erkennt, in welcher Region der Sprecher lebt. Beim konstruierenden Zuhören werden schließlich Folgerungen gezogen, Widersprüche aufgedeckt etc.

Vier Ebenen des verstehenden Zuhörens

... im Unterricht üben

Im Fremdsprachenunterricht lassen sich diese vier Ebenen von Anfang an trainieren, indem etwa beim Vorlesen oder Erzählen alle vier Ebenen aktiviert werden: das Behalten von Namen, Orten, Aktivitäten etc., das Formulieren von Assoziationen zu den Namen, Orten, Aktivitäten etc. und schließlich das Ziehen und Diskutieren von Schlussfolgerungen über den Hintergrund einer bestimmten Handlung, den weiteren Verlauf oder die Auseinandersetzung mit einer bestimmten Äußerung, These etc. im Text und in der Wahrnehmung der Zuhörenden.

Erfolgloses Zuhören

Erfolgloses Zuhören kann Folgendes bedeuten (vgl. Fiehler 1998 in: Spiegel 2009, S. 193):
- „Ich verstehe nicht, was der andere sagt" – aufgrund akustischer, formulatorischer Probleme oder unterschiedlicher Sprachkompetenzen.
- „Was ich verstanden habe, macht für mich keinen Sinn" – z. B. bei interkultureller Kommunikation oder bei Perspektivendivergenzen.
- „Was ich verstanden habe, ist nicht das, was der andere gesagt oder gemeint hat" – das ist das klassische Missverständnis.
- „Mit dem Sinn, den ich dem Verstandenen zulegen kann, bin ich nicht einverstanden" – weil z. B. eine andere Überzeugung oder divergierende Interessen vorhanden sind.

Zuhören für DaZ-Lernende

Das erstgenannte Problem tritt bei Zweitsprachlernenden auf, wenn sie einem Unterricht folgen müssen, der sich an Muttersprachler richtet und die besondere DaZ-Spracherwerbssituation nicht berücksichtigt. Im Fremdsprachenunterricht wird dieses Problem in aller Regel dadurch kompensiert, dass dem sprachlichen Verstehen vor, während oder selten auch nach dem inhaltlichen Verstehen viel Raum und Zeit eingeräumt wird.

Zuhörerfreundliches Sprechen

Um Zuhören zu schulen empfiehlt Carmen Spiegel folgende Formen zuhörerfreundlichen Sprechens:
1. Aufmerksamkeit herstellen;
2. Inhalte durch Schlüsselwörter vorbereiten;
3. Zuhörermotivation eventuell durch zuhörsteuernde Fragen herstellen;
4. Inhalte multimodal und widerspruchsfrei (also gestisch-mimisch und intonatorisch unterstützend) vermitteln;
5. Redepausen einlegen, damit die Zuhörenden das Gesagte kognitiv verarbeiten können;
6. Aktivierungsphasen einbauen, damit die Lernenden das vermittelte Wissen aktiv verarbeiten und verankern können (vgl. Spiegel 2009, S. 200).

Im Hinblick auf den Unterricht mit DaZ-Schülern ist darauf zu achten, dass vor allem die Vorbereitung auf deren Sprachstand abgestimmt wird und neben Schlüsselwörtern auch spezifische Sprachstrukturen und Kommunikationsformen berücksichtigt werden. Die multimodale Präsentation muss so gestaltet sein, dass auch diese Schüler davon profitieren können, denn gerade Nonverbales ist kulturspezifisch und deshalb im Unterricht zu klären. Redepausen müssen vermutlich noch häufiger erfolgen als in einem rein muttersprachlichen Unterricht. Hilfreich ist die Reduktion der Menge des zu Hörenden beziehungsweise seine verzögerte Präsentation mit dem Absichern von Zwischenschritten im Verstehensprozess. Die Aktivierungsphasen sollten nicht nur inhaltliches, sondern auch sprachliches Wissen tangieren und Redemittel zur Artikulation des Verstandenen sowie in einem zweiten Schritt auch des Nicht-Verstandenen bereitstellen.

... mit DaZ-Schülern

Eine weitere Möglichkeit ist das Erteilen von Zuhöraufgaben, die die Komplexität für den Zuhörenden reduzieren und ihm die Möglichkeit geben, sich auf einen Teilbereich zu konzentrieren und diesen dann erfolgreich zu verfolgen. Eine sehr einfache Aufgabe ist, sich eine bestimmte Anzahl von Wörtern zu merken und deren Bedeutung im Anschluss den anderen zu erklären oder so zu umschreiben, dass andere sie erraten können. Etwas schwieriger ist, einen Teilaspekt zu verfolgen und anschließend wiederzugeben oder dazu Fragen zu stellen. Noch schwieriger ist, eine These oder das zentrale Thema (in einem literarischen Text) zu erkennen und zu kommentieren.

Zuhöraufgaben

Interaktives Zuhören findet in Gesprächen statt, in denen die Sprecher- und Hörerrolle komplementär gestaltet sind, denn Sprecher orientieren sich an den Zuhörenden und fordern Zuhöreraktivitäten wie Bestätigen, Kritisieren, Kommentieren, die die Zuhörenden oft nonverbal, durch Interjektionen (*ach, mhm* etc.) oder auch durch Nachfragen äußern. Interaktives Zuhören lässt sich in authentischen Gesprächssituationen üben, indem Zuhöreraktivitäten aufgegriffen und entfaltet werden. Denkbar sind auch Rollenspiele, in denen Zuhöreraktivitäten oder auch Sprecherwechsel inszeniert werden, oder Gesprächsanalysen mit Blick auf Zuhöreraktivitäten in Medien. Da diese Verhaltensweisen kulturspezifisch sind, eignen sich auch Vergleiche bezogen auf Kulturen, Generationen, Gender- und Statusaspekte oder auf bestimmte Gesprächssituationen: Unterrichts-, Pausen-, Bewerbungs-, Verkaufs- und viele andere Gespräche.

Interaktives Zuhören

Fragen und Anregungen

- Was ist das Besondere an mündlichen Sprachproduktionen von DaZ-Kindern? Wie reagiert man darauf im Unterricht?
- Man unterscheidet konzeptionell mündlich und konzeptionell schriftlich sowie medial mündlich und medial schriftlich. Finden Sie für die verschiedenen Formen Beispiele. Ordnen sie einen wissenschaftlichen Vortrag und das Buch *Kanak Sprak* (1995) von Feridun Zaimoğlu entsprechend ein.
- Vergleichen Sie zwei der genannten Kommunikationsmodelle. Welches halten Sie für unterrichtstauglicher und wie lässt sich dies im Unterricht umsetzen?
- Unterscheiden Sie die verschiedenen Formen von Zuhören und wenden Sie sie auf das bekannte Gespräch von Loriot *Das Frühstücksei* (1977) an.

Lektüreempfehlungen

- **Ernst Apeltauer / Gila Hoppenstedt: Meine Sprache als Chance. Handbuch zur Förderung von Mehrsprachigkeit**, Troisdorf 2010. *Das Handbuch zur Förderung von Mehrsprachigkeit bietet theoretische Grundlagen zum Erst- und Zweitspracherwerb und erklärt den Stellenwert des mündlichen Erzählens in der frühen Förderung. Es zeigt, wie mehrsprachige Kinder gefördert werden können und liefert Tipps zur praktischen Umsetzung der zweisprachigen Materialien.*

- **Johannes Merkel: Mündlichkeit. Handreichungen zur Entwicklung der Sprach- und Literaturdidaktik im Elementarbereich**, Bremen 2007. *Die Handreichung zur Mündlichkeit konzentriert sich auf den Elementarbereich, enthält aber auch einige grundsätzliche Überlegungen zu Theorie der mündlichen Kommunikation oder zu Textverstehen und Literalität, die durch Übungen und Impulse etwa zum interaktiven Erzählen ergänzt werden. Für Studierende werden rhetorische Übungen zu gleichberechtigen, hierarchischen Gesprächssituationen und zum Diskutieren vorgeschlagen, die man auch im Fremdsprachenunterricht durchführen kann.*

- Annemarie Saxalber / Elfriede Witschel (Hg.): Sprechen – Sprache – Mündlichkeit, ide Heft 4/2009. *Das Heft befasst sich mit den unterschiedlichen Formen der Mündlichkeit, etwa dem Erzählen, Präsentieren oder dem Führen eines Gesprächs. Es geht um Sprechen im schulischen Kontext, die Bewertung von Mündlichkeit, Prosodie im Unterricht von Deutsch als Zweitsprache, Spoken Poetry und österreichischem Deutsch, das im Allgemeinen als gleichwertige Varietät angesehen wird, aber vielfach noch mit Prestigeproblemen zu kämpfen hat oder sogar als Substandardvarietät gilt.*

- Roland W. Wagner: Mündliche Kommunikation in der Schule, Paderborn u. a. 2006. *Die Einführung in die Prinzipien und Grundregeln der mündlichen Kommunikation in der Schule zeigt (ohne explizit auf Fremdsprachenunterricht einzugehen), wie angemessenes Miteinander-Reden im Unterricht gelingen kann.*

13 Lesen und Schreiben

Abbildung 38: Erstklässler schreiben ihr Gruselbuch (Foto: Jürgen Junker-Rösch)

LESEN UND SCHREIBEN

Dieses Foto wurde in einer Kreuzberger Grundschule aufgenommen und zeigt Kinder einer ersten Klasse, die ihr eigens Gruselbuch verfasst haben. Jedes Kind steuerte ein oder zwei Sätze bei, am Ende wurde das Buch illustriert und gebunden und anderen Klassen vorgelesen. Dieses Beispiel zeigt, wie eng Lesen und Schreiben verbunden sind, nicht nur weil die fertigen Bücher vorgelesen wurden, sondern auch, weil in die eigene Gruselgeschichte natürlich auch Erfahrungen aus gelesenen Gruselgeschichten einfließen. Die Lehrperson hat nicht nur sehr viel Zutrauen in die Schreibkompetenz ihrer Erstklässler, von denen sehr viele einen türkischen Migrationshintergrund haben, sondern traut ihnen auch zu, ein Buch herzustellen, das von anderen gelesen werden soll. Die Ernsthaftigkeit, mit der die Kinder bei der Sache waren, zeigt, dass sie eine solche Herausforderung annehmen und in dem konkreten Fall unterstützt durch einen Künstler auch gemeistert haben. Dabei erfahren die Kinder, dass man für andere schreibt, das Geschriebene also auch lesbar und lesenswert sein muss. Sie bemühen sich um normgerechtes Schreiben und sind am Ende schließlich stolz auf ihr Produkt.

In Schreibprojekten mit älteren Schülern steht oft die Überarbeitung eigener Texte im Vordergrund, die für Schüler vor allem dann nachvollziehbar wird, wenn das Produkt über das Fertigstellen und einmalige Vorlesen hinaus Relevanz hat und zum Beispiel im Klassenzimmer oder einer Schülerzeitung publiziert wird. Im fremdsprachlichen Unterricht stellt Schreiben ein großes Hindernis dar, was durch die Bewusstheit über die eigenen sprachlichen Unsicherheiten verstärkt wird. Umso wichtiger ist es, diesen Bereich so früh wie möglich und so intensiv wie nötig zu trainieren.

Die Frage ist, welche Herausforderung hinter dem Lesen und Schreiben in der Zweitsprache stecken. Wie lässt sich beides fördern und konstruktiv verbinden? Gibt es spezifische Ansätze für den Fremdsprachenunterricht? Welche Rolle spielt es, ob die Lernenden in ihrer Erstsprache bereits alphabetisiert worden sind?

13.1 **Lesen als Bottom-up- und Top-down-Prozess**
13.2 **Lesen in der Zweitsprache**
13.3 **Schreiben**
13.4 **Schreiben und Lesen verbinden**

13.1 Lesen als Bottom-up- und Top-down-Prozess

Lesen ist ein text- und wissensgeleiteter Verarbeitungsprozess, bei dem Lesende Informationen ‚von unten' (*bottom up*) aus dem Text aufnehmen und mit Informationen ‚von oben' (*top down*), ihrem sprach- und sachbezogenen Vorwissen, verbinden. Daraus wird im Fremdsprachenunterricht verstärkt die Konsequenz gezogen, dass Lesen fremdsprachlicher Texte den Top-down-Prozess unterstützt und an das Vorwissen der Lernenden anknüpft, sodass sie dieses in der Fremdsprache nur rekonstruieren müssen. Im landessprachlichen Fachunterricht steht dagegen der Bottom-up-Prozess im Vordergrund, das heißt die Lernenden ermitteln für sie neue Informationen aus den Texten, was für Lernende mit geringen landessprachlichen Kenntnissen eine große Herausforderung darstellt, an der sie nicht selten scheitern.

Text- und wissensbasierter Verarbeitungsprozess

In der Fremdsprachdidaktik wird zwischen niedrigstufigen Leseprozessen, die unbeeinflusst vom Hintergrundwissen des Lesers ablaufen, und höherstufigen Verstehensprozessen unterschieden (vgl. Würffel 2000). Fremdsprachige Leser besitzen im Vergleich zu muttersprachlichen weniger effektive Vorkenntnisse über die Wahrscheinlichkeit von Buchstabenkombinationen, über den wahrscheinlichen Verlauf von Sätzen, über die Wahrscheinlichkeit von Wortkombinationen, über logische Strukturen und können sich deshalb weniger effektiv auf ihr Weltwissen verlassen. Deshalb wird für fremdsprachige Leser ein Erwerbstraining empfohlen, das Lesen als interaktiven und konstruktiven Prozess von Wahrnehmen, Hypothesen bilden, Wahrnehmen, Hypothesen prüfen, Wahrnehmen usw. versteht. Der Prozess wird über das Lesen vieler einfacher, authentischer Texte entfaltet, bei dem die Lernenden Erfahrungen mit Buchstabenkombinationen, Satzverläufen und Wortkombinationen sammeln und lernen, „aufgrund von gewissen Indizien im Text auf unterschiedlichen Textebenen Voraussagen zu machen" (Westhoff 2007, S. 59).

Lesen in der Fremdsprache

Da die Informationsaufnahme von unten in der Fremdsprache sehr viel schwieriger ist als in der Erstsprache, wird für das Lesen im Fremdsprachenunterricht verstärkt auf den absteigenden Prozess und damit die Nutzung des vorhandenen Vorwissens über das Thema, die Textsorte, die sprachlichen Mittel etc. zurückgegriffen (vgl. Huneke/Steinig 2005, S. 115f.). Fremdsprachlernende werden angeregt, auf eine Wort-für-Worterschließung weitgehend zu verzichten und stattdessen ihre hypothetischen Sinnerwartungen (Vorwissen) zu formulieren und anschließend am Text zu überprüfen. Um dies zu un-

Aktivierung von Vorwissen

terstützen, werden Lesetexte thematisch eingebunden, vorentlastet und an den Leseerfahrungen und -bedürfnissen der Lernenden orientiert. Da eine kulturspezifische Textgestaltung zu Missverständnissen führen kann, wird diese thematisiert, verglichen und in Beziehung gesetzt. Ergänzend wird statt einer lediglich produktionsorientierten auch eine rezeptive Grammatikarbeit gefordert, die eben nicht allein durch das Verstehen der Lexik gekennzeichnet ist, sondern die auch das Verstehen morpho-syntaktischer Strukturen, von Konnektoren, Gliederungssignalen etc. in den Blick nimmt (vgl. Huneke/Steinig 2005, S. 116f.).

PISA und IGLU-Lesekompetenzmodelle

In den internationalen Schulleistungsstudien PISA und IGLU (Internationale Grundschul-Lese-Untersuchung, vgl. Bos u. a. 2007) werden sowohl die Nutzung textimmanenter Informationen als auch das Heranziehen externen Wissens überprüft. Dabei unterscheidet das PISA-Lesekompetenzmodell mit Blick auf 15-Jährige drei Kompetenzdimensionen: Informationen ermitteln – textbezogenes interpretieren – reflektieren und bewerten. Die ersten beiden Dimensionen beziehen sich auf das Nutzen textinterner Informationen und die dritte auf das Heranziehen des externen Wissens. Im IGLU-Modell werden mit Blick auf Grundschulkinder vier Typen von Verstehensprozessen ermittelt: explizite Informationen erkennen und wiedergeben – einfache Schlussfolgerungen ziehen – komplexe Schlussfolgerungen ziehen und begründen sowie das Gelesene interpretieren – Inhalt, Textstruktur und Sprache prüfen und bewerten. Die beiden ersten verweisen auf die textimmanenten und die beiden letzten auf die externen Elemente (→ ABBILDUNG 39).

Die IGLU-Studie zeigt, dass die textimmanente Lesekompetenz deutscher Grundschüler deutlich höher ist als die wissensbasierte, wobei Jungen schlechtere Leistungen zeigen als Mädchen; Jungen mit

	Nutzen textinterner Informationen (Bottom-up-Leistungen)	Heranziehen externen Wissens (Top-down-Leistungen)
IGLU-Verstehensmodell	• explizite Informationen erkennen und wiedergeben • einfache Schlussfolgerungen ziehen	• komplexe Schlussfolgerungen ziehen und begründen sowie das Gelesene interpretieren • Inhalt, Textstruktur und Sprache prüfen und bewerten
PISA-Lesekompetenzmodell	• Informationen ermitteln • textbezogenes Interpretieren	• reflektieren und bewerten

Abbildung 39: Bottom-up- und Top-down-Leseleistungen in IGLU und PISA

Migrationshintergrund aus unterprivilegierten Elternhäusern, deren Familiensprache nicht Deutsch ist, schneiden besonders schlecht ab (vgl. Bos u. a. 2007). Tendenzen, die die IGLU-Studie für Grundschüler andeutet, werden durch die PISA-Studie für Sekundarschüler vor allem für Jugendliche mit Migrationshintergrund bestätigt. Es kann sein, dass die Betroffenen weniger Wissen mitbringen oder anderes wissen als ihre Mitschüler ohne Migrationshintergrund, dieses Wissen aber in der einsprachig deutschen Schule nicht zielführend einbringen können. Eine Neuformulierung der Bildungspläne, die sowohl die Wissensbestände von Kindern und Jugendlichen mit Migrationshintergrund in den Blick nimmt als auch externes Wissen zu schulinternem Wissen erklärt und dieses nicht voraussetzt, sondern vermittelt, wäre ein Beitrag, um diesem Problem entgegenzuwirken. Lehrkräfte müssen dafür Sorge tragen, dass neben den Bottum-up- auch die Top-down-Prozesse im Unterricht behandelt werden.

Konsequenzen für Lesen mit DaZ-Schülern

13.2 Lesen in der Zweitsprache

Die Leseforscherin Swantje Ehlers hält folgende Besonderheiten des Lesens in der Zweitsprache fest (vgl. Ehlers 2008, S. 220):

Stolpersteine für DaZ-Lernende

- das Schriftsystem, vor allem für Personen, die in einer anderen Sprache lesen gelernt haben,
- die Lese-Erwerbsphase, das Alter und die in einer anderen Sprache erworbene Lesekompetenz,
- die vorhandene Zweitsprachkompetenz,
- die sprachlichen Eigenschaften von Ausgangs- und Zielsprache (Wortstellung, Flexionsmorpheme, semantische Merkmale von Nomen etc.)
- und die Erziehungsumgebung.

Menschen, die bereits in einer anderen Sprache lesen gelernt haben, können die erworbene Lesefähigkeit auf die zweite Sprache übertragen beziehungsweise für das Lesenlernen in der zweiten Sprache nutzen. Wer allerdings in der Zweitsprache am Anfang des Zweitspracherwerbs lesen lernt, hat es besonders schwer. Da Leseerwerb auf mündlichen Fähigkeiten aufbaut, sind die Zweitsprachkenntnisse vor allem im Erstleseprozess von entscheidender Bedeutung. Gering ausgebildeter Wortschatz und mangelnde Grammatikkompetenz behindern den Leselernprozess.

Erstleseprozess in der Zweitsprache

Typischerweise lesen DaZ-Kinder und -Jugendliche langsamer, ihre Lesezeitspanne ist kürzer, ihre Augen machen häufigere und kür-

DaZ-Schüler in gemischten Gruppen

zere Sprünge und die Fixationen dauern länger als bei ihren DaM-Mitschülern. Gründe dafür sind eingeschränkte Wortschatzkenntnisse und/oder mangelnde Automatisierung von Grundfertigkeiten. Ist das Hintergrundwissen nicht verfügbar oder nicht differenziert genug, wird verstehendes Lesen be- oder gar verhindert, denn das Gelesene erzeugt zu wenig oder keine zielführenden Inferenzen, wenn wichtige Wörter, Konzepte und Propositionen nicht erkannt, Sätze nicht in den Textzusammenhang integriert und Oberflächenmerkmale (wie Proformen, Gliederungssignale, Konnektoren etc.) nicht für inferenzielle Aktivitäten genutzt werden können und das Arbeitsgedächtnis mit der bloßen Dekodierung bereits weitgehend ausgelastet ist (vgl. Ehlers 2008, S. 221).

DaZ-Lesepraxis — Swantje Ehlers fordert für die zweitsprachliche Lesepraxis eine stärkere Berücksichtigung der Oberflächenmerkmale von Texten, die Gestaltung einer „Lernumgebung, die durch Variation von Lesezielen, Texten und Aufgabenstellungen den Umfang und die Art der Inferenzbildung steuert und das Inferieren kommunikativ-funktional einbettet" (Ehlers 2008, S. 224). Es sollten Aufgaben gestellt werden, die die verschiedenen Inferenztypen unterstützen: Referenzidentität, kausale Ursachen und Folgen, Handlungsziel, Thema, Emotion und Eigenschaften von Figuren/Personen beziehungsweise Objekten, Reaktionen des (impliziten) Lesers und Textintention (vgl. Ehlers 2008, S. 223). Konkret bedeutet das, dass beim Lesen geklärt wird, worauf sich z. B. Pronomen beziehen, welche Wörter für dieselbe Person oder Sache verwendet werden, warum etwas passiert ist und welche Folgen sich daraus ergeben. Vor allem in literarischen Texten ist zu klären, worauf die Handlung zielt und was thematisiert wird, wie Figuren, Personen oder auch Objekte beschrieben werden, wodurch Spannung erzeugt oder eine bestimmte Haltung signalisiert wird.

Mehrebenenmodell des Lesens — Die Deutschdidaktiker Cornelia Rosebrock und Daniel Nix verorten Sprach- und Textwissen in ihrem „Mehrebenenmodell des Lesens" (→ ABBILDUNG 40) auf der Prozessebene und benennen darüber hinaus die Subjekt- und die soziale Ebene. Auf dieser Grundlage erstellen sie zur Leseförderung eine „Systematik der Handlungsdimensionen" (vgl. Rosebrock/Nix 2008, S. 13; → ABBILDUNG 41), die sich nicht explizit an DaZ-Lernende richtet, aber auch für diese relevant ist.

Lesepraxis in allen Fächern — Hier wird Leseförderung sinnvollerweise nicht auf den Deutschunterricht reduziert, sondern tangiert auch andere Fächer und bezieht die „Schulkultur" (womit Leseprojekte, Lesenächste, Leseralleys etc. gemeint sind) insgesamt ein. Bezogen auf Sachtextlektüre wird

LESEN IN DER ZWEITSPRACHE

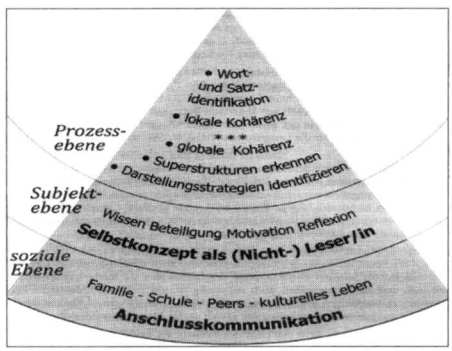

Abbildung 40: Mehrebenenmodell des Lesens (Rosebrock / Nix 2008, S. 16)

Fachunterricht sogar vor den Deutschunterricht gestellt, was seine zentrale Bedeutung für die Leseförderung unterstützt. Allerdings verführt die Anordnung der Handlungsdimensionen zu einer Rezeption als Progressionsmodell von Dekodierübungen während der Alphabetisierung zum literarischen Lesen als Höchstform des Lesens. Stattdessen sind Dekodierübungen auf der Wortebene, vor allem aber auf der Satz- und Textebene auch noch nach der Alphabetisierung sinnvoll – insbesondere bei Lesern mit schwacher Lesekompetenz und bei DaZ-Lernenden. Literarisches Lesen spielt bereits vor der Schule eine Rolle und zielt nach Verständnis nicht vordergründig auf Textsortenkenntnis, sondern auf einen nicht pragmatischen Leseprozess.

Anders als bei pragmatischen Texten „handelt (Literatur) nicht über etwas, behandelt nicht etwas anderes (um das es eigentlich geht), sondern ist zuerst einmal Vollzug von etwas" (Ladenthin 2000, S. 52). So entsteht zum Beispiel bei einer Gruselgeschichte Spannung, ohne dass Spannung thematisiert wird. Anders als Sachtexte fordern literarische Texte persönliche Anteilnahme, eigene Vorstellungen und das Aktivieren nicht nur von Vorwissen, sondern auch eigener Vorerfahrungen. Literarisches Lesen schließt motivationale, emotionale und interaktive Dimensionen ein. Neben der subjektiven Involviertheit sind das Wahrnehmen der sprachlichen Gestaltung, das Nachvollziehen der Figurenperspektive/n und die Unabschließbarkeit des Sinnbildungsprozesses (vgl. Spinner 2006, S. 8 ff.) zentrale Aspekte des literarischen Lesens, die im Umgang mit pragmatischen Texten eine deutlich geringere Rolle spielen, aber nicht gänzlich auszuschließen sind.

Literarisches Lesen ist mehr als das Lesen von Literatur

LESEN UND SCHREIBEN

Dekodierübungen auf der Wortebene	Lautleseverfahren	Vielleseverfahren	Lesestrategien trainieren	Sachtextlektüre unterstützen	Leseanimation	Literarisches Lesen unterstützen
Zielen auf **Automatisierung der Worterkennung** (hierarchieniedriger Bereich)	Zielen auf die Verbesserung von Leseflüssigkeit (indirekt auf Verbesserung des Textverstehens)	Zielen global auf **Steigerung der Leseleistungen** auf allen Prozessebenen und auf die Steigerung der **Motivation**	Zielen auf **Verbesserung des Leseverstehens**	Zielen auf domänenspezifisches **Sprach-, Text- und Weltwissen**	Zielt auf **Motivationssteigerung** durch Inszenierung literarischer Kultur; auf **Selbststeuerung** auch der Handlungsebene	Zielt auf **Textsortenkenntnis**, Vertiefung des Textverstehens, ggf. Intensivierung der **subjektiven Beteiligung**
Trainiert den Aufbau des Sichtwortschatzes	Trainieren den Aufbau des Sichtwortschatzes und die Fähigkeit zum Sequenzieren von Sätzen	Trainieren die Selbststeuerung auf Prozessebene; tangieren das Selbstbild als Leser	Trainieren die metakognitive Steuerung und Überprüfung von Leseprozessen	Trainiert die „Top-down"-Leistungen beim Textverstehen	Indirekte (prozessferne) Förderung; tangiert das Selbstbild als Leser	„Top-down"-Leistungen trainieren und literarische kulturelle Praxis inszenieren
[Alphabetisierung]	[Deutschunterricht + Fachunterricht]	[Deutschunterricht + Schulkultur]	[Deutschunterricht + Fachunterricht]	[Fachunterricht + Deutschunterricht]	[Schulkultur + Deutschunterricht]	[Literaturunterricht]

Abbildung 41: Leseförderung: Systematik der Handlungsdimensionen (nach Rosebrock/Nix 2008, S. 13)

In der Systematik der Handlungsebenen zur Leseförderung von Cornelia Rosebrock und Daniel Nix scheint die Vermischung der Ebenen problematisch, denn „Sachtextlektüre unterstützen" und „Literarisches Lesen unterstützen" benennen im Unterschied zu Dekodierübungen, Laut- und Vielleseverfahren, Lesestrategietraining und Leseanimation den Umgang mit spezifischen Textsorten bzw. der unterschiedlichen Modalität von Texten. Aber die Modalität der Texte spielt auch bei Lautlese- und Vielleseverfahren, beim Lesestrategietraining, der Lesemotivation und vermutlich bei Dekodierübungen (spätestens nach der Alphabetisierungsphase) eine zentrale Rolle. Konkret bedeutet das, dass die je spezifische Lesart beider Textsorten zu berücksichtigen ist und vor allem der Umgang mit literarischen Texten nicht auf kognitive Techniken reduziert werden sollte. Literarisch lesen heißt nach dem Erziehungswissenschaftler Volker Ladenthin genau, sprachkritisch, identifizierend und synthetisierend zu lesen. Entsprechend schlägt er zur Anleitung literarischen Lernens vor: Vorlesen und diskutieren, „ob der Text ‚richtig' vorgelesen wurde", um eine intensive Auseinandersetzung mit dem Text anzuregen, Textverstehen durch ergänzen (etwa von Reimwörtern in Gedichten) oder ordnen (von Einzelteilen) des Textes sichern, vorstellen und diskutieren von Interpretationshypothesen, um sie am Text zu überprüfen (vgl. Ladenthin 2000, S. 54).

Sachtexte und Literatur lesen

Dabei geht es allerdings nicht darum, das Literarische bzw. Nicht-Literarische in den Texten herauszuarbeiten, sondern die je spezifische Lesart zu unterstützen. Denn auch wenn im Umgang mit pragmatischen Texten dem „informationsvermittelnden Lesen eine sehr viel höhere pragmatische Nützlichkeit zu(kommt)" (Kruse 2008, S. 4) als dem Lesen von Literatur, ist eine „allzu scharfe Grenzziehung und Textsortendefinition im Hinblick auf das ‚Literarische' bzw. das ‚Nicht-Literarische' zu vermeiden und mehr auf den Leser und seine Intentionen zu setzen sowie darauf aufbauend zu agieren" (Jost 2005, S. 23). Diesem Anspruch wird man nicht gerecht, wenn man wie Cornelia Rosebrock und Daniel Nix die Sachtextlektüre und das Literarische Lesen als Extra-Säule neben die anderen Verfahren stellt, statt die genannten Verfahren hinsichtlich der Sachtextlektüre und des Literarischen Lesens zu differenzieren, denn dabei handelt es sich nicht um eigene Verfahren.

Pragmatisches und literarisches Lesen

Die von Cornelia Rosebrock und Daniel Nix vorgelegte Systematik der Handlungsdimensionen zur Leseförderung wird deshalb im Folgenden im Blick auf DaZ-Lernende und Mehrsprachige konkretisiert:

Dekodierübungen Dekodierübungen auf der Wortebene zielen auf die Automatisierung der Worterkennung und trainieren den Aufbau des Sichtwortschatzes (bereits automatisierte, leicht zu erfassende Wörter) während der Alphabetisierung. Für DaZ- und DaF-Lernende gilt dies unabhängig von der Alphabetisierung generell für den Anfangsunterricht und darüber hinaus, wenn Wortbildungsregeln integriert vermittelt werden. Hierbei ist abzusichern, dass DaZ-Kinder die Bedeutung der zu lesenden Wörter auch kennen oder eingebunden in Semantisierungsübungen erschließen lernen. Im Hinblick auf mehrsprachige Kinder ist es denkbar, einfache Begriffe aus anderen Sprachen einzubeziehen wie das italienische *luna* für Mond, das türkische *Kebab* für gebratenes Fleisch, *Baba* als die türkische Bezeichnung des Vaters im Vergleich zum deutschen *Papa* oder das *russische кино*, das wie das deutsche Wort Kino gelesen wird und auch dasselbe meint.

Lautleseverfahren Lautleseverfahren zielen auf die Verbesserung von Leseflüssigkeit (indirekt auf Verbesserung des Textverstehens), trainieren den Aufbau des Sichtwortschatzes und die Fähigkeit zum Sequenzieren von Sätzen im Deutsch- und Fachunterricht. Das gilt gleichermaßen für den Fremdsprachenunterricht, in dem Lautleseverfahren in der Fremdsprache trainiert werden; dort ist allerdings darauf zu achten, dass die Sequenzierfähigkeit etwa durch die Anwendung operationaler Verfahren (wie die Weglass- oder Ersetzungsprobe) in besonderer Weise unterstützt und nicht vorausgesetzt wird.

Vielleseverfahren Vielleseverfahren zielen global auf die Steigerung der Leseleistungen auf allen Prozessebenen und der Motivation; sie trainieren die Selbststeuerung auf der Prozessebene, tangieren das Selbstbild als Leser im Deutschunterricht und im Rahmen der Schulkultur. Die zu lesenden Texte sollten nicht nur hinsichtlich des Vertrautheits- und Komplexitätsgrades, sondern auch in Bezug auf Themenstellung und -bearbeitung an den mehrsprachigen Kindern und Jugendlichen orientiert werden. Es bieten sich also mehrsprachige Texte oder auch Übersetzungen von deutschen Texten in die Erstsprachen oder umgekehrt an, die etwa im Bereich der Kinderliteratur durchaus vorliegen. Geeignet sind auch Texte zum Thema Mehrsprachigkeit, Migration, Multiethnizität und Interkulturalität.

Lesen auf der Prozessebene üben Im Blick auf DaZ-Lernende sind vor allem Übungen zur Gestaltung der Prozessebene zu forcieren; gemeint sind Wort- und Satzidentifikation, lokale und globale Kohärenz, Erkennen von Superstrukturen und Identifikation von Darstellungsstrategien. Im Fremdsprachenunterricht sollte ein breites Angebot an Lektüren für unterschiedliche Sprachniveaus bereitgestellt und Zeit eingeräumt werden, damit sich die Lernenden auch in der Fremdsprache als Leser erleben können. Denkbar sind auch Texte in deutscher Sprache, seien es nun Übersetzungen oder Originalfassungen, deren Inhalt die Lernenden bereits aus ihrem erstsprachlichen Kontext kennen. Diese können der Leseanimation dienen und zielen – wie im obigen Modell (→ ABBILDUNG 41) aufgezeigt – auf eine Motivationssteigerung durch Inszenierung literarischer Kultur und auf Selbststeuerung auch der Handlungsebene. Leseanimation stellt eine indirekte (prozessferne) Förderung dar und tangiert das Selbstbild als Leser im Rahmen der Schulkultur und im Deutschunterricht. Im Fremdsprachenunterricht sollte es nicht nur leistungsstarke, sondern auch leistungsschwächere Lernende erreichen – etwa in Projekten, bei denen Lektüre zum zentralen Bestandteil wird und sich die Lernenden von ihren Interessen, ihrem Vorwissen leiten lassen können und eine Mitarbeit trotz eines geringen Sprachniveaus möglich ist.

Lesestrategien zielen auf die Verbesserung des Leseverstehens, trainieren die metakognitive Steuerung und Überprüfung von Leseprozessen im Deutsch- und Fachunterricht. Im Fremdsprachenunterricht sind Verfahren der kontextuellen Erschließung, der Semantisierung durch Orientierung an Verstandenem auf Wort-, Satz- oder Textebene üblich, die sich auf den Bereich DaZ auch im gemeinsamen Unterricht mit DaM-Schülern übertragen lassen.

Lesestrategien

Mittlerweile stehen imaginative Leseverfahren und subjektive, emotionale Leseweisen vor allem im Umgang mit Literatur, bei denen miterzählt oder ein Schluss (er)funden wird, Texte transformiert und Analogien im eigenen Leben gesucht werden, gleichberechtigt neben analytischen Leseverfahren, bei denen Schlüsselbegriffe gesucht, Wortfamilien erkannt, Wort- und Sachfelder aufgebaut werden. Verlangsamtes Lesen empfiehlt sich nicht nur bei literarischen Texten. Pro-Contra-Spiele sind nicht auf Sachtexte zu reduzieren – genau wie die Verbindung von Lesen mit Bewegung, wenn Sätze gelaufen werden, Intonation gestaltet oder szenisch interpretiert wird. Spätestens am Ende des Leseprozesses erfolgt eine Synthese des Gelesenen, wofür sich Mindmaps, das Schreiben eines Lerntagebuchs und ähnliche Strategien besonders eignen.

Imaginative und analytische Leseverfahren

13.3 Schreiben

Die literale Entwicklung beginnt bereits vor dem Schreibenlernen und führt von einer subjektiven zu einer integrativen, das heißt auf die Sache und den Text gerichteten, Perspektive. Die Textgestaltung

Entwicklung der Schreibkompetenz

wird zunehmend von einer linearen zu einer komplexen. Der Schreibkompetenzprozess entfaltet sich vom performativen (bloß reproduzierenden) über das funktionale (etwa das Ausfüllen von Arbeitsblättern) und informationelle Stadium, in dem Informationen schriftlich festgehalten werden, zum epistemischen Schreiben, bei dem das vorhandene Wissen in der Auseinandersetzung mit Texten erweitert wird und komplexe Probleme im Prozess der Textverarbeitung selbstständig gelöst werden (vgl. Schmölzer-Eibinger 2008, S. 143ff.).

Schreibkompetenz von Zweisprachigen

Ähnlich wie beim Lesen können Schreibkompetenzen, die in der Erstsprache erworben wurden, auf das Schreiben in der Zweitsprache übertragen werden. Das betrifft vor allem Planungs- und Überarbeitungsstrategien. Ein Vergleich zwischen Schülern mit Migrationshintergrund, die bereits im Herkunftsland in der Schule waren (sogenannte Seiteneinsteiger), und denen, die ihre gesamte Schulzeit in Deutschland verbracht haben, zeigt, dass die Seiteneinsteiger über höhere, vermutlich erstsprachbasierte, Text- und Erzählkompetenzen verfügen, ihnen aber lexikalische und grammatische Sprachmittel auf der Formulierungsebene fehlen. Bei den ausschließlich in Deutschland beschulten Jugendlichen ist es genau anders herum (vgl. Knapp 1997). Doch auch deren Texte zeugen von einer im Vergleich zu ihren einsprachigen Mitschülern reduzierten schriftsprachlichen Formulierungskompetenz, die sie durch die Verschriftung mündlicher Sprache kompensieren.

Modelle zur Unterstützung des Schreibprozesses

In der Schreibdidaktik wird der komplexe Prozess des Schreibens in besser zu steuernde Einzelschritte zerlegt, wobei es unterschiedliche Modelle gibt:

Schreibwerkstätten

- Wilhelm Grießhaber orientiert sich dabei an drei miteinander verbundenen „Werkstätten" (vgl. Grießhaber 2008, S. 232f.): Die „Einstiegs-Werkstatt" orientiert sich am Aufgabenumfeld, das heißt an der aktuellen Schreibaufgabe, den themenbezogenen Informationen und den antizipierten Rezipienten. Die „Wissens-Werkstatt" operiert mit den im Langzeitgedächtnis gespeicherten Informationen zum Thema, zum Lesepublikum und zu Schreibplänen. In der „Prozess-Werkstatt" erfolgt der eigentliche Schreibprozess von der Planung und Organisation bis zur Formulierung und Überarbeitung des Textes. In allen drei Werkstätten lassen sich Besonderheiten für das Schreiben in der Zweitsprache ausmachen; am deutlichsten werden sie aber in der Prozess-Werkstatt, denn hier spielen Wortschatz und Grammatik eine zentrale Rolle.

- Sabine Schmölzer-Eibinger entwickelt für das Lernen in der Zweitsprache ein Drei-Phasenmodell zur Förderung der Textkompetenz (vgl. Schmölzer-Eibinger 2008, S. 192ff.): 1. Wissensaktivierung, 2. Arbeit an Texten: Textkonstruktion, Textrekonstruktion Textfokussierung und Textexpansion, 3. Texttransformation. Ihr Progressionsmodell führt von einfachen Aufgaben zur Wissensaktivierung über schwieriger werdende Aufgabenformate zur Arbeit am Text bis zu komplexen Aufgaben der Texttransformation, die gleichzeitig den Bogen zur ersten Phase schlagen, denn hier geht es darum, das erweiterte Wissen in einem Text zu verarbeiten.

Drei-Phasenmodell

Gemeinsam ist beiden Modellen die Dreigliedrigkeit, wobei Grießhabers Werkstatt-Modell nicht als Progressions-, sondern als interdependentes Modell gedacht ist. Damit ähnelt es dem Modell von Martin Fix (vgl. Fix 2005, S. 115), das den Schreibprozess als Zusammenspiel von inhaltlicher, pragmatischer, Formulierungs- und Strukturierungskompetenz charakterisiert, ohne dabei allerdings in besonderer Weise auf DaZ-Lernende einzugehen. In → ABBILDUNG 42 werden diese vier Kompetenzbereiche für das Schreiben mit DaZ-Lernenden konkretisiert.

Kompetenzen der Lernenden beim Schreibprozess	Unterstützungsleistungen durch Lehrende
Was schreibe ich? Inhaltliche Kompetenz	• Vorwissen aktivieren, ggf. Erstsprache einbeziehen und Übertragung ins Deutsche anleiten, Fachsprache absichern und entfalten • Redemittel zum Umgang mit den Informationen vermitteln
Wie formuliere und überarbeite ich? Formulierungskompetenz	• Metasprache wie Endungen, Satzklammer etc. zum Sprechen über Formulierungen, Fehler etc. vermitteln • Überarbeitung auf Einzelaspekte reduzieren: Wort-, Satz- und Textebene berücksichtigen • Orthografie (im grammatischen Kontext) vermitteln
Warum und für wen schreibe ich? Pragmatische Kompetenz	• Texte (auch von DaZ-Schülern) betrachten, positive Beispiele als Modelltexten nutzen • Rezeptionserwartungen interkulturell klären • Beurteilungskriterien transparent machen
Wie baue ich den Text auf? Strukturierungskompetenz	• Redemittel, Skelettsätze und -texte vorgeben • Vorgaben zur Kontrolle des eigenen Textaufbaus anbieten • Textsorte interkulturell problematisieren • Visualisierungshilfen nutzen

Abbildung 42: Schreiben mit DaZ-Lernenden

LESEN UND SCHREIBEN

Freies Schreiben

Die Vorschläge basieren auf einem mehrfach erprobten Schreibprojekt mit DaZ-Jugendlichen, die in zweiwöchigen Feriencamps jeweils am Beginn einer dreistündigen DaZ-Etappe einen kurzen, frei zu einem Bildimpuls assoziierten Text verfassten, diesen vorlasen und in der Gruppe besprachen. Dabei erhielten sie Wort- bzw. Redemittelkarten, um über den Text zu sprechen. Die Kursleiterin fokussierte die Besprechung auf das in der Etappe zu behandelnde grammatische Thema (z. B. Präpositionalphrasen, Adjektivdeklination, Zeitformen). Eine Textrevision fand nicht statt. Dennoch zeigten alle Jugendlichen eine sich steigernde Textverfassungskompetenz.

Weitere Aufgabenformate

Weitere Aufgabenformate sind für DaZ-Lernende ebenfalls sinnvoll: Schreiben von vorstrukturierten und formalisierten Texten mithilfe von Skelett-, Parallel- und Modelltexten, die – im Unterschied zu vorgegebenen und abzuarbeitenden Textsortenschemata – eine induktive Erarbeitung ermöglichen und im Sinne von Scaffolding (→ KAPITEL 5.3; vgl. Gibbons 2006) als Gerüst anzusehen sind, das durch die spiralcurriculare Verwendung sukzessive internalisiert wird.

Schriftliches Erarbeiten von Frage- und Aufgabenstellungen setzt klare bzw. geklärte Aufgabenstellungen voraus, wobei es sinnvoll sein kann, DaZ-Schülern vereinfachte oder vom Umfang her reduzierte Parallelaufgaben zu stellen. Erfolgt die Erarbeitung in kooperativen Sozialformen, so sollte am Ende das Ergebnis von allen Schülern schriftlich festgehalten und im Plenum oder von der Lehrkraft kommentiert werden.

13.4 Schreiben und Lesen verbinden

Learning by doing

Für Lesen und Schreiben gilt gleichermaßen, dass man Lesen durch Lesen und Schreiben durch Schreiben lernt. Eine defensive, die Lernenden von diesen komplexen Anforderungen entlastende Lehrstrategie kann auf Dauer auch bei mehrsprachigen Kindern und Jugendlichen nicht sinnvoll sein. Im Bereich der Literaturdidaktik werden seit der produktiven Wende in den 1980er-Jahren (→ KAPITEL 5) Lesen und Schreiben eng miteinander verzahnt, wobei es nicht mehr nur um das Schreiben über Literatur geht (Nacherzählungen, Inhaltsangaben, Textanalysen oder Erörterungen), sondern auch um das Schreiben zu Literatur auf der Grundlage von generativen oder produktiven Schreibaufgaben und um das Schreiben von Literatur in kreativen Phasen. Bei mehrsprachi-

Erstsprache einbeziehen

gen Kindern und Jugendlichen können solche Aufgaben auch deren andere Sprache zulassen oder offensiv heranholen. Die Kinder können z. B. – etwa wenn Figuren mit Migrationshintergrund agieren oder ein anderes Land Ort der Handlung ist – einen Schluss, einen inneren Monolog oder was auch immer in ihrer anderen Sprache verfassen, diesen vorlesen und ihren einsprachigen Mitschülern zusammenfassend berichten, was sie geschrieben haben.

In der Perspektive auf DaZ-Lernende ist darauf zu achten, dass solche Schreibaufgaben nicht zu komplex sind. Für das Schreiben zu literarischen Texten und Themen eignen sich Echo-, Parallel-, Lücken-, Schnipsel- oder Kettentexte, die auf unterschiedlichen Differenzierungsebenen konkretisiert werden können. Generative Schreibaufgaben zielen auf die Automatisierung von Sprachmustern, denn sie unterstützen die Schüler darin, das vorgegebene Muster mit neuem Wortmaterial zu erproben und sukzessive in ihren produktiven Sprachschatz zu integrieren. *Generative Schreibaufgaben*

Schreiben wird zur Lesestrategie (vgl. Rupp/Bonholt 2004), wenn der Text mit einem Stift „beschrieben" wird. Die einzelnen Schritte lassen sich auf literarische und pragmatische Texte gleichermaßen anwenden: Ausgangspunkt bildet das Thema (das sprachlich oder inhaltlich akzentuiert sein kann). Beim Vorlesen entscheiden die Schüler, wie weit sie vorlesen, und markieren die gesetzte Zäsur. Anschließend besprechen sie sie und erarbeiten sich so die Gliederung des Textes. Die semantische Erschließung erfolgt bezogen auf einzelne Textteile und führt durch Verbindungslinien im Text z. B. dazu, Wortfelder zu entdecken und dafür Oberbegriffe zu finden. Hier ist unter DaZ-didaktischen Aspekten neben der semantischen auch die grammatische Ebene unter die Lupe zu nehmen, wenn mit dem Stift nachvollzogen wird, worauf sich Proformen oder Konjunktionen wie *aber* oder *obwohl* beziehen. Am Ende schreiben die Schüler eigene Texte zu dem vorliegenden Text. *Schreiben als Lesestrategie*

Auch ohne konkrete Textvorlage sind Schreiben und Lesen miteinander verbunden, etwa beim schriftlichen Erarbeiten von Themenkomplexen. Hier lässt sich ebenfalls schrittweise vorgehen: In der Einführungsphase werden der Inhalt umrissen und die Darstellungsform geklärt. Während der Vorbereitungsphase werden fachliche Fragen aufgeworfen und durch Recherche beantwortet. Dabei werden Recherche- und Auswertungstechniken sowie Techniken zur Aufbereitung der Information erarbeitet beziehungsweise gefestigt. In der Entwurfs- und Überarbeitungsphase steht die textliche Umsetzung im Vordergrund. Am Ende beziehungsweise in der ‚Fortsetzung' erfolgt die Vorbereitung auf die Präsentation und schließlich die Präsentation der Ergebnisse, die mündlich oder schriftlich realisiert werden kann (vgl. Fix 2005, S. 117). DaZ-Schüler brauchen in jeder dieser Phasen besondere Unterstützung wie Formulierungshilfen oder Textgerüste. *Schriftliches Erarbeiten von Themenkomplexen*

In der Perspektive auf mehrsprachige Kinder und Jugendliche lässt sich Lesen und Schreiben dahingehend ausweiten, dass Texte wie literarische Werke, die in unterschiedlichen Sprachen vorliegen, in den von ihnen bevorzugten Sprachen gelesen und auf Deutsch schreibend verarbeitet werden. Umgekehrt können auch produktive Aufgaben gestellt werden, mit deren Hilfe sie sich zu deutschen Texten in ihrer Erstsprache äußern.

Fragen und Anregungen

- Welche besonderen Anforderungen stellen Lesen und Schreiben für Kinder und Jugendliche mit Deutsch als Zweitsprache dar und wie kann man darauf konstruktiv reagieren?
- Was sind text- und wissensbasierte Verarbeitungsstrategien? Klären Sie am Beispiel dieses Kapitels ihr Wissen vor und nach der Lektüre und welche Verarbeitungsstrategien beim Lesen aktiviert wurden.
- Im muttersprachlichen und zum Teil auch im fremdsprachlichen Unterricht werden Mehr-Schritt-Lesemethoden immer beliebter. Zeigen Sie am Beispiel der beiden Raster zum Knacken von Sach- und literarischen Texten (→ ABBILDUNG 43), welche Verarbeitungsprozesse angesprochen werden und beurteilen Sie ihre Relevanz für die Arbeit mit DaZ-Schülern und für den DaF-Unterricht.

Sachtexte knacken	Literarische Texte knacken
1. Lies die Überschrift: Worum wird es gehen? Was weißt du schon darüber?	1. Lies den Titel oder den Anfang! Was erwartet dich? Was ist das für ein Text?
2. Lies den ersten Abschnitt: Welche Informationen werden gegeben? Wenn dir die Antwort schwerfällt, beseitige die Stolpersteine (→ Tipps).	2. Lies den Text in kleinen Portionen und stell dir einzelne Figuren oder Szenen vor! Wenn dir da schwerfällt, beseitige die Stolpersteine (→ Tipps).
3. Unterstreiche wichtige Wörter oder Satzteile und formuliere die zentrale Aussage!	3. Greife merkwürdige Stellen heraus! Sprich mit anderen darüber!
4. Fasse den Inhalt zusammen! Überlege, was daraus folgt und was im Text folgen könnte!	4. Überlege, was direkt gesagt wird und was offen bleibt! Wie könnte es weitergehen?
5. Verfahre mit den folgenden Abschnitten genauso! Wenn dir das leicht fällt, kannst du mehrere Abschnitte zusammen bearbeiten.	5. Verfahre mit dem weiteren Text genauso! Wenn dir das leicht fällt, kannst du den ganzen Text auf einmal lesen!
6. Fasse den Inhalt zusammen! Was folgt daraus?	6. Beurteile das Ende! Kläre die Bedeutung des Titels!
7. Lies noch einmal die Überschrift: Was weißt du jetzt über das Thema?	7. Greife etwas Besonderes heraus und verfolge es im Text!
8. Beurteile den Text – inhaltlich und formal!	8. Halte fest, wovon der Text handelt und welche Idee er verfolgt!

Abbildung 43: Raster zum Lesen (Rösch 2010b, S. 55)

- Formulieren Sie zu folgendem Text eine generative und eine produktive Aufgabe. Überlegen und begründen Sie, ob es sich um eine mündliche oder um eine schriftliche Aufgabe handelt.

   Tiere
   findet sie toll.
   Blumen
   findet sie hübsch.
   Gute Geschichten
   findet sie einfach wunderbar.
   Aber Lügen
   findet sie abscheulich.
   (Langenscheidt 1999, S. 114f.;
   dort finden Sie ein generatives und ein produktives Beispiel dazu.)

Lektüreempfehlungen

- Swantje Ehlers: Lesetheorie und fremdsprachliche Lesepraxis aus der Perspektive des Deutschen als Fremdsprache, Tübingen 1998.
  Die Autorin leistet einen Beitrag zur Fundierung der Lesepraxis in DaF. Das Buch behandelt die Lesetheorie, Lesestrategien und metakognitive Prozesse unter besonderer Berücksichtigung der Unterschiede zwischen dem Lesen in der Erst- und einer Fremdsprache.
- Bernd Kast: Fertigkeit Schreiben, Berlin u. a. 2001.
- Gerard Westhoff : Fertigkeit Lesen (Fernstudieneinheit 17), Berlin u. a. 2007.
  Die Fernstudieneinheiten liefern theoretische Grundlagen und praktische Anregungen zur Förderung des Lesens und Schreibens im DaF-Unterricht.
- Karen Schramm (Hg.): Empirische Zugänge zu Spracherwerb und Sprachförderung in Deutsch als Zweitsprache, Münster 2010. *Im Fokus der zehn empirischen Untersuchungen liegen der Spracherwerb und die Sprachförderung von DaZ-Kindern und -Jugendlichen. Neben Sprachförderprogrammen und Diagnose-Instrumenten werden auch Hörverstehen und der Schriftspracherwerb in den Blick genommen.*

- **Agi Schründer-Lenzen (Hg.): Risikofaktoren kindlicher Entwicklung. Migration, Leistungsangst und Schulübergang,** Wiesbaden 2006. *In dem Sammelband werden unter anderem die Ergebnisse der Berliner Längsschnittstudie zur Lesekompetenzentwicklung von Grundschulkindern (BeLesen) dokumentiert, die von 2002 bis 2006 den Schriftspracherwerb von Grundschulkindern nichtdeutscher Herkunft untersucht hat.*

14 Fachunterricht in DaZ und DaF

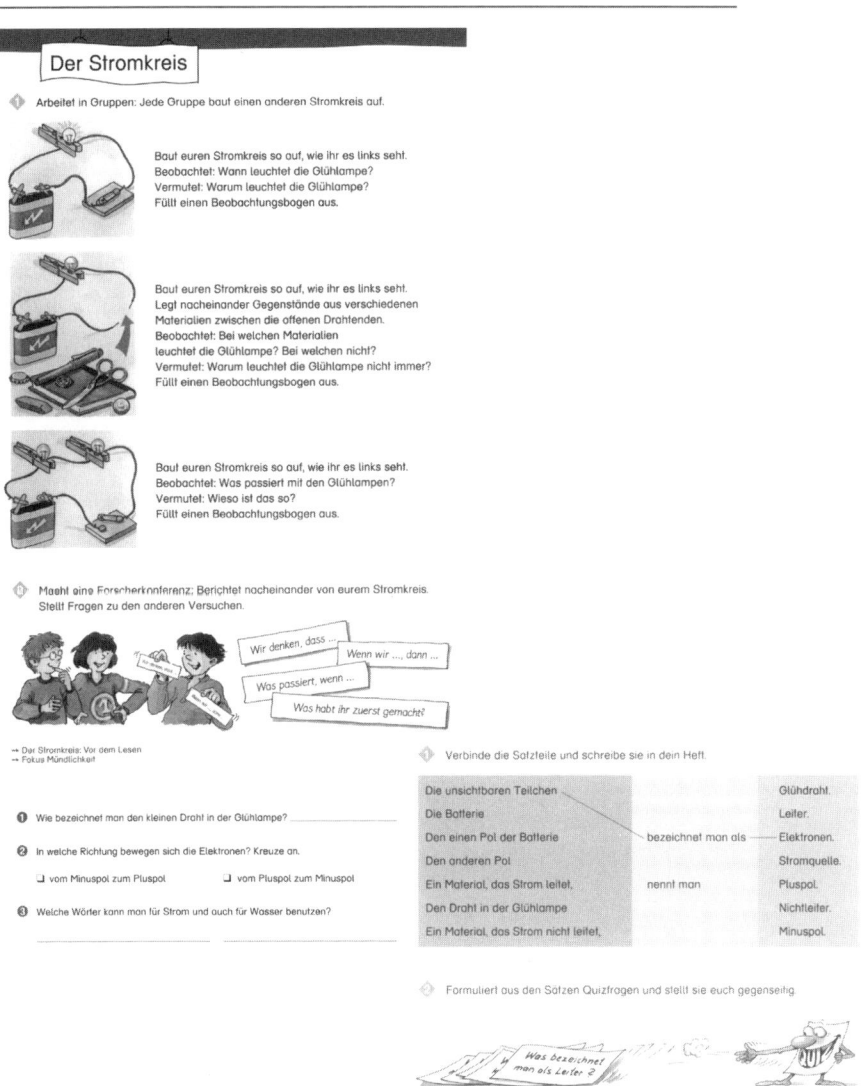

Abbildung 44: Auszug aus *Sachtexte knacken* (Klasse 3/4, Aufbauheft Schroedel 2006)

Das Unterrichtsmaterial ist für den Sachunterricht in der 3. und 4. Jahrgangsstufe konzipiert und unternimmt als erstes Material dieser Art mit integrierten Übungen zu Sprachstrukturen den Versuch, Sach- und Sprachlernen auch in der Perspektive auf DaZ-Kinder miteinander zu verbinden.

Im Zentrum stehen altersangemessene Lesetexte, die folgendermaßen präsentiert werden: Vor dem Lesen entlasten Bilder den Text und regen zur mündlichen Kommunikation an. Schon in dieser Phase werden sprachliche Strukturen (wie hier Nebensätze) gezielt geübt, sodass sie bei der Lektüre aktiviert werden können. Hinzu kommt eine zweite Seite mit Aufgaben zur Fachsprache, in diesem Fall zur Umformulierung von persönlichen zu unpersönlichen Aussagen: Aus „Ich nehme eine Batterie" wird „Man nimmt eine Batterie."

Während des Lesens eines altersgemäßen Texts erleichtern Illustrationen das Verständnis; eine angemessene Schriftgröße, sinnvolle Umbrüche und Abstände strukturieren den Text. Fragen zum Text machen auf noch Unverstandenes aufmerksam. Kinder, denen die Beantwortung der Fragen Schwierigkeiten bereiten, können zwei weitere Seiten mit entlastenden Lese- und fachsprachlichen Aufgaben bearbeiten. Dadurch werden nach dem Lesen sprachliche Strukturen vertiefend geübt und auf einem (nicht abgebildeten) Blatt sachunterrichtliche Inhalte über verschiedenste Verfahren (Kreuzworträtsel, Wandplakate, Expertenkarussell) gefestigt.

Es ist deutlich geworden, dass Sprachlernen im Fachunterricht besondere Aufgaben und (mehr) Zeit erfordert. Die Frage ist, wie eine Verbindung von Sprach- und Sachlernen im DaF- und im DaZ-Unterricht aussehen kann, ob Konzepte aus Auslandsschulen im Inland oder bilingualen Lernens für DaZ-Schüler sinnvoll eingesetzt werden können.

14.1 Sprach- und Fachlernen verbinden
14.2 Bilingualer Sachfachunterricht
14.3 Sprachsensibler Fachunterricht
14.4 Integrative Lehrmaterialien

14.1 Sprach- und Fachlernen verbinden

Die Verbindung von Sprach- und Fachlernen lässt sich aus verschiedenen Perspektiven begründen. Zum einen gibt es im landes- wie fremdsprachlichen Unterricht schon lange Bestrebungen nach situativer beziehungsweise kontextueller Einbindung der Sprache. Nicht nur in der Perspektive auf DaZ-Schüler wird im landessprachlichen Unterricht eine bildungssprachliche, im Fremdsprachenunterricht eine fach(sprach)liche Akzentuierung gefordert. Der wachsende Anteil pragmatischer Texte im fremdsprachlichen und zunehmend auch im landessprachlichen Deutschunterricht stellt ebenfalls Anforderungen an einen Unterricht, der neben der Sprache thematische Lerngegenstände ins Zentrum stellt.

Themenorientierung im landes- und fremdsprachlichen Unterricht

Zum anderen wird auch in den nicht-sprachlichen Fächern die Vermittlung der Fachsprache und der Fachkommunikation, inklusive produktiver und rezeptiver sowie schriftlicher und mündlicher Sprachkompetenz, gefordert. Hinzu kommt die kommunikative Ausrichtung auch dieses Unterrichts, die von Lehrpersonen die Kompetenz zur Moderation, Anleitung und Auswertung von Unterrichtsgesprächen fordert. Das ist vor allem für den mathematisch-naturwissenschaftlichen Unterricht eine große Herausforderung, weil Lehrkräfte dieser Fachrichtungen oftmals keine große Affinität zu Sprache haben. Doch auch im geistes- und sozialwissenschaftlichen Unterricht kann eine solche Kompetenz nicht vorausgesetzt werden. Selbst der landessprachliche Deutschunterricht, in dem die Kulturtechniken Lesen und Schreiben, heute ergänzt um Zuhören und Sprechen, sowie Sprachbetrachtung im Zentrum stehen, sieht seine Aufgabe nicht vordergründig darin, die philologische Fachsprache und Fachkommunikation explizit zu vermitteln. Stattdessen setzt er darauf, dass beides durch den Gebrauch – etwa das Schreiben von Textanalysen, Erörterungen, Interpretationen etc. – erworben wird.

Fachsprachliche Orientierung im nicht-sprachlichen Fachunterricht

Noch schwieriger wird es, wenn es darum geht, Schüler mit Deutsch als Zweitsprache trotz Schwierigkeiten mit der Unterrichtssprache so in den Unterricht zu integrieren, dass sie daran aktiv partizipieren und das Geforderte lernen können. Denn eine wesentliche Voraussetzung ist, dass die nötige Sprachkompetenz nicht als Bringschuld gefordert, sondern eben im Unterricht vermittelt wird. Dies gelingt im Fremdsprachenunterricht besser als im Deutschunterricht, denn zweisprachige Schüler schneiden im Deutschunterricht deutlich schlechter ab als ihre DaM-Mitschüler, zeigen aber im Deutsch- und Englischunterricht bessere Leistungen als DaZ-Schüler, im Englisch-

Orientierung an positiven Effekten des Fremdsprachunterrichts

unterricht auch bessere Leistungen als DaM-Schüler (vgl. Klieme u. a. 2006). Erklärt wird dies meist durch die aufgrund der Zweisprachigkeit besonders ausgebildete Kompetenz zum Sprachlernen. Darüber hinaus ist es aber sicher auch die Spezifik des Fremdsprachunterrichts, der die Vermittlung und Entfaltung von Sprachkompetenz als genuine Aufgabe betrachtet.

Fremdsprachdidaktische Konzepte, die eine Verbindung von Sprach- und Fachlernen begünstigen, sind kommunikative und handlungsorientierte Ansätze, die auf Authentizität und Relevanz der Lernsituation und des Themas für die Lernenden setzen. Hinzu kommt der Ansatz der Bedeutungsfokussierung (→ KAPITEL 5), der den Inhalt in den Mittelpunkt des Unterrichts stellt und sprachliches Lernen auf die Absicherung von inhaltlicher Bedeutung fokussiert.

Aufgabenorientierung

Ein dritter Ansatz ist der der Aufgabenorientierung: Aufgaben spielen schon immer eine besondere Rolle im Fremdsprachenunterricht. Ende der 1990er-Jahre wurden Aufgaben – ausgelöst durch Ansätze aus dem angelsächsischen Raum (vgl. z. B. Ellis 2003) – zu einem neuen, wenn auch nicht unumstrittenen Konzept der Fremdsprachdidaktik. Der österreichische Fremd- und Zweitsprachdidaktiker Paul Portmann-Tselikas verweist auf zwei zentrale Aspekte, wenn es um Aufgabenorientierung geht (vgl. Portmann-Tselikas 2010):

1. Aufgaben gelten als Schnittstelle zwischen den didaktischen Entscheidungen der Lehrkraft und den kognitiven Prozessen der Lernenden, die Themen und Ziele vorgeben und die Lernsituation unabhängig vom didaktischen Konzept in eine erlebbare Inszenierung umsetzen.
2. Aufgabenorientierung wird zu einem neuen didaktischen Konzept, das Aufgaben zum Zentrum didaktischen Denken erklärt und als Instrumente zur Gestaltung unterrichtlicher Lehr-/Lernhandlungen betrachtet. Dabei geht es weniger um Einzelaufgaben als vielmehr um die Gestaltung von Lernumgebungen, in denen die Lernenden möglichst autonom lernen können.

Merkmale eines aufgabenorientierten Fremdsprachunterrichts

Portmann-Tselikas nennt folgende fünf Merkmale eines aufgabenorientierten Fremdsprachenunterrichts (vgl. Portmann-Tselikas 2010, S. 1168): Aufgaben sind zielorientiert und curricular einbindbar (1), produktorientiert (2), erlauben den Lernenden, den Lernprozess selbst zu organisieren (3), erfordern eine Auseinandersetzung mit dem Thema im Medium der Sprache und beinhalten kommunikative Aktivitäten oder führen auf solche hin (4), sie induzieren Momente der Sprachaufmerksamkeit, in denen der adäquate rezeptive und produktive Sprachgebrauch thematisiert wird (5).

Für die Verbindung von Sprach- und Sachlernen sind die Aspekte 4 und 5 von besonderer Bedeutung, denn sie betonen die Bedeutung des Themas und reduzieren die Sprache auf die Funktion eines Mediums, sie fokussieren auf kommunikative Aktivitäten und reduzieren Sprachaufmerksamkeit – den Kern des traditionellen Sprachunterrichts – auf Momente. Es ist also möglich, den Lerngegenstand, das Lernarrangement und vielleicht auch das Lernziel von der Sprache zum Thema zu verschieben, vorausgesetzt es wird kommuniziert und der Sprachgebrauch zumindest in bestimmten Momenten thematisiert.

14.2 Bilingualer Sachfachunterricht

Der Ausdruck „Bilingualer Sachfachunterricht" ist die Umschreibung des Englischen Begriffs „Content and Language integrated Learning (CLIL)". Er ist insofern wenig gelungen, als der englische Begriff viel präziser darauf verweist, dass Inhalt und Sprache integriert gelernt werden. CLIL wird in verschiedenen Ländern unterschiedlich realisiert: Es kann sich um einen verstärkten Fremdsprachenunterricht handeln oder um den Unterricht eines Sachfaches (ein Begriff, der den Unterschied zu einem Sprachfach markiert) in einer anderen als der üblichen Schulsprache, wobei dies phasenweise oder vollständig bezogen auf ein oder mehrere, im Laufe der Zeit wechselnde Sachfächer erfolgen kann.

Content and Language integrated Learning (CLIL)

In Deutschland meint CLIL bislang, dass ein oder mehrere Sachfächer in einer Schulfremdsprache unterrichtet werden, nachdem die Schüler bereits einige Jahre diese Sprache als Fremdsprache gelernt haben. Anders als im Fremdsprachenunterricht ist im bilingualen Sachfachunterricht die Fremdsprache nicht nur Lerngegenstand, sondern auch das Medium zum Erlernen von fachlichen Inhalten. Ziele sind sprachliche und inhaltliche Kompetenzen sowie spezifische Lerntechniken für das Sachfach und die Sprache. Anders als an Auslandsschulen wird nicht der gesamte Unterricht in der Fremdsprache erteilt, sondern nur einzelne Fächer. Anders als in Immersionskonzepten (→ KAPITEL 11.3) wird die Sprache nicht nur genutzt, sondern auch zum Inhalt des Unterrichts gemacht (vgl. Wolff 2010, S. 299).

Fachunterricht in einer Fremdsprache

Das Bilinguale ergibt sich dadurch, dass neben der Landessprache einzelne Fächer in einer anderen Sprache erteilt werden. Der Begriff

Bilinguale Aspekte

des bilingualen Lernens (BiLi) forciert diesen Aspekt und wird vor allem für entsprechende Ansätze in der Primarstufe oder auch schon im Elementarbereich verwendet, wobei dort die Übergänge zu immersiven Ansätzen fließend sind.

In Deutschland dominiert Englisch als CLIL-Sprache, Deutsch übernimmt an deutschen Auslandsschulen eine ähnliche Funktion. Parallelen zum Fachunterricht an deutschen Inlandsschulen können bezogen auf DaZ-Kinder und -Jugendliche nur gezogen werden, wenn sich der Fachunterricht der Verbindung von Sprach- und Fachlernen verpflichtet fühlt. Auch wenn es bislang keine verbindliche CLIL-Didaktik gibt, lassen sich doch Grundprinzipien formulieren, die sich darauf beziehen, dass ein Sachfach in einer anderen als der üblichen Unterrichtssprache unterrichtet wird:

Prinzipien einer CLIL-Didaktik

- Im Vordergrund stehen fachliche Kompetenzen, deren Erwerb durch die Vermittlung sprachlicher Kompetenzen unterstützt wird.
- Die Entwicklung der sprachlichen Kompetenzen wird durch die Inhalte des Sachfaches bestimmt.
- Lernumgebungen, die vor dem Hintergrund lernerautonomer und aufgabenorientierter Ansätze realisiert werden, unterstützen integratives Lernen besser als lehrerzentrierte Unterrichtsformen.
- Die Sprache steht zwar nicht im Mittelpunkt, wird den Lernenden aber transparent gemacht, das heißt, sie erhalten die sprachlichen Ausstattung, um selbstständig handeln zu können. Dabei geht es nicht nur um terminologische Aspekte, sondern auch um ein Repertoire an Sprechhandlungen (vgl. Wolff 2010, S. 300f.).

Die Verbindung von fachlichem und sprachlichem Lernen ist nach Ergebnissen der einschlägigen internationalen Forschung (vgl. Siebert-Ott 2000) eine der erfolgreichsten Methoden zur Vermittlung einer Fremdsprache. Gleichzeitig scheitern aber viele Schüler mit Migrationshintergrund bei dem Versuch, sich fachliche Inhalte in der Zweitsprache anzueignen und gleichzeitig ihre DaZ-Kompetenz zu verbessern. Die Sprachdidaktikerin Gesa Siebert-Ott macht dafür die von den Lehrkräften dieser Schüler nicht beherrschte „Kunst des breaking down" verantwortlich (vgl. Siebert-Ott 2000). Diese Kunst besteht darin, den Stoff an den Wissens- und Sprachhorizont der Lernenden anzupassen. Sie basiert auf dem Bewusstsein, dass die Schüler Fremd- oder Zweitsprachlernende sind und der Fachunterricht auch Sprache vermitteln muss. Anders als bezogen auf den Fachunterricht mit DaZ-Schülern wird CLIL durch einen flankierenden Fremdsprachunterricht unterstützt. Hinzu kommt eine hohe Sensibilität gegenüber dem bereitstehenden Unterrichtsmaterial, das für Erstsprach-

Die Kunst des breaking down

sprecher entwickelt wurde und für den CLIL-Unterricht aufbereitet werden muss, wenn es überhaupt zum Einsatz kommen kann. Die sukzessiv entstehenden CLIL-Unterrichtsmaterialien zeigen, dass komplexe Themen zunächst auch mit einfachen sprachlichen Mitteln bearbeitet werden können. Sie liefern neben fachlichen Inhalten und Methoden den Gebrauch (fach-)sprachlicher Mittel, das heißt, sie stellen das für das Thema notwendige Vokabular (oft mit zweisprachigem Glossar) bereit und enthalten – wie im Unterrichtsmaterial in → ABBILDUNG 44 – auch Übungen zu Sprachstrukturen.

14.3 Sprachsensibler Fachunterricht

Das CLIL-Konzept wurde vorwiegend aus fremdsprachdidaktischer Perspektive und im Blick auf mehrheitsangehörige, vor allem leistungsstarke Schüler entwickelt, wird aber vor dem Hintergrund einer Mehrsprachigkeitsdidaktik zunehmend auch auf sprachlich und kulturell heterogene Lerngruppen ausgerichtet. Dagegen wird das Konzept des sprachsensiblen Fachunterrichts im Inland vor allem im Kontext einer durchgängigen Sprachförderung und damit explizit von Deutsch als Zweitsprache konzipiert. Es nimmt punktuell Anleihen am Fachunterricht an deutschen Auslandsschulen und den dort gesammelten Erfahrungen mit dem fachlichen Lehren und Lernen in einer anderen als der Erstsprache.

Weiterentwicklung von CLIL

Sprachsensibler Fachunterricht meint „den bewussten Umgang mit Sprache beim Lehren und Lernen im Fach […], denn Sprache ist […] Grundvoraussetzung für das Verstehen und Kommunizieren im Fach" (Leisen 2010, S. 3). Er fördert „die Sprache an und mit den Fragestellungen des Fachs" und versteht sich „als ausdrückliche Maßnahme zur Kompetenzförderung sprachschwacher Lerner mit und ohne Migrationshintergrund beim Sprechen, Lesen und Schreiben". Dabei werden die Lerner „in fachlich authentische, aber bewältigbare Sprachsituationen gebracht", wobei die Sprachanforderungen „knapp über dem individuellen Sprachvermögen" liegen. „Die Lerner erhalten so wenige Sprachhilfen wie möglich, aber so viele, wie individuell zur erfolgreichen Bewältigung der Sprachsituation nötig." (Leisen 2010, S. 6) In seinem didaktischen Dreieck der Sprachförderung (→ ABBILDUNG 45) macht Josef Leisen die Bedeutung der Fach- und Fachsprachendidaktik sowie der Fremdsprachendidaktik beziehungsweise, wie er im Begleittext ausführt, der Zweitsprachdidaktik deutlich.

Sprache als Grundvoraussetzung

FACHUNTERRICHT IN DAZ UND DAF

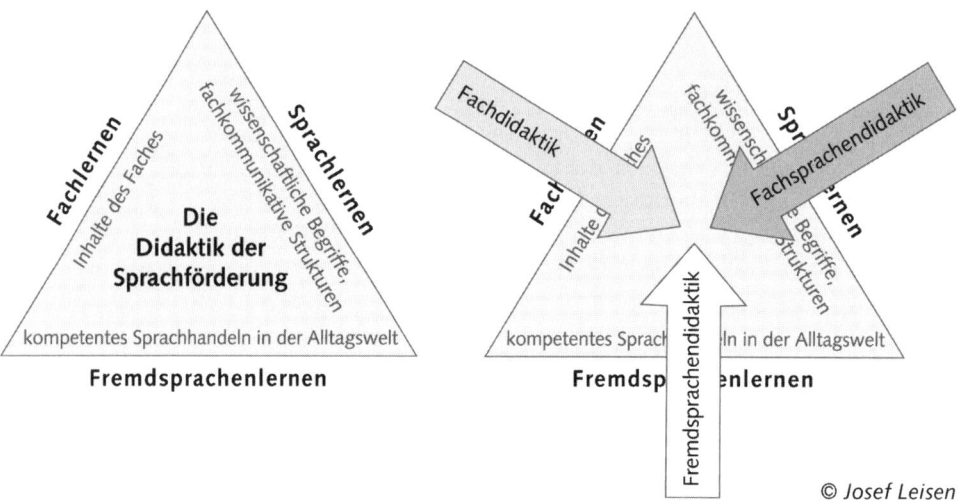

Abbildung 45: Das didaktische Dreieck der Sprachförderung (Leisen 2010, S. 11)

Mittlerweile wird dieses Konzept vor allem im naturwissenschaftlichen Unterricht aufgegriffen. Als sinnvoll erweist sich, zunächst die Bedeutung der Fachsprache aus Schülerperspektive zu klären, wozu neben den Fachbegriffen auch fachsprachliche Strukturen gehören:

Fachbegriffe im Vergleich zu Alltagsbegriffen

Fachbegriffe haben, auch wenn sie der Alltagssprache entsprechen, in der Regel eine fachwissenschaftliche Bedeutung. So erweist sich der Gegensatz *sauer* und *süß* für eine naturwissenschaftliche Fachsprache als ungeeignet, denn in der Fachsprache Chemie ist der Gegensatz zu *sauer* nicht *süß*, sondern *basisch*. Fachsprachliche Strukturen zielen auf sprachliche Dichte und werden unter anderem

Komplexe Nominalphrasen

durch komplexe Nominalphrasen realisiert, wobei Attribute den Kern der Nominalphrase häufig ergänzen. Dass derartige Strukturen auch in Lernmedien üblich sind, zeigen folgende von den Biologiedidaktikern Désirée-Kathrin Gaebert und Horst Bannwarth ausgewertete Beispiele aus dem Lehrwerk *WPU Biologie. Genetik* (Schroedel 2003):

- [einem [reinerbigen] Träger [dieser Krankheit]]$_{NP}$
  Der Kern (*Träger*) dieser Nominalphrase (NP) wird durch zwei Attribute ergänzt: das Adjektivattribut (*reinerbig*) und das Genitivattribut (*dieser Krankheit*).
- *Der Phänotyp umfasst nur* [die [[in Form von Merkmalen] [verwirklichten]] Gene]$_{NP}$.

Der Kern (*Gene*) wird durch ein Präpositionalattribut (*in Form von Merkmalen*) und ein Adjektivattribut (*verwirklichten*) erweitert. (Gaebert/Bannwarth 2010, S. 156)

Auf der Satzebene ist die Verwendung des Passiv relevant, die auf Allgemeingültigkeit und damit Wissenschaftlichkeit zielt und den Vorgangs- oder Prozesscharakter des Geschehens gegenüber der Dimension des Handelns oder Verursachens betont wie in folgendem Schulbuchtext:

„Der Fang der Meeresfische wurde durch moderne Ortungs- und Fangmethoden gesteigert, führte aber zur Überfischung. Die Schwärme der besten Speisefische wurden dezimiert, die Fangergebnisse gingen zurück. Fische, die nicht auf unserem Speisezettel stehen, sog. Beifang, wurden zu Fischmehl verarbeitet und dem Tierfutter beigemischt." (Umwelt: Biologie. Nordrhein-Westfalen 7–10. Realschule. Klett 1996, S. 111)

Aufgezählt werden die Resultate der Handlungen (Rückgang der Speisefische), die Handlungsträger (oder: Verursacher) werden dagegen nur in der Präpositionalphrase (durch moderne Ortungs- und Fangmethoden) genannt (vgl. Gaebert/Bannwarth 2010, S. 157).

Fachlich interessanter wird es, wenn man Fragen wie „Steuern die Gene des Zellkerns das Leben oder werden sie gesteuert?" aufgreift, die eine inhaltlich fundierte Antwort und einen bewussten Umgang mit der sprachlichen Form erfordern. Denn die Verwendung einer sprachlichen Form (Aktiv oder Passiv) transportiert eine neue fachwissenschaftliche Erkenntnis, eine neue Sichtweise und Perspektive für das Verständnis der Interaktionen zwischen lebenden Systemen und ihren Bestandteilen. Sie stellt einen Paradigmenwechsel zur Diskussion, nämlich den Wechsel „von einer hierarchischen Denkweise mit der Vorstellung, der Zellkern bestimme und diktiere alles aktiv, zu einem systemischen Begreifen des Lebens als Interaktion und Kooperation" (Gaebert/Bannwarth 2010, S. 157).

Sprachliche Formen in Korrespondenz mit fachlichen Erkenntnissen

Gaebert und Bannwarth gehen noch einen Schritt weiter und betonen, dass sich biologisches Verständnis durch die Sprache offenbart. Sie kritisieren zum einen das (Sinn, Absicht, Zweck oder Vorsatz) unterstellende Denken durch teleologische Formulierungen wie *Das Kaninchen bekommt ein Winterfell, um sich gegen die Winterkälte zu schützen*, die nicht mit einem evolutionsbiologisch begründeten biologischen Verständnis vereinbar sind, sondern Zwänge und Notwendigkeiten aus dem menschlichen Denken in die Biologie hinein interpretieren. Richtig ist: *Das Kaninchen bekommt ein Winterfell und ist so besser an die kalte Jahreszeit im Winter angepasst* (vgl. Gaebert/Bannwarth 2010, S. 159)

Fachliches Verständnis offenbart sich durch Sprache

Zum zweiten kritisieren sie „das fragmentarische Beantworten in Schlagworten", das sie am vermehrten Gebrauch des Hinweiszeichens „→" statt einer Verwendung von Kausal- und Finalsätzen und an isoliert stehenden Aussagen festmachen. Denn „eine absolute, ohne Bezug zu bestimmten Voraussetzungen, Gegebenheiten, Bedingungen und Zusammenhängen formulierte ‚Wahrheit' gibt es nicht oder sie erscheint bei genauerer Betrachtung als nichtssagend oder sinnlos" (Gaebert/Bannwarth 2010, S. 161). Um Bedingungsdenken (Denken und Verstehen in systemischen Zusammenhängen) und Emergenz (Zusammenfügen von Bestandteilen zu Einheiten oder Ganzheiten) darzustellen, sind geeignete sprachliche Mittel unverzichtbar. Dies gilt nicht nur für den Biologieunterricht.

Bedingungen und Emergenz ausformulieren

Damit ist die enge Verbindung von Fach und (Fach-)Sprache gezeigt und exemplarisch begründet, dass sprachsensibler Fachunterricht nur auf der Basis der jeweiligen Fachdidaktik zu konzipieren ist. Um das didaktische Dreieck des sprachsensiblen Unterrichts zu vervollständigen bedarf es aber noch der Zweitsprachdidaktik, die – wie auch das Beispiel zeigt – von Fachdidaktikern nur bedingt geleistet wird und vielleicht auch gar nicht geleistet werden kann. Hier ist eine enge Kooperation zwischen Fach- und Zweitsprachdidaktik anzustreben, die in der Praxis als Teamteaching oder als fächerübergreifender DaZ- und Fachunterricht realisiert werden sollte.

Zweitsprachdidaktische Implikationen

Die Aufgabe der DaZ-Fachkraft wäre zum einen, die Sprachkompetenz der Lernenden zu diagnostizieren und individuelle Sprachförderprogramme zu erstellen, die in den einzelnen Fächern zur Anwendung kommen. Ein wichtiges Verfahren ist die dabei die Sprachlernberatung. Diese kann individuell oder in Lerngruppen, fachunabhängig oder in Anbindung an ein Fach stattfinden und zielt auf die Selbstverantwortung des Lernenden gegenüber seinem Sprachlernen. Sprachlernberatung basiert auf einer Sprachlernbiografie, die die Lernbedürfnisse, Lernerfahrungen und den Lernstand ermittelt und im Laufe der Beratung Erfolge hinsichtlich der gesetzten Ziele evaluiert, Lernschwierigkeiten klärt und weitere Lernschritte formuliert. Das stellt hohe Anforderungen an die Lernberater, die den Lernenden nicht nur eine positive Wertschätzung, Akzeptanz und Empathie entgegenbringen, sondern auch ein informatives Feedback zu geben in der Lage sein müssen (Mehlhorn/Kleppin 2006, S. 3f.). Die Beratungsperson braucht fundierte Kenntnisse des Sprachlernmarktes und eine hohe Diagnosekompetenz, um die Sprachkompetenz einzuschätzen, die nächsten Schritte zu prognostizieren und eine auf den Lernenden abgestimmte Progression zu planen sowie

Sprachlernberatung

Sprachlernerfolge zu überprüfen. Entscheidend ist, dass dies nicht *für*, sondern *mit* dem Lernenden passiert, und zwar in einer Atmosphäre, die authentisch und transparent ist. Je jünger die Lernenden sind, desto wichtiger scheint es, die Sprachlernberatung mit Elternarbeit oder außerschulischen Bildungsangeboten zu verbinden.

... in Verbindung mit Eltern- oder außerschulischer Bildungsarbeit

Zum anderen hätte eine solche DaZ-Fachkraft die Aufgabe, die Fachlehrkraft bei der Analyse von Sprachanforderungen zu unterstützen, die eingesetzten Materialien, Aufgabenformate (auch in Leistungsnachweisen) und die Unterrichtskommunikation an die Schüler stellen, sowie gemeinsam mit ihr Strategien oder auch ein längerfristig einzusetzendes Programm zur Überwindung von Problemen zu erarbeiten. Dabei können schon kleine Veränderungen, die die Sprachaufmerksamkeit fördern, eine Verbesserung bringen, wie die Durchführung und Auswertung einer Unterrichtseinheit in Biologie an einer Berliner Realschule mit einem Anteil von ca. 95% Schülern nichtdeutscher Herkunftssprache zeigt. Eine Deutschlehrerin und ein Biologielehrer planten gemeinsam eine Unterrichtseinheit von acht Stunden zum Thema Infektionskrankheiten für ihre drei neunten Klassen. Dabei erhielt eine Klasse sprachsensiblen Fachunterricht und die zwei Parallelklassen den üblichen Fachunterricht. Sowohl in einem begleitenden Sprachtest als auch in der Klassenarbeit schnitten die Schüler, die den sprachsensiblen Unterricht genossen hatten, besser ab, was die Realschullehrer Heidrun Klare und Klaus Wassermann zu folgendem Schluss bringt:

... in Kooperation mit der Fachlehrkraft

„Für den Biologiekollegen zeigte sich […], dass es nicht von Nachteil war, den Unterrichtsstoff im Umfang zu reduzieren. Die im Unterricht behandelten Termini, Sachverhalte und Zusammenhänge waren von den Schüler/innen bewusster aufgenommen und so verarbeitet worden, dass sie selbstständig sprachlich wiedergegeben werden konnten. Das heißt, dass man in diesem Fall von einem gefestigten Fachwissen ausgehen kann." (Klare/Wassermann 2010, S. 172)

Sprachliches Lernen im Fachunterricht unterstützt Fachwissen

Die gewählte Formulierung mit einer doppelten Verneinung („nicht von Nachteil") statt des positiven Hinweises auf den Vorteil des Ansatzes signalisiert die verhaltende Bereitschaft, ein solches Experiment als Regelunterricht zu etablieren. Denn eine solche Etablierung setzt ein gravierendes Umdenken, eine enge Kooperation mit DaZ-kompetenten Kollegen und eine Entschleunigung des Fachunterrichts voraus. Sprachliches Lernen im Fachunterricht kostet nicht nur Vorbereitungs-, sondern auch Unterrichtszeit. Es unterstützt nachweislich fachliches Lernen und ist für bestimmte Schülergruppen vielleicht die einzige Möglichkeit, überhaupt fachlich zu lernen.

14.4 Integrative Lehrmaterialien

Ansätze zum sprachsensiblen Fachunterricht haben ihren Ursprung oft im Fachunterricht an Auslandsschulen. So ist das häufig zitierte *Methoden-Handbuch* des Physikdidaktikers Josef Leisen aus dem Jahre 1994 für den deutschsprachigen Fachunterricht an Auslandsschulen entwickelt worden. Jürgen Leisen hat dieses zu einem *Handbuch Sprachförderung im Fach* (2010) entfaltet und 40 Methode-Werkzeuge für einen „Sprachsensible[n] Fachunterricht in der Praxis", (so der Untertitel) zusammengestellt.

Methoden-Werkzeuge von Josef Leisen

Methoden-Werkzeuge definiert Leisen als Verfahren, Materialien und Hilfsmittel zur Unterstützung von lehrergesteuerten oder lerneraktiven Lehr- und Lernprozessen, die weitgehend inhaltsunabhängig und nicht auf ein bestimmtes Unterrichtskonzept beschränkt sind. Methoden-Werkzeuge zur Sprachförderung erzeugen, unterstützen und helfen kommunikative Situationen im Unterricht zu bewältigen (vgl. Leisen 2010, S. 5).

Die Liste der Werkzeuge reicht von Puzzle über Filmliste bis Expertenkarussell und enthält bekannte, schülerorientierter Lernformen, die erst durch die Konkretisierung für die Sprachförderung relevant werden – und genau dies leistet Leisens Handbuch. In seinem Begleitbuch formuliert er auch Hinweise zur Erstellung von Lernmaterial (vgl. Leisen 2010, S. 44). Diese enthalten allgemeine Angaben für Lehrkräfte, die ihre eigenen Unterrichtsmaterialien erstellen:

Allgemeine Hinweise zur Erstellung von Lernmaterial

- Erfolgreiche Bearbeitung ermöglichen und gestufte Hilfen anbieten;
- Aufgaben knapp, aber eindeutig formulieren und dabei Redundanzen (Lies den Text durch!) vermeiden;
- Handlungsanweisungen gemäß zeitlicher Reihenfolge gliedern;
- Aufgaben erstellen, die Problemstellung und Zielrichtung, Verfahren, Mittel und Methode/n sowie Ergebnis und Verwertung des Produkts enthalten, Operatoren an den Anfang setzen und den erwarteten Umfang angeben;
- Wahrnehmungsregeln beachten und anschaulich gestalten, das heißt Formatierungsmüll (Kästchen, Umrandungen, doppelte Hervorhebungen etc.) vermeiden, Tabulatoren nutzen, bei längeren Texten Zeilen nummerieren, Platz für die Bearbeitung lassen, für hohen Wiedererkennungswert sorgen.

Sprachspezifische Hinweise

Seine spezifischen Hinweise zur Gestaltung sprachsensiblen Lernmaterials beziehen sich auf Folgendes:

- Fachlich authentische Sprachsituationen gestalten und Anschlusskommunikation ermöglichen;

- fachlich und/oder sprachlich binnendifferenzierte Aufgaben stellen, dabei fachliche und sprachliche Hilfe ggf. voneinander trennen;
- Diagramme und dergleichen vollständig beschriften.

Als DaZ-spezifische Elemente nennt Leisen lediglich das Angeben von Artikeln und Pluralendungen sowie des Genus usw. Diese sind zu ergänzen durch die in → KAPITEL 6 genannten DaZ-Stolpersteine und Sprachlernstrategien, die im Unterricht vermittelt und so zur Anwendung kommen müssen, dass sie in prozedurales Wissen überführt werden können. *DaZ-Spezifische Hinweise*

Erste Materialien von Schulbuchverlagen wie *Sachtexte knacken* für die 3./4. Jahrgangsstufe (Schroedel 2006; → ABBILDUNG 44) binden deshalb DaZ-didaktische Schleifen ein, wobei die Kinder entscheiden, ob sie sie brauchen.

Zu den Deutschlehrwerken *Doppel-Klick* (Cornelsen 2003) und *Wortstark* (Schroedel 2003) liegen je zwei unterschiedliche Arbeitshefte vor: Ein allgemeines und ein Heft für Schüler mit sprachlichem Förderbedarf. Die Arbeitshefte zu *Doppel-Klick* werden parallel verwendet, das heißt beide Gruppen bearbeiten die gleiche Seite, erledigen aber in derselben Zeit unterschiedliche Aufgaben. Die Aufgaben im Sprachförderheft sind in der Zielsetzung reduziert, es wird also ein zieldifferenter Ansatz verfolgt. Die Arbeitshefte zu *Wortstark* können dagegen über weite Teile im Unterricht parallel zu den regulären Werkstattheften eingesetzt werden. Neben parallel gestalteten Einheiten mit weniger komplexen Aufgaben für DaZ-Schüler gibt es auch Einheiten, die im DaZ-Heft ausführlicher behandelt werden und DaZ-spezifische Stolpersteine wie Zeitformen oder Präpositionen aufgreifen. Damit auch DaZ-Schüler zum gleichen Lernergebnis kommen können wie ihre Mitschüler, werden die DaZ-Phänomene nicht alternativ, sondern zusätzlich angeboten. *Deutschlehrwerke*

Die Arbeitshefte *Mitsprache* für die Sekundarstufe 1 (Schroedel 2007) greifen Lerninhalte verschiedener Fächer auf und unterstützen eine Verbindung von sprachlichem und fachlichem Lernen. Die Einleitungskapitel vermitteln jeweils basale Sprachstrukturen (wie Deklination, Zeitformen, Passiv etc.) am Beispiel ausgewählter Fachinhalte des Deutschunterrichts (Märchen, Heft 5/6, Kriminalgeschichten, Heft 7/8, Medien, Heft 9/10). In allen Kapiteln liegt der Fokus auf dem Erwerb fachsprachlicher Mittel sowie fachbezogener Textrezeption und -produktion: das Versprachlichen von Grafiken im sozialwissenschaftlichen Unterricht, das Auffinden von Schlüsselwörtern in *Mitsprache als fachlich orientiertes DaZ-Fördermaterial* mathematischen Sachaufgaben, das Verfassen von Versuchsprotokollen im naturwissenschaftlichen Unterricht oder der Umgang mit literarischen Texten im Deutschunterricht.

Die Kapitel in den Arbeitsheften verbinden diese grundlegenden Kompetenzen mit konkreten Inhalten und können auch im gemeinsamen Fachunterricht eingesetzt werden. Des Weiteren können sich Lehrkräfte an den vorgeschlagenen Schritten zur Textentlastung, zur mündlichen und schriftlichen Kommunikation sowie zur Präsentation von Arbeitsergebnissen orientieren und diese auch auf andere Themen übertragen. Es werden vielfältige Tipps zum selbsttätigen Weiterarbeiten gegeben, die aber auch für Binnendifferenzierung genutzt oder als Hausaufgaben gegeben werden können. In der Regel beziehen sie sich auf das Sprachlernen und wenden den Transfer des exemplarisch Gelernten auf andere Fächer und Lernsituationen an. Das ist auch als Versuch zu werten, den begonnenen Lernprozess in selbst organisiertes Lernen zu überführen. Er gelingt sicher besser, wenn dies in der Anfangsphase angeleitet und punktuell auch überprüft, später konstruktiv begleitet wird.

Ausblick   Dieser Weg ist in Zukunft weiter zu beschreiten, damit auch DaZ-Schüler eine Chance haben, am Bildungsangebot erfolgreich zu partizipieren. Allerdings kann dies nur durch eine enge Kooperation von DaZ- und anderen Fachdidaktiken gelingen, damit die fachliche und sprachliche Seite nicht nur additiv, sondern tatsächlich integrativ verbunden werden.

Fragen und Anregungen

- Vergleichen Sie Bilingualen Sachfachunterricht und Sprachsensiblen Fachunterricht aus der Perspektive von Lehrkräften und von Schülern.

- Definieren Sie Fachsprache und finden Sie Beispiele aus dem Bereich Deutsch als Zweit- oder Fremdsprache. Denken Sie dabei auch an fachliches Denken, das eine sprachliche Entsprechung findet.

- Zeigen Sie an einem Lehrwerk- und an einem Zeitungstext fachsprachliche Elemente und skizzieren Sie, wie man diese im Fachunterricht behandeln könnte. Unterscheiden Sie defensives und offensives Vorgehen.

Lektüreempfehlungen

- Bernt Ahrenholz (Hg.): **Fachunterricht und Deutsch als Zweitsprache**, Tübingen 2010. *Dieser Sammelband gibt Einblick in die Verbindung von Sprach- und Fachlernen und berücksichtigt neben naturwissenschaftlichen auch die sprachlichen Fächer.*

- Sabine Doff (Hg.): **Bilingualer Sachfachunterricht in der Sekundarstufe. Eine Einführung**, Tübingen 2010. *Der Sammelband führt wissenschaftlich fundiert und verständlich in den bilingualen Sachfachunterricht ein, er berücksichtigt allgemeine Grundlagen sowie fremdsprachen- und sachfachdidaktische Perspektiven bezogen auf unterschiedliche Sachfächer und Arbeitssprachen.*

- Werner Knapp/Heidi Rösch: **Sprachliche Lernumgebungen gestalten**, Freiburg 2010. *Der Sammelband enthält Beiträge zur Gestaltung von Sprachlernumgebungen im vorschulischen, schulischen und außerschulischen Kontext und zeigt Beispiele für sprachsensiblen naturwissenschaftlichen Fachunterricht.*

- Sabine Schmölz-Eiblinger: **Lernen in der Zweitsprache. Grundlagen und Verfahren der Förderung von Textkompetenz in mehrsprachigen Klassen**, Tübingen 2008. *Die Autorin stellt Grundlagen und Verfahren der Förderung von Textkompetenz in mehrsprachigen Klassen vor, die für alle Fächer von Bedeutung sind.*

15 Serviceteil

15.1 Allgemeine bibliografische Hilfsmittel

Lexika und Handbücher

- **Deutsch als Fremd- und Zweitsprache. Ein internationales Handbuch,** hg. v. Hans-Jürgen Krumm, Christian Fandrych, Britta Hufeisen und Claudia Riemer, 2. Bd., Berlin/New York 2010. *In 234 Fachartikeln werden Erkenntnisse zum Deutschen als Fremd- und Zweitsprache sowohl aus den deutschsprachigen als auch aus allen Ländern, in denen die deutsche Sprache in nennenswertem Umfang Gegenstand von Forschung und Unterricht ist, behandelt, sodass das Handbuch eine wesentliche Grundlage für den Sprach- und Kulturaustausch darstellt.*

- **Fachlexikon Deutsch als Fremd- und Zweitsprache,** hg. v. Hans Barkowski und Hans-Jürgen Krumm, Tübingen/Basel 2010. *Alphabetisch aufgebaut wie ein klassisches Lexikon enthält es kurze Definitionen zur Fachterminologie von „ABCD-Thesen, die" zu „Zwischensprache, die". Die Einträge sind von namhaften Wissenschaftlern verfasst und liefern neben Definitionen auch kurze Einblicke in den wissenschaftlichen Diskurs des Faches.*

- **Handbuch Fremdsprachenunterricht,** hg. v. Karl-Richard Bausch, Herbert Christ und Hans-Jürgen Krumm, Tübingen 2007. *Dieses seit der ersten Auflage 1989 bereits mehrfach erschienene Standardwerk präsentiert in 140 Beiträgen Fakten, Positionen und Perspektiven des Lehrens und Lernens fremder Sprachen in verschiedenen Alters- und Lernstufen, in schulischen und außerschulischen Einrichtungen.*

- **Fachunterricht und Deutsch als Zweitsprache,** hg. v. Bernt Ahrenholz, Tübingen 2010. *Dieser Sammelband ging bereits im Erscheinungsjahr in die zweite Auflage, denn es ist der erste, der konsequent die schulischen Herausforderungen des integrativen DaZ-Lernens in den Fächern in den Blick nimmt.*

- **Deutsch als Zweitsprache.** Band 9 des Handbuchs Deutschunterricht in Theorie und Praxis (DTP), hg. v. Bernt Ahrenholz und Ingelore Oomen-Welke, Baltmannsweiler 2008. *Der Band umspannt* *die Zweisprachigkeit von der frühen Kindheit bis ins Jugendalter vor allen in der Schule und gibt einen fundierten Überblick über Grundlagen und Handlungsfelder sowie künftige Entwicklungen der Zweitsprachdidaktik Deutsch.*

- **Deutsch als Zweitsprache lernen.** Beiträge zur Reform der Grundschule, hg. v. Horst Bartnitzky und Angelika Speck-Hamdan, Frankfurt/M. 2005. *Der Band umreißt die Situation und die Herausforderungen für DaZ in der Grundschule und zeigt im zweiten Teil Lösungen und „Mut machende Beispiele" auf.*

Zeitschriften und Periodika

- **Zielsprache Deutsch** – Eine internationale Zeitschrift für Deutsch als Fremdsprache/Deutsch als Zweitsprache, Tübingen 1973ff. *Zeitschrift erscheint drei Mal jährlich.*

- **Fremdsprache Deutsch.** Zeitschrift für die Praxis des Deutschunterrichts, Ismaning 1989ff. *Zeitschrift wird vom Goethe-Institut herausgegeben und erscheint zwei Mal im Jahr.*

- **Deutsch als Fremdsprache.** Zeitschrift für Theorie und Praxis des Deutschunterrichts für Ausländer, München 1964ff. *Zeitschrift des Herder-Instituts (interDaF e. V.) in Leipzig mit vier Heften jährlich.*

- **Deutsch als Zweitsprache.** Nachfolgezeitschrift von Deutsch lernen und Bildungsarbeit in der Zweitsprache Deutsch, Baltmannsweiler 2002ff. *Die Zeitschrift wird seit 2004 vom Bundesministerium für Migration und Flüchtlinge herausgegeben und erscheint mit vier Heften jährlich.*

- **Der Deutschunterricht.** Zeitschrift für Theorie und Praxis des Deutschunterrichts, Velber 1960ff. *Zeitschrift des Friedrich Verlags in Seelze mit sechs Heften jährlich.*

- **Frühes Deutsch.** Fachzeitschrift für Deutsch als Fremd- und Zweitsprache im Primarbereich und Nachfolgezeitschrift von Prima(r), Bielefeld 2006ff. *Zeitschrift wird vom Goethe-Institut herausgegeben und erscheint drei Mal im Jahr.*

Übersicht

- **Fachzeitschriften: Deutsch als Fremdsprache/Deutsch als Zweitsprache.** Linksammlung auf der Homepage der Fakultät für Linguistik und Literaturwissenschaft: Deutsch als Fremd- und Zweit-

sprache der Universität Bielefeld. Web-Adresse: www.uni-bielefeld.de/lili/studium/faecher/daf/links/zeitschriften.html [Zugriff vom 20.1.2011]. *Die Internetseite bietet eine umfangreiche Übersicht von DaF-/DaZ-Zeitschriften mit entsprechenden Links, geordnet nach:*
- *Bibliografien und Literatur-Datenbanken*
- *Deutsch als Fremdsprache/Deutsch als Zweitsprache*
- *Sprachlehrforschung und Sprachdidaktik (sprachübergreifend)*
- *Interkulturalität und Fremdsprachenunterricht*
- *Medien und Fremdsprachenunterricht*
- *Prüfen und Testen*
- *Zweitsprachenerwerbsforschung und angrenzende Wissenschaften*
- *Bilingualismus und Mehrsprachigkeit.*

15.2 Forschungsinstitutionen und Web-Adressen

- **DaZ-Portal,** Web-Adresse: www.daz-portal.de. *Das Portal versteht sich als Forum für Forschungen im Bereich Deutsch als Zweitsprache und will Forschungsprojekten, die sich mit dem Themenbereich „Kinder, Jugendliche und Erwachsene mit Migrationshintergrund und Spracherwerb" beschäftigen, eine Plattform bieten. Das Portal dient dem wissenschaftlich orientierten Informationsaustausch für verschiedene wissenschaftliche Disziplinen, die sich mit diesem Gegenstandsbereich befassen, wobei sowohl Grundlagenforschung als auch angewandte Forschung berücksichtigt werden. Von besonderer Bedeutung sind dabei Zweitspracherwerbsforschung, Bilingualismusforschung, Sprachlehr- und -lernforschung, Psycholinguistik, Soziolinguistik, empirische Bildungsforschung, Soziologie oder Migrationsforschung u. a. Für den Austausch von Informationen, Nachfragen zu Forschungsaspekten sowie Hinweise auf Publikationen und Veranstaltungen gibt es eine Mailinglist.*

- **Deutsche Bildungsserver,** Web-Adresse: www.bildungsserver.de. *Der Deutsche Bildungsserver bietet grundlegende Informationen zum deutschen und internationalen Bildungswesen; besonders empfehlenswert: das „Link-Lexikon".*

- **Symposion Deutschdidaktik,** Web-Adresse: www.symposion-deutschdidaktik.de. *Verband der Deutschdidaktiker in Deutschland, Österreich und der Schweiz; veranstaltet alle zwei Jahre die internationale Tagung" Symposion Deutschdidaktik" (für Wissenschaftler, Lehrer und Studierende).*

- **Internationaler Deutschlehrerverband (IDV)**, Web-Adresse: www.idvnetz.org. *Dachverband für national organisierte Deutschlehrerverbände mit eigenem Mitteilungsblatt („IDV-Magazin").*

- **Fachverband Deutsch als Fremdsprache (FaDaf)**, Web-Adresse: www.fadaf.de. *FaDaF ist eine Interessenvertretung aller in Forschung und Lehre im Bereich Deutsch als Fremdsprache Tätigen. Er richtet in der Regel eine Jahrestagung sowie zwei Fachtagungen aus.*

- **Gesellschaft für Angewandte Linguistik (GAL)**, Web-Adresse: www.gal-ev.de. *Linguistischer Fachverband, der unter anderem gezielt den wissenschaftlichen Nachwuchs sowie den internationalen Austausch fördert.*

- **Sprachverband Deutsch e.V.**, Web-Adresse: www.sprachverband.de. *Fördert Deutsch-Sprachkurse für in Deutschland lebende ausländische Arbeitnehmer und deren Familienangehörige.*

- **Deutsche Gesellschaft für Fremdsprachenforschung (DGFF)**, Web-Adresse: www.dgff.de. *Fachverband für Wissenschaftlerinnen und Wissenschaftler, die auf dem Gebiet des Lehrens und Lernens fremder Sprachen, dem Erwerb und Gebrauch von Zweitsprachen sowie dem Verstehen von fremden Kulturen forschen.*

- **Arbeitskreis Deutsch als Fremdsprache / Deutsch als Zweitsprache in der Schweiz (Ak DaF)**, Web-Adresse: www.akdaf.ch. *Der Arbeitskreis hat zum Ziel, das Fach „Deutsch als Fremdsprache/ Zweitsprache" und die berufliche Qualifikation der Unterrichtenden in diesem Fach zu fördern.*

- **Institut für Deutsche Sprache (IDS)**, Web-Adresse: www.ids-mannheim.de. *Das IDS ist die zentrale außeruniversitäre Einrichtung zur Erforschung und Dokumentation der deutschen Sprache in ihrem gegenwärtigen Gebrauch und in ihrer neueren Geschichte*

- **Förderung der Integration durch Fortbildung (FIF)**, Web-Adresse: www.fif-rlp.de. *Die von FIF gemäß der Konzeption des Bundesamts angebotene „Zusatzqualifizierung von Lehrkräften Deutsch als Zweitsprache" ist als ein webgestützter Fernlehrgang mit Präsenzphasen konzipiert. Absolventen der Qualifizierung verfügen über Wissen und praxisnahe Kenntnisse in zentralen Feldern der Vermittlung des Deutschen als Zweitsprache sowie der Integrati-*

onsförderung in Deutschland. Dies qualifiziert Sie für die Tätigkeit als Lehrkraft für Deutsch als Zweitsprache in der Erwachsenenbildung, insbesondere als Kursleitende in den vom Bundesamt für Migration und Flüchtlinge geförderten Integrationskursen.

- **European Second Language Association (EUROSLA),** Web-Adresse: http://eurosla.org. *Der Europäische Verband der Fremd-/Zweitsprachenerwerbsforschung organisiert jährlich eine international renommierte Fachtagung.*

15.3 Rahmenpläne für DaZ

Seit dem PISA-Schock im Jahre 2000, in dem deutlich wurde, dass Kinder und Jugendliche mit Migrationshintergrund aufgrund sprachlicher Probleme im Deutschen zu den Bildungsverlieren in Deutschlands Schulen gehören, wurden in fast allen Bundesländern neue Rahmenlehrpläne erstellt. In den meisten Curricula für den Fachunterricht finden sich seither Hinweise darauf, die Zweitspracherwerbssituation dieser Schülergruppe besonders zu berücksichtigen. Allerdings sehen diese auf den Bildungsstandards der Kultusministerkonferenz fußenden neu konzipierten Curricula leider keine systematische Berücksichtigung von DaZ vor.

Curricula nach PISA

Der erste DaZ-Rahmenplan entstand in Nordrhein-Westfalen. Er gab „Empfehlungen für den Unterricht ausländischer Schüler" (1983) und den „Muttersprachlichen Ergänzungsunterricht" (1984). Später kamen eine „Handreichung Sprachunterricht mit ausgesiedelten Kindern und Jugendlichen" (1990) sowie Vorschläge zur „Förderung in der deutschen Sprache als Aufgabe des Unterrichts in allen Fächern" (1999) und „Auf gut Deutsch: Handreichung zur Förderung der Schreibkompetenz in der deutschen Sprache bei Schülerinnen und Schülern mit Migrationshintergrund" (2002) hinzu. Das Besondere am NRW-Rahmenplan war die kontrastive Ausrichtung, die von anderen Bundesländern in den 1990er-Jahren auch übernommen wurde. Diese noch geltenden Empfehlungen für DaZ und den muttersprachlichen Ergänzungsunterricht zeigen das Engagement für eine zweisprachige Erziehung.

Nordrhein-Westfalen

Der erste Bayrische DaZ-Lehrplan aus dem Jahre 1984 orientierte sich dagegen an Inhalten und Verfahren des Deutschen als Fremdsprache, folgte aber auch einer klaren Progression. Er wurde 2001 vom „Lehrplan Deutsch als Zweitsprache für Grundschulen und weiterfüh-

Bayern

rende Schulen" abgelöst. Damit beschritt Bayern einen völlig neuen Weg. Der aktuelle bayrische DaZ-Lehrplan, den mehrere Bundesländer übernommen haben, betrachtet den Spracherwerb als interaktiven Prozess, stellt Lernende in den Mittelpunkt und unterstützt interkulturelles Lernen. Er enthält die sechs Lernfelder: Ich und du, lernen, sich orientieren, miteinander leben, was mir wichtig ist, sich wohl fühlen. Diese Lernfelder gliedern sich in ein Signalthema, zu dem Kerninhalte sowie die lexikalischen und syntaktischen Mittel und mögliche Schüleraktivitäten zum Erwerb der Sprache benannt werden. Dazu gehören Vorschläge für: individuelles Lernen, gemeinsames Lernen, Lernen außerhalb der Klasse, sprachliche und kulturelle Erfahrungen nutzen, Lernen lernen und für die weiterführenden Schulen Fachsprache anwenden.

Berlin   Berlins erster DaZ-Rahmenplan bestand aus Empfehlungen für das „Fach Deutsch für ausländische Kinder in Vorbereitungsklassen" bzw. „Ergänzende Deutschkursen in Regelklassen" aus dem Jahre 1987. Er konzentrierte sich auf türkische Schülergruppen und behandelte Themen wie Arbeit in der Türkei, Herkunft oder religiöse Bindungen und integrierte türkische Abzählreime und Begriffe aus dem Vorderen Orient. Er war kommunikativ orientiert und sah die Einbeziehung des Türkischen (ohne Sprachvergleich) vor. 2001 gab Berlin die „Handreichung Deutsch als Zweitsprache", deren Ziele, Aufgaben und Lerninhalte sich auf sprachliche, kommunikative und interkulturelle Aspekte konzentrieren und zu entwickelnde Lernstrategien benennen. Sie folgt dem Prinzip eines integrativen, Sprache entdeckenden Sprachunterrichts, benennt Prinzipien der Leistungseinschätzung und -formulierung, enthält Planungsmodelle, einen Überblick über Besonderheiten der deutschen Sprache und die Darstellung einer sprachlichen Progression nach Kompetenzstufen. Der Berliner „Rahmenplan für den Unterricht Deutsch als Zweitsprache für Schüler/innen im Alter von 6–15 unterschiedlicher Niveaustufen in allen Schularten" (2002) basiert auf dem Bayerischen DaZ-Lehrplan von 2001 und stellt in den einleitenden Kapiteln eine enge Beziehung zur Berliner Handreichung und dem dort entwickelten grundlegenden Unterrichtskonzept her.

Hamburg   Eine konsequente Öffnung gegenüber der Erstsprache und DaZ-Orientierung propagierten die Hamburger „Richtlinien DaZ" (1992) und die „Handreichung DaZ" (1994) durch Hinweise auf heterogene Lerngruppen, unterschiedliche Vorbildung der Lehrkräfte, Verzicht auf systematische Progression, Plädoyer für Flexibilität in der Unterrichtspraxis, DaZ-Förderung und Festigung der Fachsprache auch in der Regelklasse, Plädoyer für Förderung der Erstsprache in und außerhalb der Schule, Betonung des Zweitspracherwerb im Kontext von Zweisprachigkeit und dem Gebrauch der Erstsprache im Unterricht. 2004 integrierte Hamburg „Deutsch als Zweitsprache in der Regelklasse" in den Rahmenplan des Faches Deutsch und forderte so die Verbindung von Sprach- und Sachlernen unter besonderer Berücksichtigung der individuellen Lernersprachen und der Besonderheiten des Zweitspracherwerbs im Regelunterricht. Die grammatischen Inhalte werden verzahnt mit dem Arbeitsbereich „Sprache lernen" und gehen darüber hinaus, indem sie auf die Wortarten Verb und Nomen und den Satzbau besonderes Gewicht legen. Der Arbeitsbereich „Sprechen und Zuhören, Erzählen und Gespräche führen" wird ebenfalls ergänzt durch die vier Grundfertigkeiten (Hörverstehen, Sprechen, Lesen und Schreiben) und die Bereiche Lesen lernen und Mediation (Vermittlung zwischen Sprachen), um die Herkunftssprache als Kommunikationsmittel einzubeziehen und zur Sprachreflexion heranzuziehen. Besonderes Gewicht liegt auf Lernbeobachtungen und einer Leistungsbewertung (im Fach), die die Besonderheit des Spracherwerbs berücksichtigt.

Niedersachsens „Hilfen für den Deutschunterricht mit Kindern und Jugendlichen, deren Erstsprache nicht Deutsch ist" (1991, 1996) enthielten eine Empfehlung zur reflektierten Adaption des 1984er Bayerischen und 1987er Berliner Rahmenplans. Hinzu kamen eine differenzierte Zielgruppenbeschreibung mit der Forderung nach Binnendifferenzierung sowie unterrichtspraktische Hinweise zur Alphabetisierung (inklusive einer Übersicht über den Aufbau eines einjährigen Sprachkurses in Verbindung mit der Alphabetisierung und Schlüsselfragen zur Unterrichtsplanung: Situationsfeld, konkrete Situation, sprachliche Intention, sprachliche Mittel, sprachliche Teilsysteme, Textrezeption und -produktion). Er enthielt eine kontrastive Ausrichtung aus dem 1983er NRW-Rahmenplan bezogen auf Arabisch, Griechisch, Italienisch, Farsi, Polnisch, Portugiesisch, Rumänisch, Russisch, Serbokroatisch, Spanisch, Türkisch. Die aktuellen „Rahmenrichtlinien: Deutsch als Zweitsprache" (2003) basieren auf dem Bayerischen Rahmenplan von 2001 und enthalten zusätzlich Informationen über den organisatorischen Rahmen der Beschulung von Kindern mit Migrationshintergrund.

Niedersachsen

Sachsens „Handreichung für den Unterricht in Deutsch als Zweitsprache" (1992) und „Vorläufiger Lehrplan für Vorbereitungsklassen, Vorbereitungsgruppen, Förderkurse. Deutsch als Zweitsprache" (1996) orientierte sich am ersten Bayrischen Lehrplan und in modifizierter Form auch an den niedersächsischen Materialien zur Alphabetisierung. Ergänzt werden ein „Schülerbeobachtungsbogen zur

Sachsen

Sprachstandsbeschreibung" und „Hinweise zur Situation von Aussiedlern". Im Zentrum stehen Phonetik sowie Sprachvergleiche/Interferenzen bezogen auf Russisch, Arabisch, Griechisch, Italienisch, Farsi, Polnisch, Portugiesisch, Rumänisch, Spanisch, Türkisch und Vietnamesisch. Der „Lehrplan Deutsch als Zweitsprache für Vorbereitungsgruppen, -klassen, Vorbereitungsklassen mit berufspraktischen Aspekten" von 2000 enthält einen allgemeinen Teil, in dem u. a. „die sächsische Konzeption zur Integration von Migranten" vorgestellt wird. Diese verfolgt ein Integrationskonzept in drei Etappen (Vorbereitung/4–6 Wochen, teilweise 6–12 Monate, vollständige Integration in die Regelklasse) und sieht einen Fachlehrer für DaZ als Betreuungslehrer vor, der den Integrationsprozess steuert. Die „Fachdidaktischen Prinzipien" sind die Entwicklung sprachlicher Handlungsfähigkeit in altersgerechten kommunikativen Situationen, aber auch im Fachunterricht, die Entwicklung aktiver Zweisprachigkeit, interkultureller Handlungsfähigkeit und Sprachlernfähigkeit. Im speziellen Teil wird dann die schrittweise Integration im DaZ-Unterricht konkretisiert. Sie erfolgt in drei Etappen, in denen jeweils vier Lernbereiche (kommunikative Situationen/Wortformen, Wortschatz, Satzbau/Aussprache, Schrift, Rechtschreibung/Umgang mit Texten) bearbeitet werden. Diese Lernbereiche werden genau beschrieben und durch methodische Erläuterungen vervollständigt. Die Sächsischen „Niveaubeschreibungen DaZ für die Sekundarstufe I" (2009, → KAPITEL 3) ergänzen den DaZ-Lehrplan und geben Lehrkräften aller Fächer einen Rahmen zur Erfassung der sprachlichen Leistungen ihrer Schüler.

Hessen Hessen hat für Deutsch als Zweitsprache 2007 einen „Handreichung für den Unterricht in Intensivkursen und Intensivklassen" vorgelegt, die eng an der Berliner DaZ-Handreichung orientiert ist, aber sehr viel mehr konkrete Unterrichtsvorschläge enthält. Auch Baden-Württemberg hat keinen DaZ-Rahmenplan, legte aber 2008 neue Verwaltungsvorschriften zu „Kindern und Jugendlichen mit Sprachförderbedarf" und 2009 eine „Handreichung zu Deutsch als Zweitsprache im Eingangsbereich der Grundschule und für Sprachanfängerinnen und Sprachanfänger" (2009) vor, die unter anderem den Fokus auf die Diagnose legt.

Baden-Württemberg

Zusammenfassend lässt sich in der zweiten Generation der DaZ-Rahmenpläne gegenüber der ersten Generation eine deutliche Abkehr von kontrastiven Ansätzen aufweisen. Zu unterscheiden sind aktuell drei Ansätze:

Drei Ansätze

- Der Bayerische DaZ-Lehrplan, den mehrere ‚alte' Bundesländer übernommen haben, konzentriert sich auf den natürlichen Zweitspracherwerb in sprachintensiven Situationen, wobei eine alltagssprachliche Orientierung unverkennbar ist. *(Natürlicher Zweitspracherwerb)*
- Der Sächsische DaZ-Lehrplan konzentriert sich dagegen auf die Vermittlung von Wortschatz, Grammatik und Fachsprache und schafft damit die Voraussetzungen zur stufenweisen Integration in die Regelklasse. Er enthält anders als der Bayerische, der nur für den Einsatz in spezifischen DaZ-Unterrichtsangeboten gedacht ist, Vorschläge für eine grundlegende, hinführende und begleitende DaZ-Förderung. *(Stufenweise Integration)*
- Hamburg hat als erstes Bundesland DaZ in den Lehrplan Deutsch integriert und damit den Weg geebnet, um – wie bundesweit immer wieder proklamiert – DaZ zum integralen Bestandteil eines sprachsensiblen Fachunterrichts zu machen. *(Sprachsensibler Fachunterricht)*

Übersicht der veröffentlichten Rahmenpläne

- **Baden-Württemberg:** Handreichung zu Deutsch als Zweitsprache im Eingangsbereich der Grundschule und für Sprachanfängerinnen und Sprachanfänger, 2009.
Kinder und Jugendlichen mit Sprachförderbedarf, 2008
- **Bayern:** Lehrplan Deutsch als Zweitsprache für Grundschulen und weiterführende Schulen, 2001.
Lehrplan Deutsch als Zweitsprache für die Grund- und Hauptschulen in Bayern, 1984.
- **Berlin:** Rahmenplan für den Unterricht Deutsch als Zweitsprache für SchülerInnen im Alter von 6–15 unterschiedlicher Niveaustufen in allen Schularten, 2002 [übernommen aus Bayern plus grammatische Vorgaben].
Handreichung Deutsch als Zweitsprache, 2001.
Vorläufiger Rahmenplan für Unterricht und Erziehung in der Berliner Schule. Grundschule – Hauptschule. Fach Deutsch für ausländische Kinder in Vorbereitungsklassen beziehungsweise ‚ergänzenden Deutschkursen in Regelklassen', 1987.
- **Hamburg:** DaZ in der Regelklasse [im Rahmenplan Deutsch in der Grundschule]. 2004.
Richtlinien Grundschule und Sekundarstufen I und II DaZ, 1992.
Handreichung für die Grundschule und die Sekundarstufe I DaZ, 1994.

- **Hessen:** Deutsch als Zweitsprache. Handreichung für den Unterricht in Intensivkursen und Intensivklassen, 2007.
- **Niedersachsen:** Rahmenrichtlinien: Deutsch als Zweitsprache, 2003 [übernommen aus Bayern].
  Hilfen für den Deutschunterricht mit Kindern und Jugendlichen, deren Erstsprache nicht Deutsch ist, 1991, 1996 [enthalten Berliner und Bayrische Vorgaben sowie Sprachvergleiche aus NRW].
- **Nordrhein-Westfalen:** Empfehlungen für den Unterricht ausländischer Schüler: Deutsch als Zweitsprache, 1983.
  Muttersprachlicher Ergänzungsunterricht, 1984.
  Handreichung Sprachunterricht mit ausgesiedelten Kindern und Jugendlichen, 1990.
  Förderung in der deutschen Sprache als Aufgabe des Unterrichts in allen Fächern, 1999.
  Auf gut Deutsch: Handreichung zur Förderung der Schreibkompetenz in der deutschen Sprache bei SchülerInnen mit Migrationshintergrund, 2002.
- **Rheinlad-Pfalz:** Rahmenplan DaZ, 2006 [übernommen aus Bayern].
- **Sachsen:** Niveaubeschreibungen DaZ für die Sekundarstufe I, 2009.
  Lehrplan Deutsch als Zweitsprache für Vorbereitungsgruppen, -klassen, Vorbereitungsklassen mit berufspraktischen Aspekten, 2000.
  Vorläufiger Lehrplan für Vorbereitungsklassen, Vorbereitungsgruppen, Förderkurse. Deutsch als Zweitsprache, 1996.
  Handreichung für den Unterricht in Deutsch als Zweitsprache, 1992.
- **Sachsen-Anhalt:** Deutschunterricht mit SchülerInnen, deren Erstsprache nicht Deutsch ist. Grundsätze und Anregungen für die Schulpraxis, 1993.
  Deutsch als Zielsprache. Grundsätze und Anregungen für die unterrichtliche und außerunterrichtliche Praxis in den Sekundarstufen I und II sowie in der Erwachsenenbildung, 1997.
- **Thüringen:** Lehrplan DaZ, 2003 [übernommen aus Bayern]. Empfehlungen für den Deutschunterricht mit SchülerInnen, deren Erstsprache nicht Deutsch ist, 1995 [eng orientiert an Niedersachsen 1991, NRW 1993 und Bayern 1984].

16 Anhang

→ ASB
Akademie Studienbücher, auf die der vorliegende Band verweist

ASB BUDDE/RIEGLER/WIPRÄCHTIGER-GEPPERT Monika Budde/Susanne Riegler/Maja Wiprächtiger-Geppert: Sprachdidaktik, Berlin 2011.

ASB HÖHLE Barbara Höhle (Hg.): Psycholinguistik, Berlin 2010.

ASB LEUBNER/SAUPE/RICHTER Martin Leubner/Anja Saupe/Matthias Richter: Literaturdidaktik, Berlin 2010.

16.1 Zitierte Literatur

ABCD-Thesen 1990 ABCD-Gruppe: ABCD-Thesen zur Rolle der Landeskunde im Deutschunterricht, in: Fremdsprache Deutsch 1990, Heft 3, S. 60–61.

Ahrenholz 2008a Bernt Ahrenholz: Erstsprache – Zweitsprache – Fremdsprache, in: ders./Ingelore Oomen-Welke (Hg.), Deutsch als Zweitsprache, Baltmannsweiler 2008, S. 3–16.

Ahrenholz 2008b Bernt Ahrenholz: Mündliche Produktionen, in: ders./Ingelore Oomen-Welke (Hg.), Deutsch als Zweitsprache, Baltmannsweiler 2008, S. 173–188.

Altmayer 2010 Claus Altmayer: Konzepte von Kultur im Kontext von Deutsch als Fremd- und Zweitsprache, in: Hans-Jürgen Krumm u. a. (Hg.), Deutsch als Fremd- und Zweitsprache. Ein internationales Handbuch, Berlin/New York 2010, S. 1401–1412.

Andresen/Funke 2003 Helga Andresen/Reinold Funke: Entwicklung sprachlichen Wissens und sprachlicher Bewusstheit, in: Ursula Bredel u. a. (Hg.), Didaktik der deutschen Sprache. Band 1, Paderborn u. a. 2003, S. 438–451.

Apeltauer 1997 Ernst Apeltauer: Bilingualismus und Mehrsprachigkeit, in: Flensburger Papiere zur Mehrsprachigkeit und Kulturenvielfalt 1997, Heft 18, S. 37.

Artelt/Schlagmüller 2004 Cordula Artelt/Matthias Schlagmüller: Der Umgang mit literarischen Texten als Teilkompetenz im Lesen? Dimensionsanalysen und Ländervergleiche, in: Ulrich Schiefele u. a. (Hg.), Struktur, Entwicklung und Förderung von Lesekompetenz. Vertiefende Analyse im Rahmen von PISA 2000, Wiesbaden 2004, S. 169–196.

Augustin 2000 Matthias Augustin: Tom Tykwer (1998) „Lola rennt" im DaF-Unterricht (Korea), in: DaF-Szene Korea Nr. 12, 2000. Web-Adresse: www.lvk-info.org/lvk-12lola.html [Zugriff vom 4. 8. 2007].

Ballis/Spinner 2008 Anja Ballis/Kaspar H. Spinner (Hg.): Sommerschule – Sommerkurse – Summer Learning. Deutsch lernen in außerschulischem Kontext, Baltmannsweiler 2008.

Bandura 1979 Albert Bandura: Sozial-kognitive Lerntheorie, Stuttgart 1979.

Barkowski 2003 Hans Barkowski: Zweitsprachenunterricht, in: Richard Bausch u. a. (Hg.), Handbuch Fremdsprachenunterricht, Tübingen/Basel 2003, S. 157–163.

ANHANG

Bartnizky 2009 Horst Bartnitzky: Deutschunterricht. Kompetent im Unterricht der Grundschule, Baltmannsweiler 2009.

Baur/Grothjan/Spettmann 2006 Rupprecht Baur/Rüdiger Grothjan/Melanie Spettmann: Der C-Test als Instrument der Sprachstandserhebung und Sprachförderung im Bereich Deutsch als Zweitsprache, in: Johannes-Peter Timm (Hg), Fremdsprachenlernen und Fremdsprachenforschung: Kompetenzen, Standards, Lernformen, Evaluation, Tübingen 2006, S. 389–406.

Baur/Spettmann 2008 Rupprecht Baur/Melanie Spettmann: Sprachstandsmessungen und Sprachförderung mit dem C-Test, in: Bernt Ahrenholz/Ingelore Oomen-Welke (Hg.), Deutschunterricht in Theorie und Praxis. Band 9: Deutsch als Zweitsprache, Baltmannsweiler 2008, S. 430–444.

Bausch u. a. 2003 Karl-Richard Bausch u. a. (Hg.): Der Gemeinsame europäische Referenzrahmen für Sprachen in der Diskussion, Tübingen 2003.

Bausch/Kasper 1979 Richard Bausch/Gabriele Kasper: Der Zweitspracherwerb: Möglichkeiten und Grenzen der ‚großen' Hypothesen, in: Linguistische Berichte 1979, Heft 64, S. 3–29.

Belgrad/Fingerhut 1997 Jürgen Belgrad/Karlheinz Fingerhut (Hg.): Textnahes Lesen. Annäherungen an Literatur im Unterricht, Baltmannsweiler 1997.

Belke 2003 Gerlind Belke: Mehrsprachigkeit im Deutschunterricht, Baltmannsweiler 2003.

Berkemeier/Bohl/Funke 2008 Anne Berkemeier/Thorsten Bohl/Reinhold Funke: Modulare Sprachförderung an Hauptschulen: Bausteine Lesen und Schreiben – Eine Projektskizze, Unveröffentlichtes Papier 2008.

Bernstein 1971 Basil Bernstein: Soziale Struktur, Sozialisation und Sprachverhalten. Aufsätze 1958–1970, Amsterdam 1971.

Bildungshaus 2009 Das Europäische Portfolio der Sprachen. Schülermaterial. Bildungshaus Schulbuchverlage, Braunschweig 2009. Web-Adresse: www.diesterweg.de/portfolio/pdf/507-71205_ESP_BspSeiten.pdf [Zugriff vom 5.1.2011]

Biondi 1979 Franco Biondi: Nicht nur Gastarbeiterdeutsch, in: Irmgard Ackermann (Hg.), In zwei Sprachen leben, München 1983, S. 84–87 [Erstdruck: Klein-Winterheim 1979].

Bolten 2003 Jürgen Bolten: Grenzen der Ganzheitlichkeit – Konzeptionelle und bildungsorganisatorische Überlegungen zum Thema „Interkulturelle Kompetenz", in: Erwägen, Wissen, Ethik 2003, 14, Heft 1, S. 156–158.

Bos u. a. 2007 Wilfried Bos u. a.: IGLU-E 2006. Die Länder der Bundesrepublik Deutschland im nationalen und internationalen Vergleich – Zusammenfassung, Hamburg 2007. Web-Adresse: www.iglu06_band2_pressemappe_farbig.pdf [Zugriff vom 22. 2. 2009].

Brandstätter 2008 Ursula Brandstätter: Grundfragen der Ästhetik. Bild – Musik – Sprache – Körper, Köln u. a. 2008.

Bredella 1995 Lothar Bredella (Hg.): Didaktik des Fremdverstehens, Tübingen 1995.

Bredella 2002 Lothar Bredella: Literarisches und interkulturelles Verstehen, Tübingen 2002.

Bredella 2004 Lothar Bredella: Unterschiedliche Verstehensformen bei der Rezeption literarischer Texte, in: ders./Eva Burwitz-Melzer (Hg.), Rezeptionsästhetische Literaturdidaktik, Tübingen 2004, S. 81–138.

ZITIERTE LITERATUR

Bredella 2007 Lothar Bredella: Grundzüge einer interkulturellen Literaturdidaktik, in: Irmgard Honnef-Becker (Hg.), Dialoge zwischen den Kulturen. Interkulturelle Literatur und ihre Didaktik, Baltmannsweiler 2007, S. 29–47.

Bredella / Melzer 2004 Lothar Bredella / Eva Burwitz-Melzer (Hg.): Rezeptionsästhetische Literaturdidaktik, Tübingen 2004.

Butzkamm 1978 Wolfgang Butzkamm: Aufgeklärte Einsprachigkeit: Zur Entdogmatisierung der Methode im Fremdsprachenunterricht, Heidelberg 1978.

BW-Kultusministerium 2004 Kultusministerium Baden-Württemberg: Leitgedanken zum Kompetenzerwerb Moderne Fremdsprachen, 2004. Web-Adresse: www.bildung-staerkt-menschen.de/service/downloads/Bildungsstandards/GS/Grundschule_Fremdsprachen_Leitgedanken.pdf [Zugriff vom 12.10.2008].

Byram 1997 Michael Byram: Teaching and Assessing Intercultural Communicative Competence, Clevedon 1997.

Çirak 1988 Zehra Çirak: deutsche sprache gute sprache oder die denen ihnen, in: Ulrich Janetzki / Lutz Zimmermann (Hg.), Anfang sein für einen neuen Tanz kann jeder Schritt. Junge Berliner Literatur der achtziger Jahre, Berlin 1988, S. 42.

Çirak 1991 Zehra Çirak: Vogel auf dem Rücken eines Elefanten, Köln 1991.

Colombo-Scheffoldt u. a. 2008 Simona Colombo-Scheffoldt / Peter Fenn / Stefan Jeuk / Joachim Schäfer (Hg.): Ausländisch für Deutsche. Sprachen der Kinder – Sprachen im Klassenzimmer, Freiburg 2008.

Corder 1967 S. Pit Corder: The significance of learners' errors, in: IRAL 1967, Heft 5, S. 161–170.

Cornelsen 2003 Doppel-Klick. Deutschlehrwerk für die Sekundarstufe I, Berlin 2003.

Cornelsen 2004 Texte, Themen und Strukturen, Deutschbuch für die Oberstufe, Berlin 2004.

Culler 2002 Jonathan Culler: Literaturtheorie. Ein kurze Einführung, Stuttgart 2002.

Cummins 1982 James Cummins: Die Schwellenniveau- und die Interdependenz-Hypothese: Erklärungen zum Erfolg zweisprachiger Erziehung, in: James Swift (Hg.), Bilinguale und multikulturelle Erziehung, Würzburg 1982, S. 34–43.

Cummins 1999 James Cummins: Language, Power and Pedagogy, Cleveland 1999.

Diehl u. a. 2000 Erika Diehl / Helen Christensen / Sandra Leuenberger / Isabelle Pelvat / Thérèse Studer: Grammatikunterricht: Alles für die Katz? Untersuchungen zum Zweitspracherwerb Deutsch, Tübingen 2000.

Dirim / Gülender 2002 Inci Dirim / Semra Gülender: Belegte Brötçın, in: Grundschule Sprachen 2002, 2, Heft 8, S. 34–36.

Dohrn 2007 Antje Dohrn: Leseförderung mit literarischen Texten im DaZ-Unterricht, Frankfurt / M. u. a. 2007.

Döll u. a. 2009 Niveaubeschreibungen Deutsch als Zweitsprache für die Sekundarstufe I. Zur Beobachtung von Kompetenz und Kompetenzzuwachs im Deutschen als Zweitsprache, herausgegeben vom Sächsischen Bildungsinstitut, Dresden 2009. Web-Adresse: www.sachsen-macht-schule.de/sbi/daten/brosch_niveaubeschreibung.pdf [Zugriff vom 5.1.2011].

DTZ 2009 Michaela Perlmann-Balme / Sibylle Plassmann / Beate Zeidler: Deutsch-Test für Zuwanderer A2–B1. Im Auftrag des Bundesministeriums des Inneren, 2009. Web-Adresse: www.integration-in-deutschland.de/cln_117/nn_284230/SharedDocs/Anlagen/DE/Integration/Downloads/Integrationskurse/Kurstraeger/Sonstiges/dtz-handbuch__pdf, templateId=raw,property=publicationFile.pdf/dtz-handbuch_pdf.pdf [Zugriff vom 25. 9. 2009].

Edmondson/House 2006 Willis Edmondson/Juliane House: Einführung in die Sprachlehrforschung, Tübingen u. a. 2006.

Ehlers 2008 Swantje Ehlers: Lesekompetenz in der Zweitsprache, in: Bernt Ahrenholz/Ingelore Oomen-Welke (Hg.), Deutsch als Zweitsprache. Band 9 des Handbuchs Deutschunterricht in Theorie und Praxis (DTP), Baltmannsweiler 2008, S. 215–227.

Ehlich 2005 Konrad Ehlich: Sprachaneignung und deren Feststellung bei Kindern mit und ohne Migrationshintergrund. Was man weiß, was man braucht, was man erwarten kann, in: ders./Ursula Bredel u. a. (Hg.), Anforderungen an Verfahren der regelmäßigen Sprachstandsfeststellung als Grundlage für die frühe und individuelle Förderung von Kindern mit und ohne Migrationshintergrund, Bonn/Berlin 2005, S. 11–75.

Ehlich 2007 Konrad Ehlich: Anforderungen an Verfahren der regelmäßigen Sprachstandsfeststellung als Grundlage für die frühe und individuelle Förderung von Kindern mit und ohne Migrationshintergrund, Berlin 2007. Web-Adresse: www.bmbf.de/pub/bildungsreform_band_elf.pdf [Zugriff vom 25.9.2009].

Ehlich/Bredel/Reich 2008 Konrad Ehlich/Ursula Bredel/Hans H. Reich (Hg.): Referenzrahmen zur altersspezifischen Sprachaneignung, Bundesministerium für Bildungsforschung, Berlin 2008. Web-Adresse: www.bmbf.de/publikationen/2713.php [Zugriff vom 28.9.2009].

Ellis 2003 Rod Ellis: Task-based language Learning and Teaching, Oxford 2003.

Feilke 2001 Helmut Feilke: Grammatikalisierung und Textualisierung – „Konjunktionen" im Schriftspracherwerb, in: ders./Klaus-Peter Kappest/Clemens Knobloch (Hg.), Grammatikalisierung, Spracherwerb und Schriftlichkeit, Tübingen 2001, S. 107–127.

Fix 2005 Martin Fix: Kompetenzerwerb im Bereich „Texte schreiben", in: Heidi Rösch (Hg.), Kompetenzen im Deutschunterricht, Frankfurt/M. 2005, S. 111–124.

Fürstenau 2009 Sara Fürstenau: Migration und schulischer Wandel: Unterricht, Wiesbaden 2009.

Gabriel 1977 Gérard Gabriel: Fiktion und Wahrheit. Eine semantische Theorie der Literatur, Stuttgart 1977.

Gaebert/Bannwarth 2010 Désirée-Kathrin Gaebert/Horst Bannwarth: Der sprachsensible Fachunterricht am Beispiel des Biologieunterrichts, in: Werner Knapp/Heidi Rösch: Sprachliche Lernumgebungen gestalten, Freiburg 2010, S. 155–164.

Gass 1997 Susan Gass: Input, Interaction, and the Second Language Learner, Mahwah, NJ 1997.

Gass/Mackey 2005 Susan Gass/Alison Mackey u. a.: Task-Based Interactions in Classroom and Laboratory Settings, in: Language Learning 2005, 55, Heft 4, S. 575–611.

GER 2001 Europarat/Rat für kulturelle Zusammenarbeit: Gemeinsamer europäischer Referenzrahmen für Sprachen: lernen, lehren, beurteilen. Berlin 2001. Web-Adresse: www.goethe.de/Z/50/commeuro/106.htm [Zugriff vom 25. 9. 2009].

Gibbons 2006 Pauline Gibbons: Unterrichtsgespräche und das Erlernen neuer Register in der Zweitsprache, in: Paul Mecheril/Thomas Quel (Hg.), Die Macht der Sprachen. Englische Perspektiven auf die mehrsprachige Schule, Münster 2006, S. 269–290.

Gogolin 2008 Ingrid Goglin: Förderung von Kindern und Jugendlichen mit Migrationshintergrund – ein länderübergreifendes Programm zur Optimierung der Sprachbildung, in: Gesellschaft, Wirtschaft, Politik 2008, 57, Heft 1, S. 65–75.

Grenz 1990 Dagmar Grenz (Hg.): Kinderliteratur – Literatur für Erwachsene, München 1990.

Grießhaber 2006 Wilhelm Grießhaber: Lernende unterstützen: die Profilanalyse als didaktisch nutzbares Werkzeug der Lernersprachenanalyse, Münster 2006.

Grießhaber 2008 Wilhelm Grießhaber: Schreiben in der Zweitsprache Deutsch, in: Bernt Ahrenholz / Ingelore Oomen-Welke (Hg.), Deutsch als Zweitsprache. Band 9 des Handbuchs Deutschunterricht in Theorie und Praxis (DTP), Baltmannsweiler 2008, S. 228–238.

Grießhaber 2009 Wilhelm Grießhaber: L2-Kenntnisse und Literalität in frühen Lernertexten, in: Bernt Ahrenholz (Hg.), Empirische Befunde zu DaZ-Erwerb und zur Sprachförderung. Beiträge aus dem 3. „Workshop Kinder mit Migrationshintergrund", Freiburg i. Br. 2009, S. 115–135.

Grotjahn 1994 Rüdiger Grotjahn: Der C-Test. Theoretische Grundlagen und praktische Anwendungen, Bochum 1994.

Grotjahn 2000 Rüdiger Grotjahn: Sprachbezogene Kognitivierung: Lernhilfe oder Zeitverschwendung?, in: Henning Düwell / Claus Gnutzmann / Frank G. Königs (Hg.), Dimensionen der didaktischen Grammatik. Festschrift für Günther Zimmermann zum 65. Geburtstag, Bochum 2000, S. 83–106.

Grundmann 2005 Hilmar Grundmann: Der Deutschunterricht an berufsbildenden Schulen – zentraler Ort für die Förderung sprachlicher und literarischer Kompetenzen oder so überflüssig wie sonst nichts?, in: Heidi Rösch (Hg.), Kompetenzen im Deutschunterricht, Frankfurt / M. u. a. 2005, S. 153–163.

Hackl 2001 Wolfgang Hackl: Informationsorientierte Landeskunde, in: Gerhard Helbig u. a. (Hg.), Deutsch als Fremdsprache. Ein internationales Handbuch, 2. Halbband, Berlin 2001, S. 1204–1215.

Härle / Steinbrenner 2004 Gerhard Härle / Marcus Steinbrenner (Hg.): Kein endgültiges Wort. Die Wiederentdeckung des Gesprächs im Literaturunterricht, Baltmannsweiler 2004.

Heimann / Otto / Schulz 1970 Paul Heimann / Gunter Otto / Wolfgang Schulz: Unterricht – Analyse und Planung, Hannover 1970.

Hermes / Klippel 2006 Liesel Hermes / Friederike Klippel (Hg.): Früher oder später: Englisch in der Grundschule und bilingualer Sachfachunterricht, Berlin u. a. 2006.

Hess 2004 Wernern Hess: D-A-CH studieren – zur Didaktik der Landeskunde, in: ders. (Hg.), Didaktische Reflexionen, Tübingen 2004, S. 63–88.

Hoffmann 1976 Lothar Hoffmann: Kommunikationsmittel Fachsprache – Eine Einführung, Berlin 1976.

Hofmann 2006 Michael Hofmann: Interkulturelle Literaturwissenschaft, München 2006.

Hölscher 2002 Petra Hölscher (Hg.): Kenntnisse in Deutsch als Zweitsprache erfassen. Screening-Modell für Schulanfänger, Stuttgart 2002.

Hölscher 2007 Petra Hölscher: Lernszenarien. Sprache kann nicht gelehrt, sondern nur gelernt werden, in: Bernt Ahrenholz (Hg.), Deutsch als Zweitsprache. Voraussetzungen und Konzepte für die Förderung von Kindern und Jugendlichen mit Migrationshintergrund, Freiburg 2007, S. 155–173.

Hofstede 2006 Geert Hofstede / Gert Jan Hofstede: Lokales Denken, globales Handeln: Interkulturelle Zusammenarbeit und globales Management. Aus dem Englischen übersetzt von Petra Mayer und Martina Sondermann, München 2006.

Housen / Pierrard 2005 Alex Housen / Michel Pierrard (Hg.): Investigations in Instructed Second Language Acquisition, Berlin 2005.

Hu 2003 Adelheid Hu: Schulischer Fremdsprachenunterricht und migrationsbedingte Mehrsprachigkeit, Tübingen 2003.

Huneke/Steinig 2005 Hans-Werner Huneke/Wolfgang Steinig: Deutsch als Fremdsprache. Eine Einführung, Berlin 2005.

Iser 1994 Wolfgang Iser: Die Appellstruktur der Texte, in: Rainer Warning (Hg.), Rezeptionsästhetik, München 1994, S. 228–252.

Jahraus/Neuhaus 2002 Oliver Jahraus/Stefan Neuhaus (Hg.): Kafkas „Urteil" und die Literaturtheorie. Zehn Modellanalysen, Stuttgart 2002.

Jank/Meyer 2005 Werner Jank/Hilbert Meyer: Didaktische Modelle, Berlin 2005.

Jauß 1994 Hans Robert Jauß: Literaturgeschichte als Provokation der Literaturwissenschaft, in: Rainer Warning (Hg.), Rezeptionsästhetik, München 1994, S. 126–162.

Jost 2005 Roland Jost: Sachtexte versus literarische Texte?, in: Martin Fix/Roland Jost (Hg.), Sachtexte im Deutschunterricht, Baltmannsweiler 2005, S. 19–25.

Josting/Maiwald 2007 Petra Josting/Klaus Maiwald (Hg.): Kinder- und Jugendliteratur im Medienverbund. Grundlagen, Beispiele und Ansätze für den Deutschunterricht, München 2007.

Kaltenbacher/Klages 2006 Erika Kaltenbacher/Hana Klages: Sprachprofil und Sprachförderung bei Vorschulkindern mit Migrationshintergrund, in: Bernt Ahrenholz (Hg.), Kinder mit Migrationshintergrund. Spracherwerb und Fördermöglichkeiten, Freiburg 2006, S. 80–97.

Kany/Schöler 2007 Werner Kany/Hermann Schöler: Fokus: Sprachdiagnostik. Leitfaden zur Sprachstandsbestimmung im Kindergarten, Berlin u. a. 2007.

Kasper 1989 Gabriele Kasper: Der Fremdsprachenlerner, in: Richard Bausch u. a. (Hg.), Handbuch Fremdsprachenunterricht, Tübingen 1989, S. 392–395.

Kiel 1996 Eduard Kiel: Die Entwicklung interkultureller Kompetenz als ein zentrales Ziel globalen Lehrens und Lernens, in: Pädagogische Grundlagen forum 2001, Heft 1, S. 10–21. Web-Adresse: www.ups-schulen.de/forum/01-1/for-10-21.pdf [Zugriff vom 4. 1. 2011].

Klafki 1991 Wolfgang Klafki: Neue Studien zur Bildungstheorie und Didaktik, Weinheim/Basel 1991.

Klare/Wassermann 2010 Heidrun Klare/Klaus Wassermann: Sprachlernen im Biologieunterricht – ein Praxisbericht, in: Werner Knapp/Heidi Rösch, Sprachliche Lernumgebungen gestalten, Freiburg 2010, S. 165–173.

Klein 1999 Wolfgang Klein: Zweitspracherwerb. Eine Einführung, Königstein/Ts. 1999.

Kleppin 2001 Karin Kleppin: Formen und Funktionen von Fehleranalyse, -korrektur und -therapie, in: Gerhard Helbig u. a. (Hg.), Deutsch als Fremdsprache. Ein internationales Handbuch, 2. Halbband, Berlin u. a. 2001, S. 986–994.

Klett 1996 Umwelt Biologie. Nordrhein-Westfalen 7–10. Realschule, Stuttgart 1996.

Klett 2006 Natura 5/6. Biologielehrbuch, Stuttgart 1996.

Klieme u. a. 2006 Eckhard Klieme u. a.: Unterricht und Kompetenzerwerb in Deutsch und Englisch. Zentrale Befunde der Studie Deutsch-Englisch-Schülerleistungen-International (DESI). Deutsches Institut für internationale pädagogische Forschung, Frankfurt/M. 2006. Web-Adresse: www.dipf.de/desi/DESI_Zentrale_Befunde.pdf [Zugriff vom 16. 8. 2009].

Kliewer / Pohl 2006 Heinz Jürgen Kliewer / Inge Pohl (Hg.): Lexikon Deutschdidaktik, Baltmannsweiler 2006.

KMK 2003 Kultusministerkonferenz: Bildungsstandards im Fach Deutsch für den Mittleren Schulabschluss, Berlin 2003.

KMK 2004 Kultusministerkonferenz: Bildungsstandards für die erste Fremdsprache (Englisch / Französisch) für den Mittleren Schulabschluss, Berlin 2003.

KMK 2005 Kultusministerkonferenz: Bericht: Fremdsprachen in der Grundschule – Sachstand und Konzeption, Berlin 2004.

Knapp 1997 Werner Knapp: Schriftliches Erzählen in der Zweitsprache, Tübingen 1997.

Koch / Oesterreicher 1985 Peter Koch / Wulf Oesterreicher: Sprache der Nähe – Sprache der Distanz. Mündlichkeit und Schriftlichkeit im Spannungsfeld von Sprachtheorie und Sprachgeschichte, in: Romanistisches Jahrbuch 1985, Band 36, S. 15–43.

Krashen 1985 Stephan Krashen: The Input Hypothesis, London 1985.

Krenn 2001 Wilfried Krenn: Alles ist Grammatik. Ein Plädoyer für die Erweiterung des Grammatikbegriffs in der Didaktik des Deutschen als Fremdsprache, in: Paul Portmann-Tselikas / Sabine Schmölzer-Eibinger (Hg.), Grammatik und Sprachaufmerksamkeit, Innsbruck u. a. 2001, S. 49–86.

Kretzenbacher 1992 Heinz L. Kretzenbacher: Der ‚erweiterte Kulturbegriff' in der außenkulturpolitischen Diskussion der Bundesrepublik Deutschland. Ein Vergleich mit der öffentlichen/innenkulturpolitischen und kulturwissenschaftlichen Begriffsentwicklung von den sechziger bis zu den achtziger Jahren, in: Jahrbuch Deutsch als Fremdsprache 1992, Heft 18, S. 170–196.

Krumm 1992 Hans-Jürgen Krumm: Bilder im Kopf. Interkulturelles Lernen und Landeskunde, in: Fremdsprache Deutsch 1992, Heft 6, S. 16–20.

Krumm 2001 Hans-Jürgen Krumm (Hg.): Kinder und ihre Sprachen – lebendige Mehrsprachigkeit, Wien 2001.

Krumm 2003 Der Gemeinsame europäische Referenzrahmen – ein Kuckucksei für den Fremdsprachenunterricht?, in: Karl-Richard Bausch u. a. (Hg), Der gemeinsame europäische Referenzrahmen für Sprachen in der Diskussion, Tübingen 2003, S. 120–126.

Kruse 2008 Iris Kruse: Kinderliteratur und literarisches Lernen, in: Grundschulunterricht Deutsch 2008, Heft 3, S. 4–6.

Krüssel 1993 Hermann Krüssel: Konstruktivistische Unterrichtsforschung, Frankfurt / M. u. a. 1993.

Ladenthin 2000 Volker Ladenthin: Les-Art. Über den Umgang mit literarischen Texten, in: Schulmagazin 5–10 2000, Heft 6, S. 51–54.

Lado 1957 Robert Lado: Linguistics across cultures: Applied linguistics for language teachers. University of Michigan Press 1957.

Langenscheidt 1999 Grammatik kreativ. Materialien für einen lernerzentrierten Unterricht, Berlin 1999.

Leisen 2010 Josef Leisen: Handbuch Sprachförderung im Fach: sprachsensibler Fachunterricht, Bonn 2010.

Lewis 2003 Michael Lewis: The lexical approach, London 2003.

Li 2007 Yuan Li: Integrative Landeskunde. München 2007.

List/List 2001 Gudula List/Günther List (Hg.): Quersprachigkeit. Zum transkulturellen Registergebrauch in Laut- und Gebärdensprachen, Tübingen 2001.

Long 1985 Mike H. Long: A role for instruction in second language acquisition: task-based language teaching, in: Kenneth Hyltenstam/Manfred Pienemann (Hg.), Modeling and assessing second language development, Clevedon/Avon 1985, S. 77–99.

Luchtenberg 1998 Sigrid Luchtenberg: Zwei- und Mehrsprachigkeit in Kinder- und Jugendliteratur, in: Muttersprache 1998, Heft 107, S. 168–186.

Luchtenberg 2001 Sigrid Luchtenberg: Language and cultural awareness: ein Thema für die (Fremd)sprachenlehrerausbildung?, in: Neusprachliche Mitteilungen 2001, Heft 3, S. 130–138.

Mandl/Friedrich/Hron 1986 Heinz Mandl/Helmut Friedrich/Aemilian Hron: Theoretische Ansätze zum Wissenserwerb, in: Heinz Mandl/Hans Spada (Hg.), Wissenspsychologie, Weinheim 1986, S. 123–160.

May 2003 Anna May: Die Staatliche Europa-Schule Berlin [SESB]– ein Konzept und seine Realisierung, Tönning u. a. 2003.

Mecklenburg 2008 Norbert Mecklenburg: Das fremde Mädchen. Germanistik als interkulturelle Literaturwissenschaft, München 2008.

Mehlhorn/Kleppin 2006 Grit Mehlhorn/Karin Kleppin: Sprachlernberatung: Einführung in den Themenschwerpunkt, in: Zeitschrift für Interkulturellen Fremdsprachenunterricht [Online] 2006, 11, Heft 2, 12 S. Web-Adresse: http://zif.spz.tu-darmstadt.de/jg-11-2/beitrag/MehlhornKleppin1.htm [Zugriff vom 28.3.2007].

Meex/Mortelmans 2002 Brigitta Meex/Tanja Mortelmans: Grammatik und Kognition, in :Germansitische Mitteilungen 56, 2002, S. 48–65.

Meyer 1994 Hilbert Meyer: UnterrichtsMethoden, Frankfurt/M. 1994.

Mog/Althaus 1992 Paul Mog/Hans-Joachim Althaus (Hg.): Die Deutschen in ihrer Welt. Tübinger Modell einer integrativen Landeskunde, Berlin u. a. 1992.

Montanari 2010 Elke Montanari: Kindliche Mehrsprachigkeit – Determination und Genus, Münster 2010.

Monteiro 1997 Maria Monteiro: Deutsch als Fremdsprache: Fachsprache im Ingenieurstudium, Frankfurt/M. 1997.

Nayhauss 2004 Hans Graf von Nayhauss: Aspekte einer interkulturellen Literaturdidaktik, in: Manfred Durzak/Nilüfer Kuruyazici (Hg.), Interkulturelle Begegnungen, Würzburg 2004, S. 69–81.

Nutz 2002 Maximilian Nutz: Epochenbilder in Schülerköpfen. Zur Didaktik und Methodik der Literaturgeschichte zwischen kulturellem Gedächtnis und postmoderner Konstruktion, in: Mitteilungen des Deutschen Germanistenverbandes 2002, 49, Heft 3, S. 330–346.

Oksaar 2003 Els Oksaar: Zweitspracherwerb. Wege zur Mehrsprachigkeit und interkulturellen Verständigung, Stuttgart 2003.

Oomen-Welke 1997 Ingelore Oomen-Welke: Kultur der Mehrsprachigkeit im Deutschunterricht, in: ide 1997, 21, Heft 1, S. 33–47.

Ossner 2006 Jacob Ossner: Kompetenzen und Kompetenzmodelle im Deutschunterricht, in: Didaktik Deutsch 2006, Heft 21, S. 5–19.

Paefgen 1997 Elisabeth Paefgen: Textnahes Lesen. 6 Thesen aus didaktischer Sicht, in: Jürgen Belgrad/Karlheinz Fingerhut (Hg.), Textnahes Lesen. Annäherungen an Literatur im Unterricht, Baltmannsweiler 1997, S. 14–23.

ZITIERTE LITERATUR

Piaget 2003 Jean Piaget: Meine Theorie der geistigen Entwicklung, Weinheim/Basel 2003.

Piepho 1979 Hans-Eberhard Piepho: Kommunikative Didaktik des Englischunterrichts der Sekundarstufe I. Theoretische Begründung und Wege zur praktischen Einlösung eines fachdidaktischen Konzepts, Limburg 1979.

Piepho 2005 Hans-Eberhard Piepho: Szenarien, in: Andreas Müller-Hartmann/Marita Schocker-von Ditfurth (Hg), Aufgabenorientierung im Fremdsprachenunterricht, Tübingen 2005, S. 119–124.

Portmann-Tselikas 2010 Paul Portmann-Tselikas: Aufgabenorientierung, in: Hans-Jürgen Krumm u. a. (Hg.), Deutsch als Zweit- und Fremdsprache. Ein internationales Handbuch, Berlin u. a. 2010, S. 1165–1170.

Raatz/Klein-Braley 1982 Ulrich Raatz/Christine Klein-Braley: Der C-Test: Ein neuer Ansatz zur Messung von allgemeiner Sprachbeherrschung. AKS Rundbrief 4, 23–37, 1982.

Rajewski 2004 Irina O. Rajewsky: Intermedialität – eine Begriffsbestimmung, in: Marion Bönnighausen/Heidi Rösch (Hg.), Intermedialität im Deutschunterricht, Baltmannsweiler 2004, S. 13–34.

Reich/Roth 2003 Hans Reich/Hans-Joachim Roth: HAVAS 5 – Hamburger Verfahren zur Analyse des Sprachstandes bei 5-Jährigen. Landesinstitut für Lehrerbildung und Schulentwicklung, Hamburg 2003.

Richter 2002 Sigrun Richter: Die kognitive Wende in der Deutschdidaktik, in: Michael Hug/dies. (Hg.), Ergebnisse soziologischer und psychologischer Forschung. Impulse für den Deutschunterricht, Baltmannsweiler 2002, S. 1–10.

Riemer 2004 Claudia Riemer: Reform der (Fremdsprachen-)Lehrerausbildung und Deutsch als Fremdsprache. in: Karl-Richard Bausch/Frank G. Königs/Hans-Jürgen Krumm(Hg.), Mehrsprachigkeit im Fokus. Beiträge der 24. Frühjahrskonferenz zur Erforschung des Fremdsprachenunterrichts, Tübingen 2004, S. 198–205.

Roche 2001 Jörg Roche: Interkulturelle Sprachdidaktik. Eine Einführung, Tübingen 2001.

Roche 2008 Jörg Roche: Kognitionswissenschaften und Fremdsprachenunterricht: Einführung, in: Zeitschrift für Interkulturellen Fremdsprachenunterricht [Online] 2008, 13, Heft 2, 4 S. Web-Adresse: http://zif.spz.tu-darmstadt.de/jg-13-2/beitrag/Einfuehrung1.htm [Zugriff vom 5.1.2011].

Rosa 2007 Raffaele De Rosa: Lesen und Schreiben bei mehrsprachigen Kindern. Theoretische und praktische Ansätze mit konkreten Beispielen, Bern u. a. 2007.

Rösch 2003 Heidi Rösch: Deutsch als Zweitsprache = Deutsch als Fremdsprache?, in: dies. (Hg.), Deutsch als Zweitsprache. Sprachförderung in der Grundschule: Grundlagen – Übungsideen – Kopiervorlagen, Hannover 2003, S. 10–12.

Rösch 2004 Heidi Rösch: Mit Jim Knopf im heutigen China – interkulturelle Kommunikation lehren an einer chinesischen Universität, in: Tourismus Journal. Zeitschrift für tourismuswissenschaftliche Forschung und Praxis, Band 7 (4), 2004, S. 523–542.

Rösch 2005 Heidi Rösch: Interkulturelle Kompetenz im Deutschunterricht, in: dies. (Hg.), Kompetenzen im Deutschunterricht, Frankfurt/M. u. a. 2005, S. 91–110.

Rösch 2006 Heidi Rösch: Das Jacobs-Sommercamp – neue Ansätze zur Förderung von Deutsch als Zweitsprache, in: Bernt Ahrenholz (Hg.), Kinder mit Migrationshintergrund – Spracherwerb und Fördermöglichkeiten, Freiburg 2006, S. 287–302.

ANHANG

Rösch 2007a Heidi Rösch: DaZ-Förderung in Feriencamps, in: Bernt Ahrenholz (Hg.), Deutsch als Zweitsprache – Voraussetzungen und Konzepte für die Förderung von Kindern und Jugendlichen mit Migrationshintergrund, Freiburg 2007, S. 229–246.

Rösch 2007b Heidi Rösch: Interkulturelle Literatur lesen – Literatur interkulturell lesen, in: Christiane Fäcke / Wolfgang Wangerin (Hg.), Neue Wege zu und mit literarischen Texten. Literaturdidaktische Positionen in der Diskussion, Baltmannsweiler 2007, S. 51–62.

Rösch 2010a Heidi Rösch: DaZ im Literaturunterricht, in: Bernt Ahrenholz (Hg.), Fachunterricht und Deutsch als Zweitsprache, Freiburg 2010, S. 219–238.

Rösch 2010b Heidi Rösch: Literatur und Identität, in: dies. (Hg.), Literarische Bildung im kompetenzorientierten Deutschunterricht, Freiburg 2010, S. 49–69.

Rösch / Rotter 2010 Heidi Rösch / Daniela Rotter: Formfokussierte Förderung in der Zweitsprache als Grundlage der BeFo-Interventionsstudie, in: Martina Rost-Roth (Hg.), DaZ – Spracherwerb und Sprachförderung Deutsch als Zweitsprache. Beiträge aus dem 5. Workshop Kinder mit Migrationshintergrund, Freiburg 2010, S. 193–212.

Rosebrock / Nix 2008 Cornelia Rosebrock / Daniel Nix: Grundlagen der Lesedidaktik und der systematischen schulischen Leseförderung, Baltmannsweiler 2008.

Rupp 1988 Gerhard Rupp: Sprachliches Lernen und literarisches Lesen im Unterricht Deutsch als Zweitsprache, in: Zielsprache Deutsch 1988, Heft 3, S. 18–26.

Rupp / Bonholt 2004 Gerhard Rupp / Helge Bonholt: Mit dem Stift zum Lesen. Schreiben als Lesestrategie, in: Praxis Deutsch 187, 2004, S. 48–52.

Scheller 1998 Ingo Scheller: Szenisches Spiel. Handbuch für die pädagogische Praxis, Berlin 1998.

Schlak 2003 Torsten Schlak: Die Auswahl grammatischer Lernziele: Linguistische, psycholinguistische und didaktische Perspektiven, in: Zeitschrift für Interkulturellen Fremdsprachenunterricht [Online] 2003, 8, Heft 1, S. 14–29. Web-Adresse: www.ualberta.ca/~german/ejournal/schlak4.htm [Zugriff vom 3. 1. 2008].

Schmenk 2005 Barbara Schmenk: Rezension zu: Bausch, K.-R., Königs, F.G. Krumm, H.-J. (Hg.): Mehrsprachigkeit im Fokus, 2004, in: Zeitschrift für Interkulturellen Fremdsprachenunterricht [Online] 2005, 10, Heft 3, 3 S. Web-Adresse: www.ualberta.ca/~german/ejournal/BauschKoenigsKrumm1.htm [Zugriff vom 19. 10. 2010].

Schmidt 1990 Richard Schmidt: The role of consciousness in second language learning. Applied Linguistics 1990, Heft 11, S. 129–158.

Schmidt 2001 Richard Schmidt: Attention, in: Peter Robinson (Hg.), Cognition and second language instruction, Cambridge 2001, S. 3–32.

Schmölzer-Eibinger 2008 Sabine Schmölzer-Eibinger: Lernen in der Zweitsprache. Grundlagen und Verfahren der Förderung von Textkompetenz in mehrsprachigen Klassen, Tübingen 2008.

Schön 1995 Erich Schön: Veränderung der literarischen Rezeptionskompetenz Jugendlicher im aktuellen Medienverbund, in: Günter Lange/Wilhelm Steffens(Hg.), Moderne Formen des Erzählens, Würzburg 1995, S. 99–127.

Schrimpf / von Einem 1967 Hans-Joachim Schrimpf / Herbert von Einem: Goethes Werke Band 12. Kunst und Literatur, Hamburg 1967.

Schroedel 2003 Wortstark. Deutschlehrwerk für die Sekundarstufe I, Braunschweig 2003.

Schroedel 2006 Sachtexte knacken. Arbeitsheft für die Klasse 3/4, Braunschweig 2006.

Schroedel 2007 Mitsprache. Arbeitshefte für die fachbezogene DaZ-Förderung, Braunschweig 2007.

Schulz von Thun 1981 Friedemann Schulz von Thun: Vier-Ohren-Modell, 1981. Web-Adresse: www.schulz-von-thun.de/mod-komquad.html [Zugriff vom 20. 12. 2010].

Schulz/Tracy/Wenzel 2008 Petra Schulz/Rosemarie Tracy/Ramona Wenzel: Linguistische Sprachstandserhebung – Deutsch als Zweitsprache (LiSe-DaZ): Theoretische Grundlagen und erste Ergebnisse, in: Bernt Ahrenholz (Hg.), Zweitspracherwerb. Diagnosen, Verläufe, Voraussetzungen, Freiburg 2008, S. 17–41.

Searle 1969 John R. Searle: Speech acts: An essay in the philosophy of language, Cambridge 1969.

Selinker 1972 Larry Selinker: Interlanguage, in: International Review of Applied Linguistics in Language Teaching 1972, 10, Heft 3, S. 209–231.

Sheen 2005 Ronald Sheen: Focus on FormS as a Means of Improving Accurate Oral Production, in: Alex Housen/Michel Pierrard (Hg.), Investigations in Instructed Second Language Acquisition, Berlin 2005, S. 271–310.

Siebert-Ott 2000 Gesa Siebert-Ott: Der Übergang von der Alltagskommunikation zum Fachdiskurs, in: Deutsch lernen 2000, Heft 2, S. 127–142.

Skinner 1974 Burrhus Frederic Skinner: Die Funktion der Verstärkung in der Verhaltenswissenschaft, München 1974.

Spiegel 2009 Carmen Spiegel: Zuhören im Gespräch, in: dies./Michael Krelle (Hg.), Sprechen und Kommunizieren. Entwicklungsperspektiven, Diagnosemöglichkeiten und Lernszenarien in Deutschunterricht und Deutschdidaktik, Baltmnnsweiler 2009, S. 189–203.

Spiegel/Kleinberger Günter 2006 Carmen Spiegel/Ulla Kleinberger Günter: Schreiben im Internet als neue Aufgabe der Didaktik, in: Carmen Spiegel/Rüdiger Vogt (Hg.), Vom Nutzen der Textlinguistik für den Unterricht, Baltmannsweiler 2006, S. 187–199.

Spinner 1987 Kaspar H. Spinner: Wider den produktionsorientierten Literaturunterricht – für produktive Verfahren, in: Diskussion Deutsch, 17 (98) 1987, S. 601–615.

Spinner 1993 Kaspar H. Spinner: Von der Notwendigkeit produktiver Verfahren im Literaturunterricht, in: Diskussion Deutsch 1993, 24, Heft 134, S. 491–496.

Spinner 1994 Kaspar H. Spinner: Neue und alte Bilder von Lernenden. Deutschdidaktik im Zeichen der kognitiven Wende, in: Beiträge zur Lehrerbildung 1994, 12, Heft 2, S. 146–158.

Spinner 2006 Kaspar H. Spinner: Wie Lesen und Schreiben verbunden werden können, in: ders. (Hg.), Lesekompetenz erwerben, Literatur erfahren. Grundlagen, Unterrichtsmodelle für die 1. bis 4. Klasse, Berlin 2006, S. 24–34.

Spinner 2010 Kaspar H. Spinner: Literaturunterricht in allen Schulstufen und -formen: Gemeinsamkeiten und Besonderheiten, in: Heidi Rösch (Hg.), Literarische Bildung im kompetenzorientierten Literaturunterricht, Freiburg 2010, S. 93–112.

Steinbrenner/Wiprächtiger-Geppert 2006 Marcus Steinbrenner/Maja Wiprächtiger-Geppert: Literarisches Lernen im Gespräch: Das „Heidelberger Modell" des Literarischen Unterrichtsgesprächs, in: Praxis Deutsch 2006, Heft 200, S. 14–15.

Steinmüller 1981 Ulrich Steinmüller: Begriffsbildung und Zweitspracherwerb. Ein Argument für den muttersprachlichen Unterricht, in: Helmut Essinger/Achim Hellmic/Gert Hoff (Hg.), Ausländerkinder im Konflikt, Königstein 1981, S. 83–97.

Stölting-Richert 2001 Wilfried Stölting-Richert: Zweisprachigkeit, gesellschaftliche Mehrsprachigkeit und die Stellung der Migrantensprachen, in: EliS_e (Essener Linguistische Skripte – elektronisch – www.elise.uni-essen.de) 2001, Heft 1, S. 15–22.

Swain 1997 Merill Swain: The output hypothesis, focus on form and second language learning, in: Wendell Berry u. a. (Hg.), Applying Linguistics, Hong Kong 1997, S. 1–21.

Swain 2005 Merill Swain: The output hypothesis: Theory and research, in: Eli Hinkel (Hg.), Handbook on research in second language teaching and learning, Mahwah, NJ 2005, S. 471–484.

Swain / Lapkin 2005 Merrill Swain / Sharon Lapkin: Multilingualism through immersion?, in: Dieter Wolff (Hg.), Mehrsprachige Individuen – vielsprachige Gesellschaften, Frankfurt / M. 2005, S. 191–206.

TestDaF 2011 Test-DaF-Webseite. Web-Adresse: www.testdaf.de/index.php [Zugriff vom 5.1.2011].

Thomas 2005 Alexander Thomas: Kultur und Kulturstandard, in: ders. u. a. (Hg.), Handbuch Interkulturelle Kommunikation und Kooperation, Göttingen 2005, S. 19–31.

Thon 2007 Birgit Thon: Deutsch als Zweitsprache. Handreichungen für den Unterricht in Intensivkursen und Intensivklassen. Hessisches Kultusministerium: Amt für Lehrerbildung, Frankfurt / M. 2007. http://download.bildung.hessen.de/lakk/hkm/deutsch_als_zweitsprache/kongress/kongress_01/Download-Bereich/Thon/Info-Handreichungen.pdf [Zugriff vom 20. 1. 2011].

Thürmann / Otten 1994 Eike Thürmann / Edgar Otten: Begegnung mit Sprachen in der Grundschule und interkulturelle Erziehung, in: Schularbeiten 1994, Heft 5, S. 11–17.

Tönhoff 1992 Wolfgang Tönhoff: Kognitivierende Verfahren im Fremdsprachenunterricht. Formen und Funktionen, Hamburg 1992.

Ulich / Mayr 2003 Michaela Ulich / Toni Mayr: SISMIK Sprachverhalten und Interesse an Sprache bei Migrantenkindern im Kindergarten, Freiburg 2003.

Veeck / Linsmayer 2001 Reiner Veeck / Ludwig Linsmayer: Geschichte und Konzepte der Landeskunde, in: Gerhard Helbig u. a. (Hg.), Deutsch als Fremdsprache. Ein internationales Handbuch, 2. Halbband, Berlin 2001, S. 1160–1168.

Vygotsky 1978 Lev S. Vygotsky: Mind in Society: Development of Higher Psychological Processes, Harvard 1978.

Wagner 1996 Wolf Wagner: Kulturschock Deutschland, Hamburg 1996.

Watzlawick 1969 Paul Watzlawick (mit Janet H. Beavin / Don D. Jackson): Menschliche Kommunikation – Formen, Störungen, Paradoxien, Bern 1969.

Weinert 2001 Franz Weinert: Vergleichende Leistungsmessung in Schulen – eine umstrittene Selbstverständlichkeit, in: ders. (Hg.), Leistungsmessungen in Schulen, Weinheim / Basel 2001, S. 17–31.

Welsch 1995 Wolfgang Welsch: „Transkulturalität". in: Zeitschrift für Kulturaustausch 1995, 45, Heft 1, S. 39–44. Web-Adresse: www.forum-interkultur.net/fileadmin/user_upload/pdf/27.pdf [Zugriff vom 17. 8. 2009].

Westhoff 2007 Gerard Westhoff: Fertigkeit Lesen (Fernstudieneinheit 17), Berlin u. a. 2007.

Wicke 1995 Rainer E. Wicke: Handeln und Sprechen im Deutschunterricht, Ismaning 1995.

Wierlacher 1985 Alois Wierlacher (Hg.): Das Fremde und das Eigene. Prolegomena zu einer interkulturellen Germanistik, München 1985.

Willenberg 2007 Heiner Willenberg: Lesestufen – Die Leseprozesstheorie, in: ders. (Hg.), Kompetenzhandbuch für den Deutschunterricht, Baltmannsweiler 2007, S. 11–23.

Wintersteiner 2010 Werner Wintersteiner: Transkulturelle Literaturdidaktik, in: Heidi Rösch (Hg.), Literarische Bildung im kompetenzorientierten Deutschunterricht, Freiburg 2010, S. 33–48.

Witte 2009 Arnd Witte: Reflexionen zu einer (inter)kulturellen Progression bei der Entwicklung interkultureller Kompetenz im Fremdsprachenlernprozess, in: Adelheid Hu / Michael Bayram (Hg.), Interkulturelle Kompetenz und fremdsprachliches Lernen, Tübingen 2009, S. 49–66.

Wolff 2010 Dieter Wolff: Bilingualer Sachfachunterricht / CLIL, in: Wolfgang Hallet / Frank G. Königs (Hg.), Handbuch Fremdsprachendidaktik, Seelze 2010, S. 298–302.

Würffel 2000 Nicola Würffel: Rezension zu Westhoff: Fertigkeit lesen, in: Zeitschrift für Interkulturellen Fremdsprachenunterricht [Online] 2000, 4, 5, Heft 3, 3 S. Web-Adresse: zif.spz.tu-darmstadt.de/jg-04-3/beitrag/wuerff1.htm [Zugriff vom 22.2.2009].

Zeuner 1997 Ulrich Zeuner: Landeskunde und interkulturelles Lernen, in: Zeitschrift für Interkulturellen Fremdsprachenunterricht [Online] 1997, 2, Heft 1, 16 S. Web-Adresse: www.spz.tu-darmstadt.de/projekt_ejournal/jg_02_1/beitrag/zeuner.htm [Zugriff vom 5.10.2009].

ZISA-Studie 1983 Harald Clahsen / Jürgen Meisel / Manfred Pienemann: Deutsch als Zweitsprache: Der Spracherwerb ausländischer Arbeiter (= ZISA-Studie), Tübingen 1983.

16.2 Abbildungsverzeichnis

Abbildung 1: DaZ-Reise im Jacobs-Sommercamp-Projekt (2004). Foto.

Abbildung 2: Spracherwerb – Übersicht.

Abbildung 3: Sprachentwicklung (Edmondson / House 2006, S. 12).

Abbildung 4: DaZ – DaF – DaM.

Abbildung 5: Franco Biondi: *nicht nur gastarbeiterdeutsch* (1979) (Auszug).

Abbildung 6: Erwerbsstufen des Deutschen als Fremd- und Zweitsprache (Grießhaber 2009, S. 129ff.).

Abbildung 7: Wimmelbild aus Deutsch plus. Berliner Sprachstandserhebungsverfahren (2004).

Abbildung 8: Gemeinsamer europäischer Referenzrahmen (gekürzt) (GER 2001, Kapitel 3.3).

Abbildung 9: Schülertext, 4. Klasse Karlsruhe.

Abbildung 10: Profilstufen und Lernersprache (Grießhaber 2009, S. 129ff.).

Abbildung 11: Erwerbssequenzen für Deutsch (Diehl u. a. 2000, S. 364).

Abbildung 12: Diagnosebogen für Schülertexte.

Abbildung 13: C-Test. Institut für Internationale Kommunikation, Düsseldorf. Web-Adresse: www.iik-duesseldorf.de/ctest/ctestallg.txt.php3 [Zugriff vom 21. 2. 2011].

Abbildung 14: Unterrichtssituation. Foto: Jürgen Junker-Rösch.

Abbildung 15: Strukturmodell des Unterrichts (Jank / Meyer 2005, S. 63).

Abbildung 16: Focus on FormS, on Meaning, on Form (vgl. Rösch / Rotter 2010, S. 211).

Abbildung 17: Zehra Çirak: *deutsche sprache gute sprache oder die denen ihnen* (1988) (Foto: Jürgen Walter).

Abbildung 18: Dreidimensionales Kompetenzmodell (in Anlehnung an Jacob Ossner 2006, S. 15).

Abbildung 19: Kompetenzbereiche der ersten Fremdsprache in der Sekundarstufe I (KMK 2004).

Abbildung 20: Zeichnungen von Berliner Schülern (zu Franz Kafka: Kleine Fabel, 1931).

Abbildung 21: Merkmale von Literatur und ihres Gebrauchs.

Abbildung 22: Foto von einem Kind, das das Sams spielt. gelbe villa: „Sprich mit!" Ein Modellprojekt zur kreativen Sprachförderung für Kinder mit Migrationshintergrund in der Grundstufe, Berlin 2009.

Abbildung 23: DESI-Leseprozessmodell (nach Willenberg 2007).

Abbildung 24: Plakat aus der Serie *ich-spreche-deutsch-de*: Hadnet Tedfai Moderatorin, Journalistin und DJane. Deutschlandstiftung Integration.

Abbildung 25: Landeskundekonzepte (in Anlehnung an Veeck / Linsmayer 2001, S. 1163).

Abbildung 26: Interkulturelle Handlungskompetenz (Li 2007, S. 228).

Abbildung 27: Bild aus *Die Kinder vom Meer (Jaume Escala / Carme Solé Vendrell, 1991 / 94)*. Carme Solé Vendrell.

Abbildung 28: Stufen interkultureller Progression von Arnd Witte (Witte 2009, S. 55–63).

Abbildung 29: Kulturschock als Prozess (vgl. Wagner 1996, S. 19, Rösch 2004).

Abbildung 30: Dimensionen und Niveaustufen im PISA-Lesekompetenzmodell (vgl. Artelt / Schlagmüller 2004, S. 188).

Abbildung 31: Linde-Werbung (2003). Aus: Wirtschaftswoche 36 / 2003.

Abbildung 32: „Mein Herz ist ungarisch ...". Hans-Jürgen Krumm: Kinder und ihre Sprachen – lebendige Mehrsprachigkeit. Wien 2001, S. 89.

Abbildung 33: Zweisprachige Bildungsprogramme.

Abbildung 34: Ein iranischer Vater betrachtet mit seinen Kindern ein Wimmel-Bilderbuch. Foto Jürgen Junker-Rösch.

Abbildung 35: Sprachliche Grundfertigkeiten.

Abbildung 36: Bildungsstandards für die erste Fremdsprache in der Sekundarstufe I (KMK 2004).

Abbildung 37: Friedemann Schulz von Thun: Vier-Ohren-Modell (1981). www.schulz-von-thun.de/mod-komquad.html [Zugriff vom 8. 2. 2011].

Abbildung 38: Erstklässler schreiben ihr Gruselbuch. Foto: Jürgen Junker-Rösch.

Abbildung 39: Bottom-up- und Top-down-Leseleistungen in IGLU und PISA.

Abbildung 40: Mehrebenenmodell des Lesens (Rosebrock / Nix 2008, S. 16).

Abbildung 41: Leseförderung: Systematik der Handlungsdimensionen (nach Rosebrock / Nix 2008, S. 13).

Abbildung 42: Schreiben mit DaZ-Lernenden.

Abbildung 43: Raster zum Lesen (Rösch 2010b, S. 55).

Abbildung 44: Auszug aus *Sachtexte knacken* (Klasse 3 / 4, Aufbauheft Schroedel 2006). Bildungshaus Schulbuchverlage Westermann Schroedel Diesterweg Schöningh Winklers GmbH, Braunschweig 2006. www.schroedel.de.

Abbildung 45: Das didaktische Dreieck der Sprachförderung. Josef Leisen: Josef Leisen, Handbuch Sprachförderung im Fach, Bonn 2010, S. 11. Mit freundlicher Genehmigung Varus Verlag, Bonn.

Der Verlag hat sich um die Einholung der Abbildungsrechte bemüht. Da in einigen Fällen die Inhaber der Rechte nicht zu ermitteln waren, werden rechtmäßige Ansprüche nach Geltendmachung ausgeglichen.

16.3 Sachregister

ABCD-Thesen 131, 221, 231
Adaptation 85
Akademische Sprachfähigkeit 26
Akkomodation 65, 85
Alternative Methoden 68
Ambiguitätstoleranz 135
Assimilation 65, 85, 154, 162
Ästhetische Objekte 99
Audiolinguale Methode 68
Audiovisuelle Methode 68
Aufgabenorientierter Fremdsprachenunterricht 249

Balancierte Zweisprachigkeit 159
Basisqualifikation 43–45
Bedingungsdenken 214
Begegnungssprachenkonzept 164
Behaviorismus 65
Beobachtungsverfahren 39
Bezugsmaßstäbe/-norm 37
BICS 26, 31
Bildungs-und lerntheoretische Didaktik 66
Bildungssprache 26f., 83f., 165, 249
Bildungsstandards 45, 87, 149, 173f., 225, 233
Bilingualer Sachfachunterricht 209–219, 235, 243
Bottom-up-Prozess 189

CALP 26f., 31
Can-do-Standards 41, 87
Chunks 53, 90, 93, 117f., 249
C-Prinzip 57

Darstellungsästhetik 98
DaZ-DaM-Lerngruppen 10, 18
DaZ-Klassen 18
DaZ-Kurse 18
Deiktische Prozeduren 52
Deklaratives Wissen 86f.
Dekodierübung 193–196
Diagnose 32, 35–48, 49–62, 93, 203, 214, 228
Didaktik 63–76, 85–92, 102–110
Didaktisches Dreieck der Sprachförderung 211f.
Diglossie 160
Direkte Methode 68f.
Doppelspracherwerb 11, 159
Dreidimensionales Kompetenzmodell 87

Echotexte 119
Emergenz 214
Empathie 104, 106, 135, 146f., 153f., 214, 249
Erhaltungsmehrsprachigkeit 165
Erstspracherwerb 11–13, 23, 25, 44, 68, 159, 250, 252
Erwerbsstufen 14, 24f., 39, 51
Ethnisierung 137, 251
Ethnizität 104, 107, 151f., 167, 196
Eurozentrismus 108

Fachsprache 12, 55, 79, 83, 120, 199, 206f., 211f., 218, 226, 229
Feedbackverfahren 74, 249
Fiktion 82, 98
Focus on Form 73f., 76
Focus on FormS 73f., 76
Focus on Meaning 73f.
Fossilierung 249
Fremdsprachenlernen 13, 59, 232, 250

Gemeinsamer Europäischer Referenzrahmen 42, 234
Generative Grammatik 85
Generative Schreibaufgaben 118, 201
Genus-/Kasussystem 13, 15, 52f., 90
Grammatikalisierung 90f., 234
Grammatik-Übersetzungsmethode 23, 67, 167

Handlungsorientierte Didaktik 66
HAVAS 5 40
Hybridisierung 101, 105f.

Identifikation 123, 145f.
Identitätsbewusstsein und -darstellung 135
Identitätshypothese 12, 23–25
IGLU-Verstehensmodell 190
Immersion 162f., 209, 250
Immersionsunterricht 24, 28
Interaktionismus 65, 137, 250
Interaktionshypothese 28
Interdependenz 66, 101, 104, 149, 151, 154
Interdependenzhypothese 22, 25–27, 31, 168
Interdependenzmodell 66
Interferenzen 12, 25, 44f., 228, 250
Interims- oder Zwischensprache 12, 221
Interkulturelle Didaktik 151

SACHREGISTER

Interkulturelle Germanistik 104, 153
Interkulturelle Kommunikation 32, 132, 150–156
Interkulturelle Kompetenz 88f., 143–156
Interkulturelle Literaturdidaktik 104
Interlanguagehypothese 12, 23–25, 31
Interlingualität 97, 117, 167
Intermediale Bezüge 101, 104
Intermediale Literaturdidaktik 104
Intermedialität 100, 104
Intertextualität 100, 109

Kettentexte 118, 201
Kognition 33, 71, 85f., 105f., 149f.
Kognitive Ansätze 71–76
Kognitivismus 65
Kollokation 90
Kommunikationsmodelle 179–184
Kommunikative Didaktik 69–71
Konjunktionen 44, 54, 59, 80, 90f., 175, 201
Konstruktivismus 65, 137
Kontraktionen 90
Kontrastivhypothese 12, 23, 25f.
Konzeptionelle Mündlichkeit 84
Konzeptionelle Schriftlichkeit 84
Kulturalisierung 106, 137, 154, 251
Kulturbewusstheit 151
Kulturstandardtheorie 136

Landeskunde 89, 124, 129–142, 154
Language Awareness 165, 251
Lautleseverfahren 194, 196
LDL 68
Lernersprache 12, 24, 29, 44, 51–56, 227, 251
Lernstrategien 31, 88f., 92, 152, 217, 226, 251
Lernszenarien 70
Lesestrategien 122, 194, 197
LiSe-DaZ 39
Longitudinalstudie 52

Medienkombination 101
Mehrfachkodiertheit 98
Mehrsprachigkeit 16, 20, 41, 61, 104, 106, 126, 152, 157–170, 184, 196, 211, 223, 251
Mehrsprachigkeitsdidaktik 166–169, 211
Metakognitives Wissen 86
Metalinguistisches Bewusstsein 30

Methode 16, 63–76, 85f., 93, 102, 106f., 122, 126, 133f., 146, 149, 156, 168, 202, 210f., 216, 251
Modalpartikel 80, 90, 175
Monitor bzw. Inputhypothese 27f.
Monokulturelle Kompetenz 58, 147
Multiethnizität 104, 152, 167, 196
Multimediale Literaturdidaktik 104
Multiple Identitäten 105, 154
Mündlichkeit 57, 175–179, 184f.

Natürliches Lernen 13f., 19
Noticing-Hypothese 29

Operative Prozeduren 52
Organonmodell 179
Outputhypothese 27–31

Paralleltexte 118
Performanz 85, 145, 250
PISA-Lesekompetenzmodell 148, 190
Poetische Alterität 101
Pragmatisch-funktionales Kompetenzmodell 85f.,
Präpositionen 13, 17, 40, 44, 47, 54, 59, 75, 80f., 90f., 175, 217
Problemlösungswissen 86, 150
Produktionsästhetik 98
Produktive Verfahren 105–107, 252
Profilanalysen 39
Profilanalysen zur Lernersprache 51
Prozedurales Wissen 86, 217

Quersprachigkeit 165–168

Rezeptionsästhetik 98, 105
Rollendistanz 135

Scaffolding 72, 200, 252
Schätzverfahren 38
Sender-Empfänger-Modell 179f.
Situationsgebundene Sprachfertigkeiten 26, 84, 252
Smart-Kriterien 70
Sprachdiagnoseinstrumente 37f.
Sprachdiagnoseverfahren 37
Spracherhebungsverfahren 38
Spracherwerbsdiagnose 37
Sprachfördermaßnahmen 38
Sprachlernberatung 214f.
Sprachmittlung 88, 92, 174
Sprachreflexion 16, 31, 43, 88, 92, 125, 167, 227, 252

Sprachsensibler Fachunterricht 211, 214f.
Sprechakttheorie 179f.
Strukturgenetisches Kompetenzmodell 85
Strukturmodell des Unterrichts 66
Submersion 162f.
Suggestopädie 68
Szenisches Interpretieren 120

Test DaF 40
Textualisierung 90f.
Top-down-Prozess 181, 189, 191
TPR 68

Transkulturalität 104, 153f.
Transmediale Literaturdidaktik 104
Transmedialität 100
Tübinger Modell 132f.

Vielleseverfahren 194–196
Vier-Ohren-Modell 180

Zweitspracherwerb 11–14, 17, 20, 22–25, 32f., 43–45, 52f., 61, 68, 75, 159f., 169, 184, 191, 226f., 229

16.4 Glossar

Aufgabenorientierter Fremdsprachenunterricht ist ein Fremdsprachenunterricht, in dem Lernende komplexe Aufgaben erhalten, die sie in Gruppen oder auch einzeln weitgehend selbstständig erledigen und dabei ihr Wissen oder ihr Können einbringen und entfalten.

Bildungssprache bezieht sich auf eine anspruchsvolle Sprache, deren Bedeutung nicht unmittelbar aus der Situation erschlossen werden kann. Sie wird vor allem in Bildungszusammenhängen verwendet und verlangt von Lernenden, Sprache aufgrund lexikalischer und grammatischer Kompetenz zu verstehen und zu gebrauchen.

Bilingualer Sachfachunterricht bedeutet, dass ein Schulfach in einer schulischen Fremdsprache unterrichtet wird.

Bottom-up-Prozess gehört mit dem → Top-down-Prozess zum Lesen. Denn beim Lesen werden sowohl das Vorwissen, bildlich gesprochen von oben, als auch die Informationen aus dem Text, bildlich gesprochen von unten, relevant und miteinander verknüpft.

Chunks sind Wörter, die zusammen eine sinnvolle Einheit bilden. Das können Wortgruppen, Satzglieder oder ganze Sätze sein. Für den Fremdsprachenunterricht ist wichtig, dass Wörter eingebunden in Chunks kontextuell vermittelt und damit leichter gelernt werden. Außerdem bieten Chunks auch die Möglichkeit, die ihnen zugrundeliegenden grammatischen Strukturen zu thematisieren.

Diagnose meint vergleichen, erklären und vorhersagen, ist also nicht darauf beschränkt, einen Sprachstand zu ermitteln, sondern muss erklären, was gekonnt wird uns was (noch) Schwierigkeiten bereitet, muss vor allem Probleme erkennen und erklären und die weitere Entwicklung vorhersagen.

Didaktik wird manchmal in Abgrenzung zur → Methode, dem *Wie* des Unterrichts, als das *Was* des Unterrichts bezeichnet. Im deutschen Sprachraum schließt der Begriff Didaktik die Methode ein und lässt sich entlang der Fragen beschreiben: Was wird im Unterricht behandelt? Wie ist er strukturiert? Welche Intentionen verfolgt er? Mit welchen Mitteln wird er realisiert?

Empathie meint nicht nur das Sich-Einfühlen in andere, sondern auch die Beschäftigung mit sich selbst im und durch den Spiegel des Anderen. Gerade im interkulturellen Fremdsprachenunterricht geht es um (kulturelle) Fremd- und Selbstreflexion.

Fachsprache meint die Sprache eines Faches, und zwar hinsichtlich des Fachwortschatzes, grammatischer Formen, die besonders häufig vorkommen, sowie der schriftlichen und mündlichen Kommunikations- und Textsorten.

Feedbackverfahren bezeichnet die Reaktion von Lehrpersonen auf Lerneräußerungen – egal ob diese fehlerhaft sind oder nicht. Sie reichen also von Bewertungen oder Korrekturen über Kommentare oder Gespräche bis hin zur Initiierung eines weitergehenden Lernprozesses.

Fehler gelten im Fremdsprachunterricht als nötige Normabweichungen, an denen man ablesen kann, welchen Sprachstand der Lernende bereits erreicht hat. Gerade im Anfangsunterricht sollte eine hohe Fehlertoleranz herrschen, damit die Sprechfreude und der natürliche Erwerbsprozess nicht behindert werden. Gleichzeitig können sich hinter Fehlern aber auch Tendenzen zur Fossilierung verbergen, die darauf hindeuten, dass der Spracherwerb versteinert bzw. stagniert. Deshalb wurden verschiedene Korrekturverfahren entwickelt, von der direkten über die indirekte bis hin zu einer sprachentfaltenden Korrektur, die die Fehler der Lernenden zur → Sprachreflexion heranzieht.

Hybridität bedeutet eine Vermischung vorher getrennter Systeme; im → inter- bzw. → transkulturellen Kontext geht es vor allem um kulturelle und sprachliche Vermischungen oder Übergänge zwischen Kulturen und Sprachen.

Immersion meint das Eintauchen in eine neue Sprache, die durch den Umgang mit ihr erworben wird. Dem gegenüber steht der Begriff der → Submersion, der das Untertauchen oder Untergehen im Umgang mit einer neuen Sprache widerspiegelt und das Scheitern der Immersion bezeichnet. Während im Fremdsprachenunterricht Immersion als erfolgreiches Unterrichtsprinzip gilt, zeigt sich bei → Zweitsprachlernenden, dass dieses Prinzip nur bedingt funktioniert und für Zweitsprachlernende in einem ausschließlich deutschsprachigen Unterricht, der sich an Muttersprachlernenden orientiert, eine Überforderung darstellen kann.

Instruktion → Konstruktion

Interaktionismus bezieht sich darauf, dass Lehren und Lernen in der Interaktion zwischen Lehrendem und Lernenden stattfindet, die Lehrperson also auch einen wichtigen Beitrag dafür leistet, dass sich Erwerbsprozesse auch natürlich vollziehen und durch gesteuerte Lernen unterstützt werden können.

Interdependenz meint die Abhängigkeit zwischen Sprachen oder auch Kulturen etwa während der Sozialisation. So ging man lange davon aus, dass das erreichte Niveau im Erstspracherwerb den Erfolg des Zweitspracherwerbs bestimmt. Mittlerweile weiß man, dass es dafür keine direkte Abhängigkeit gibt. Kulturelle Interdependenz verweist auf das Vorhandensein einer Dominanzkultur, die innerhalb einer Gesellschaft, aber auch weltweit wirkt und das Prestige von Kulturen und auch Sprachen beeinflusst.

Interferenzen entstehen, wenn Fremdsprachenlernende Strukturen aus ihrer Erstsprache auf die Fremdsprache übertragen. Sichtbar werden diese meist nur, wenn es dabei zu Normverstößen bezogen auf die Fremdsprache kommt. Diese Erscheinung tritt vor allem zu Beginn des → Zweitspracherwerbs auf.

Interkulturalität reflektiert die Beziehung zwischen Kulturen bzw. Ethnien, die in Einwanderungsgesellschaften und weltweit gesehen in einem Herrschaftsverhältnis stehen. Interkulturelle Kommunikation bezieht sich auf die Kommunikation zwischen Angehörigen verschiedener Kulturen oder über andere Kulturen. Im Fremd- oder Zweitsprachkontext spielt dabei auch eine Rolle, ob die Kommunikationspartner die gemeinsame Sprache als Erst- oder Fremdsprache sprechen, denn auch darin kann sich ein Dominanzverhältnis ausdrücken.

Kompetenz meint Wissen, Können und Bewusstheit in einem bestimmten Bereich; oft wird der Begriff aber auch reduziert auf den Bereich des Könnens und in Abgrenzung zu einer reinen Wissensorientierung gebraucht. Entsprechend wird sprachliche Kompetenz im Unterschied zu Sprachkönnen (Performanz) mit Sprachwissen assoziiert und meint die Fähigkeit zur Konzeptualisierung, Mustererkennung und Kategorisierung, die Fähigkeit, grammatisch, orthografisch und syntaktisch korrekt zu formulieren und schließlich die Fähigkeit sich im sozialen Kontext adäquat auszudrücken. Letztere geht in die kommunikative Kompetenz als Ziel des modernen Fremdsprachenunterrichts über, der Lernende dazu befähigen will, Alltags- oder auch andere Situationen in der Fremdsprache erfolgreich zu bewältigen.

Konstruktion und Instruktion sind zwei gegenläufige und doch ineinander greifende Lehrverfahren. Folgt man der konstruktiven Lerntheorie, so konstruieren Lernende ihr Wissen selbst, weitgehend unabhängig von der Lehrperson. Instruktion bezieht sich nun auf das Lehrerhandeln mit dem Ziel, den Lernprozess zu steuern. Deshalb stellt sich im Fremdsprachenunterricht die Frage, ob und in welcher Weise Lehrende Lernende instruieren sollen und welche Instruktionen dem konstruktiven Lernprozess dienlich sind bzw. welche ihm vielleicht sogar schaden.

Kultur strukturiert ein spezifisches Handlungsfeld, das von geschaffenen und genutzten Objekten bis hin zu Institutionen, Ideen und Werten reicht. Kultur manifestiert sich in einem für eine Nation, Gesellschaft, Organisation oder Gruppe typischen Orientierungssystem, das aus spezifischen Symbolen (z. B. Sprache, Gestik, Mimik, Kleidung, Rituale) gebildet und tradiert wird, und das Wahrnehmen, Denken und Handeln sowie die Werte aller Mitglieder – wenn auch in durchaus unterschiedlicher Weise – beeinflusst. Gleichzeitig ist Kultur dynamisch, das heißt sie verändert sich nicht zuletzt durch die Begegnung mit anderen Kulturen und kann weder nach außen als abgeschlossen noch nach innen als homogen gedacht werden. Von Kulturalisierung oder Ethnisierung spricht man, wenn Menschen auf ihre (ihnen zugeschriebene) Kultur reduziert werden und nicht mehr als Individuen wahrgenommen werden.

Language Awareness (Sprachbewusstheit) bezieht sich auf explizites Wissen über Sprache und die bewusste Wahrnehmung und Sensibilität bezogen auf Sprachgebrauch oder auch auf Sprachlernen und Sprache lehren. Der Begriff verweist darauf, dass es auch implizites Sprachwissen gibt, das durch Verfahren der Sprachaufmerksamkeit der bewussten Wahrnehmung zugeführt werden kann.

Lernersprache meint die Sprache, die → Zweitsprachlernende beim Erwerb der Zielsprache ausbilden. Sie enthält Elemente der Ziel- und der Erstsprache, aber auch Elemente, die sich aus dem Erwerbsprozess ergeben und keiner der beiden Sprachen entsprechen. In der Regel wird der Anteil der zielsprachlichen Elemente immer größer, ohne dass die Lernersprache völlig mit der Zielsprache identisch wird.

Lernstrategien lenken den Fokus auf den Prozess der aktiven und individuellen Wissenskonstruktion. Der bewusste Umgang mit eigenen Lernstrategien eröffnet die Möglichkeit, das Lernen zu optimieren. Automatisierte Strategien können – z. B. beim Auftreten von Lernschwierigkeiten – bewusst gemacht und danach korrigiert oder verworfen werden. Andererseits können bewusst angewandte Lernstrategien allmählich automatisiert werden. Zur Unterstützung können Lernumgebungen geschaffen werden, in denen Aufgaben gestellt werden, die die strategische → Kompetenz abrufen.

Literatur bezieht sich nicht nur auf gedruckte Bücher, sondern auf alle Präsentationsformen, in den Literarisches erscheint, also auch auf Filme, Hörspiele, Theaterstücke usw. Für den Sprachunterricht ist wichtig, dass Literatur im Unterschied zu pragmatischen Texten, anders gelesen wird, die Lesenden den Text also nicht nur hinsichtlich des Informationsgehalts verstehen, sondern hinsichtlich des Bedeutungsgehalts auch interpretieren oder entschlüsseln sollen. Gerade im Fremdsprachenunterricht ist es wichtig, Literatur nicht auf ihren landeskundlichen Gehalt zu reduzieren, sondern tatsächlich als *Literatur* zur Wirkung zu bringen.

Medien sind im Unterricht Unterrichtsmittel vom Lehrbuch über die Tafel oder den Computer bis hin zur Lehrersprache. Gleichzeitig sind damit aber auch Präsentationsformen (print, audiovisuelle und interaktive) von Lehrmaterial gemeint. Medienkompetenz bezieht sich auf Nutzungs-, Kritik-, Ästhetik- und Gestaltungskompetenz im Umgang mit medial präsentierten Lerninhalten.

Mehrsprachigkeit kann sehr unterschiedliche Formen zwischen parallel ausgebildeter und funktionaler Mehrsprachigkeit einnehmen. In der Regel bilden Menschen, die mit mehreren Sprachen aufwachsen, eine dominante Sprache aus, die je nach Lebenskontext auch wechseln kann. Im Kontext von Migrationen wird zwischen lebensweltlicher und schulischer Mehrsprachigkeit unterschieden.

Methode verweist auf ein systematisches, planmäßiges Vorgehen im Unterricht, das durch Ziele, Unterrichtsprinzipien, Übungsformate, Sozialformen (wie Gruppenarbeit etc.) bestimmt wird. Allerdings sind einzelne Elemente wie z. B. Sozialformen oder Ziele nicht mit einer Methode gleichzusetzen.

Migration meint den Wanderungsprozess von Menschen, die ihren Lebensraum verlassen, um an einem anderen Ort zu leben. Neben Arbeitsmigration gibt es Systemmigration, wenn Menschen aus einem politischen System in ein anderes wandern, oder auch Binnenmigration, wenn Menschen innerhalb einer Nation ihren Lebensmittelpunkt verlassen und von strukturschwachen in strukturstarke Regionen wandern. Menschen, die sich langfristig in der neuen Umgebung niederlassen werden zu Immigranten, Menschen, die zurückkehren, zu Remigranten. Eingewanderte werden häufig auch als

Menschen mit Migrationshintergrund der ersten Generation bezeichnet, ihre Kinder dann als Menschen mit Migrationshintergrund der zweiten Generation.

Produktive Verfahren kommen im Literaturunterricht zum Einsatz. Sie fordern Lernende auf, die Leserrolle zu besetzen, sich produktiv (schreibend, inszenierend, malend etc.) mit dem literarischen Text auseinanderzusetzen.

Register oder situationsgebundene Sprachfertigkeiten thematisieren, dass in bestimmten Situationen – etwa bei Bewerbungsgesprächen oder im Kontakt mit Gleichaltrigen – eine bestimmte Sprachwahl angemessen ist. Dazu gehört auch, dass schriftlich fixierte Sprache anderen Bedingungen unterliegt als mündlich produzierte Sprache, dass sich Alltags- und Fachsprache wenn auch nicht grundsätzlich, so doch in der Häufigkeit, mit der bestimmte Strukturen verwendet werden, unterscheiden.

Scaffolding meint, dass Lehrende Lernenden ein Gerüst („scaffold") zur Verfügung stellen, um sie dabei zu unterstützen, für ihren aktuellen Lernstand etwas zu anspruchsvolle Aufgaben zu bewältigen. Das Gerüst wird im Laufe des Lernprozesses sukzessive wieder abgebaut.

Sprachförderung wird meist im Zusammenhang mit Lernenden von Deutsch als Zweitsprache verwendet, die aufgrund ihrer Spracherwerbssituation Probleme haben, dem Unterricht in deutscher Sprache zu folgen. Begriffe wie ‚durchgängige Sprachförderung' signalisieren, dass es nicht um punktuelle Fördermaßnahmen geht, sondern darum, diese besondere Spracherwerbssituation eben in allen Fächern und Lernzusammenhängen in den Blick zu nehmen. Mittlerweile wird der Begriff Sprachförderung im Blick auf diese Lerngruppe durch sprachliche Bildung zu ersetzen versucht, da im deutschen Bildungssystem auch andere Gruppen Sprachprobleme aufweisen und es darum gehen soll, der Sprache insgesamt wieder einen höheren Stellenwert einzuräumen.

Sprachreflexion bedeutet, dass neben dem Gebrauch von Sprache im Unterricht auch deren Betrachtung eine Rolle spielt. Dabei geht es darum, das Sprachsystem oder den Sprachgebrauch zum Lerngegenstand zu machen und über die Bedingungen, Strukturen und Wirkungsweisen von Sprache nachzudenken.

Sprachsensibler Fachunterricht meint, dass Fachunterricht vor allem in der Perspektive auf Schüler mit Deutsch als Zweitsprache mit Sprachförderung verbunden wird. Es geht dabei um die Klärung relevanter Fachbegriffe, sprachlicher Strukturen und auch → Register.

Submersion → Immersion

Szenisches Interpretieren ist ein literaturdidaktisches Verfahren. Gemeint ist damit nicht die Inszenierung von Literatur, sondern dass Lernende sich durch Standbilder, Rollenspiele, Pantomime etc. in Figuren einfühlen, die Handlung nachempfinden oder auch die Bedeutung zum Ausdruck bringen.

Top-down-Prozess → Bottom-up-Prozess

Transkulturalität wird oft in Abgrenzung zu Multi- oder → Interkulturalität verwendet und bedeutet, dass die Begegnung unterschiedlicher Kulturen zu einer Verwischung der Grenzen, möglicherweise aber auch zu einer Aufhebung dieser Grenzen führen kann. Das Ergebnis ist keine uniforme Weltkultur, sondern führt zu Individuen und Gesellschaften mit transkulturellen Elementen. Im Kontext der interkulturellen Literaturwissenschaft meint transkulturell den Übergang von einer in eine andere Kultur, während interkulturell wechselseitige Übergänge bezeichnet.

Zweitspracherwerb bezieht sich auf einen zweiten Spracherwerb, der deutlich nach dem Erstspracherwerb einsetzt. Im Hinblick auf die Sozialisation von Menschen mit Migrationshintergrund unterscheidet man frühen Zweitspracherwerb (im Kindergartenalter) und den Zweitspracherwerb von Kindern und Jugendlichen sowie Erwachsenen. Im Unterschied zum Zweitsprachlernen verweist der Begriff Erwerb auf einen natürlich, ungesteuerten Prozess.

Akademie Verlag

Ein Wissenschaftsverlag der Oldenbourg Gruppe

Martin Leubner, Anja Saupe, Matthias Richter

Literaturdidaktik

2010 | 256 S. | 32 Abb.
broschiert | 19,95 €
ISBN 978-3-05-004542-9

Akademie Studienbücher

- Lehr- und Lernprozesse im Literaturunterricht: Kompetenzorientierung und Bildungsziele
- Zieldimensionen des Unterrichts: Zielsystematik, Kompetenzmodell für das Textverstehen, Kompetenzerwerb und Lesesozialisation
- Inhalte des Unterrichts: epische, lyrische und dramatische Texte, Literaturgeschichte und Kanon, Medien
- Gestaltung des Unterrichts: Methoden und Phasierung, Aufgaben, interkulturelle Ausrichtung

Monika Budde, Susanne Riegler, Maja Wiprächtiger-Geppert

Sprachdidaktik

2011 | 253 S. | 39 Abb.
broschiert | 24,80 €
ISBN 978-3-05-004627-3

Akademie Studienbücher

- Sprachdidaktik als wissenschaftliche Disziplin
- Ziele des Sprachunterrichts: Bildung & Kompetenzerwerb
- Lehren und Lernen in den einzelnen Gegenstandsfeldern des Sprachunterrichts
- Sprachunterricht in mehrsprachigen Klassen
- Gestaltung und Planung von sprachlichen Lehr-Lern-Prozessen

Bestellen Sie in Ihrer Fachbuchhandlung oder direkt bei uns:
Tel: 089/45051-248 | Fax: 089/45051-333 | orders@oldenbourg.de
www.akademie-verlag.de

Akademie Verlag

Ein Wissenschaftsverlag der Oldenbourg Gruppe

Barbara Höhle (Hg.)

Psycholinguistik

2010 | 247 Seiten | 34 Abb.
broschiert | 19,95 €
ISBN 978-3-05-004935-9

Akademie Studienbücher

- Kernfragen und Methoden: Was befähigt den Menschen zum Erwerb und Gebrauch einer Sprache? Wie lässt sich das erforschen?
- Wissensstrukturen und kognitive Prozesse: Sprachwahrnehmung, Produktion und Verstehen
- Wie kommt das Kind zur Sprache? Schritte des Erstspracherwerbs, kognitive und soziale Voraussetzungen
- Sprache und Gehirn: Repräsentation von Sprache, Mehrsprachigkeit, Hirnschädigungen, Sprachstörungen
- Experimentelle Paradigmen, Datenbanken und Analyseprogramme

Weitere Akademie-Studienbücher zu den Fächern Literaturwissenschaft, Geschichte, Philosophie und Kulturwissenschaften finden Sie auf unserer Homepage:
www.akademie-studienbuch.de

Möchten Sie regelmäßig über unsere Neuerscheinungen informiert werden?

Tragen Sie sich einfach für unseren kostenlosen Newsletter ein und erhalten Sie unsere monatlichen Gratis-Leseproben:

 www.akademie-verlag.de/newsletter

Bestellen Sie in Ihrer Fachbuchhandlung oder direkt bei uns:
Tel: 089/45051-248 | Fax: 089/45051-333 | orders@oldenbourg.de
www.akademie-verlag.de

Akademie Verlag

Ein Wissenschaftsverlag der Oldenbourg Gruppe

Ursula Kocher, Carolin Krehl
Literaturwissenschaft
Studium – Wissenschaft – Beruf
2008 | 224 S. | 19 Abb.
broschiert | 19,95 €
ISBN 978-3-05-004413-2
Akademie Studienbücher

Philip Ajouri
Literatur um 1900
Naturalismus – Fin de Siècle – Expressionismus
2009 | 253 S. | 14 Abb.
broschiert | 19,95 €
ISBN 978-3-05-004536-8
Akademie Studienbücher

Kristin Felsner, Holger Helbig, Therese Manz
Arbeitsbuch Lyrik
2008 | 297 S. | 26 Abb.
broschiert | 19,95 €
ISBN 978-3-05-004434-7
Akademie Studienbücher

Franziska Schößler
Einführung in die Gender Studies
2008 | 232 S. | 10 Abb.
broschiert | 19,95 €
ISBN 978-3-05-004404-0
Akademie Studienbücher

www.akademie-verlag.de